陈　爽◎著

DUIJIE GONGZUO GUO
DE GAOZHI YUANXIAO

ZHUANYE HEXIN KECHE
YANJIU YU SHIJIAN

对接工作过程与职业标准的高职院校
专业核心课程建设研究与实践

重庆大学出版社

内容提要

本书从高职院校课程建设概述,核心概念与理论基础,国内外高职院校课程建设与工作过程、职业标准对接的发展现状进行阐述,挖掘高职院校课程改革存在的问题及原因,从高职院校对接工作过程与职业标准的专业核心课程建设必要性、原则与思路,对接工作过程与职业标准的高职院校专业核心课程建设路径、课程建设保障措施出发,提出了课程建设的对策建议,通过对高职院校现代物业管理专业核心课程对接工作过程与职业标准的课程建设进行实证研究,归纳和总结了高职院校现代物业管理专业核心课程对接工作过程与职业标准课程建设成效,探索出系统的、完整的对接工作过程与职业标准高职院校专业核心课程建设模型,为高职院校专业课程建设、教学改革提供参考。

图书在版编目(CIP)数据

对接工作过程与职业标准的高职院校专业核心课程建设研究与实践 / 陈爽著. -- 重庆:重庆大学出版社,
2024.5. -- ISBN 978-7-5689-4505-9

Ⅰ.G718.5

中国国家版本馆 CIP 数据核字第 2024QA2399 号

对接工作过程与职业标准的高职院校
专业核心课程建设研究与实践

陈 爽 著

策划编辑:范春青

责任编辑:范春青   版式设计:范春青
责任校对:邹 忌   责任印制:赵 晟

*

重庆大学出版社出版发行
出版人:陈晓阳
社址:重庆市沙坪坝区大学城西路21号
邮编:401331
电话:(023)88617190 88617185(中小学)
传真:(023)88617186 88617166
网址:http://www.cqup.com.cn
邮箱:fxk@cqup.com.cn(营销中心)
全国新华书店经销
重庆正光印务股份有限公司印刷

*

开本:787mm×1092mm 1/16 印张:13.25 字数:316千
2024年5月第1版 2024年5月第1次印刷
ISBN 978-7-5689-4505-9 定价:68.00元

前言

职业教育是国民教育体系和人力资源开发的重要组成部分。高职教育是职业教育的重要组成部分,肩负着培养高素质技术技能人才、服务国家产业结构转型升级、推进中国制造和服务水平提升的重任。高职院校必须紧跟经济社会发展需求,推进产教融合、校企合作,落实立德树人根本任务,培养德技并修、手脑并用、终身发展的高素质技术技能人才,促进教育链、人才链与产业链、创新链的有效衔接。

高职人才培养目标的实现离不开专业核心课程建设,专业核心课程建设要与社会、经济以及学生的发展相匹配,提升职业教育的质量和水平,体现职业教育的职业性,不断提升专业学生的职业能力和岗位竞争力。在高职教育改革中,课程是关键,承载着专业培养目标,高职专业课程改革必须要体现职业性,这是确保专业人才未来岗位适应性的必然要求。在高职专业核心课程建设中,对接工作过程和职业标准是确保课程改革效益的要点。在促进对接的过程中,需要坚持职业标准和岗位能力要求,确保专业核心课程建设符合企业用人要求,服务产业转型升级,服务区域经济发展。对相关专业课程进行改革探索,确保专业课程设置和职业岗位、市场需求对接,相关课程内容和工作过程对接,真正完善课程标准体系建设,打造高质量专业核心课程。

随着职业教育课程改革的不断深入,为满足经济社会发展对高素质技术技能型人才的需求,对接工作过程与职业标准的高职院校专业核心课程建设是一项有益的探索。笔者结合多年在高职院校教育教学的实践,探讨对接工作过程与职业标准的高职院校专业核心课程建设路径,结合课程建设、课程改革相关基本理论,对专业核心课程概念进行了界定;调研总结出高职院校专业教学改革问题,并论证了对接工作过程与职业标准的高职院校专业核心课程建设的必要性,确定了对接工作过程与职业标准的高职院校专业核心课程定位；对人才需求进行分析，结合对接工作过程与职业标准的高职院校专业核心课程目标，根据高职专业人才技能要求、工作过程和职业标准对典型工作任务进行分解，确定工作任务模块和对接工作过程与职业标准的高职院校专业核心课程内容，建设对接工作过程与职业标准的高职院校专业核心课程资源，从校企共同制订课程标准、校企共同开发课程内容、创新教学方法、建设"双师型"教师队伍等方面实施对接工作过程与职业标准的高职院校专业核心课程教学，形成多元主体共同参与的开放性多元主体教学评价机制。通过对现代物业管理专业核心课程对接工作过程与职业标准的课程建设进行实证研究，归纳和总结高职院校现代物业管理专业核心课程对接工作过程与职业标准课程建设成效，探索出系统的、完整的对接工作过程与职业标准的高职院校专业核心课程建设路径，为高职院校同类课程建设、教学改革提供参考，共同探讨高职教育高质量人才培养路径，更好地服务国家和区域经济建设人才需求。

本书为2022年度广西职业教育教学改革研究重点项目"对接工作过程与职业标准的高职院校专业核心课程建设研究与实践"（GXGZJG2022A055）研究成果。

在本书编写过程中笔者力求做到尽善尽美，但由于学术研究水平和实践经验有限，难免存在不足和疏漏之处，恳请读者批评指正。

陈　爽

2024年2月

目录/ MU LU

绪　论 ▶▶▶▶

党的二十大报告提出，实施科教兴国战略，强化现代化建设人才支撑，"要坚持教育优先发展、科技自立自强、人才引领驱动，加快建设教育强国、科技强国、人才强国"。2022 年 8 月，习近平总书记在向世界职业技术教育发展大会所致的贺信中指出："职业教育与经济社会发展紧密相连，对促进就业创业、助力经济社会发展、增进人民福祉具有重要意义"，并释放出"中国积极推动职业教育高质量发展"的强烈信号。这一系列举措为职业教育提供了新的发展思路，指明了发展方向，对新时代高职院校办学和教育改革具有重要意义，为提高高职院校服务经济社会和产业发展的能力创造了条件。

教育部在 2022 年发布的《中国职业教育发展白皮书》中指出，中国式现代化是超大人口规模的现代化，中国职业教育与中国式现代化共生发展，发挥着服务经济发展和支持产业现代化的重要作用。经过长期的实践探索，中国形成了独具特色的现代职业教育发展范式。中国特色的职业教育，是坚持中国特色社会主义制度，服务于经济社会发展战略目标的新型职业教育模式。我国在职业教育发展中，坚持党的领导，以提升职业院校关键能力为基础，以深化产教融合为重点，以培养更多高素质技术技能人才、能工巧匠、大国工匠为目标。要实现这个目标必须按照教育部《关于推进中等和高等职业教育协调发展的指导意见》的要求布局，这意味着高等职业教育需要促进专业与产业对接、课程内容与职业标准对接、教学过程与生产过程对接、学历证书与职业资格证书对接、职业教育与终身学习对接。为了实现这"五个对接"，要对照国家职业标准，调整原有的教学目标，按照专业设置与产业需求对接、课程内容与职业标准对接、教学过程与生产过程对接的要求，完善高等职业学校设置标准，规范职业院校设置，以工作过程系统化课程的开发理念设计课程的教学内容，改进教学方法，探索课程的评价体系，加强学生职业能力和职业素质，适应产业发展的需求。持续更新并推进专业目录、专业教学标准、课程标准、顶岗实习标准、实训条件建设标准等在职业院校落地实施，鼓励教师团队对接职业标准和工作过程，探索分工协作的模块化教学组织方式，在对接工作过程与职业标准的课程建设中，实现人才培养质量提升。

当前社会背景下，人才已经成为国家重要的战略资源。我国高等教育在近 40 年取得了飞速发展，习近平总书记在不同场合与不同会议上都强调了人才的重要性。如何培养人才、如何提高人才培养质量已经成为各高校甚至整个社会努力探索的问题。在兼顾高等教育公平的前提下，培养全面发展的高技能人才不仅是高职院校的发展目标，也是社会之所需。既往研究成果和现实表明，学生应具备的核心职业能力与所属专业的核心课程建设存在密切关系。高职院校要进行人才培养，就必须顺应时代的发展，通过改革教学方式和内容进行课程建设。高职院校课程建设中与企业工作过程和职业标准最紧密的联系之一就是专业核心课程,因此,进行对接工作过程与职业标准的高职院校专业核心课程建设研究,是响应国家关于职业教育改革发展号召的具体行动,有利于将高职院校专业核心课程与职业标准进行衔接和沟通,指导高职院校专业核心课程建设和专业定位;有利于培养适合社会和企业需求的高技能人才,使他们能更好地胜任职业岗位。

随着国家产业结构的不断调整,行业职业标准也进行了相应更新,高职院校根据社会、企业对不同人才的需求及自身办学的需要,依据工作过程和职业标准的新要求设置专业核心课程内容,使课程教学与工作过程和职业标准相适应。如今,专业核心课程建设与工作过程和职业标准对接,已受到各高职院校的重视,政府、企业、社会与学校都给予了大力支持,努力缩小学校人才培养与企业用人单位之间的距离。但从现实的发展角度来看,高职院校的专业核心课程与工作过程和职业标准对接并没有向广而深的方向发展。其具体表现为:培养目标定位不准;课程内容与岗位实际要求不相适应;教学方法单一,与实际工作过程联系不紧密;课程评价与社会实际评价相偏离等。这导致高职院校专业核心课程对接工作过程和职业标准的课程建设产生偏差,学校培养的人才不能适应企业需要,学生不能掌握工作要求,就业率不理想,不能有效实现学校人才培养目标。这些问题产生的深层次原因是专业核心课程没有有效对接工作过程与职业标准。高职院校在教学育人过程中应引入以工作过程为导向的新理论,推进课程改革,使学校的理论学习与企业的工作过程紧密对接,突出职业教育的职业性和实践性,创新人才培养模式,促进人才全面发展,因此,根据职业教育的发展规律和职业人才的成长规律,以工作过程和职业标准为基础,推进课程体制改革进行专业核心课程建设,使学校的专业核心课程知识与行业企业所需的知识技能紧密联系,培养"知识+能力+素质"的创新型人才,是高职院校教育改革的落脚点,因此,研究对接工作过程与职业标准的高职院校专业核心课程建设,对促进高职院校课程教学改革具有重大意义。

第一章
高职院校课程建设概述 ▶▶▶▶

第一节　高职院校课程建设背景

高等职业教育是我国高等教育的重要组成部分,高等职业教育发展是国家大力实施科教兴国战略和人才强国战略的重要支撑。在行业产业迅速发展的新时代,国家对高技能人才的培养提出了新要求,高等职业教育人才培养要对接产业、行业和岗位需求。课程建设和改革是高职教育发展的关键,是对接国家产业转型升级的关键,课程是实现教育目的和培养目标的关键,教学宗旨和教学目标的实现都必须依托课程建设。因此,为顺应新时代要求,提高高职教育的人才培养质量,为国家培养出合格的高技能应用型人才,必须进行适合高等职业教育的课程建设。

中华人民共和国成立以来,我国高职课程大致经历了三个阶段:第一阶段是以模仿苏联教育体制下的专科教育课程为主,第二阶段是职业大学初步对专科课程进行了改造,第三阶段重点强化实践教学内容,理论和实践并存的高职课程体系正在逐步形成。新一轮高职课程改革以教育部颁发的《关于全面提高高等职业教育教学质量的若干意见》(教高〔2006〕16号)为标志,该意见的颁布使我国高职课程风貌焕然一新。具体表现在于:一是职业教育发展环境得到优化,提高职业教育质量的诉求日趋强烈。"示范校建设计划"的稳步推进,"骨干校建设计划"的启动,以及《国家中长期教育改革和发展规划纲要(2010—2020年)》、教育部等九部门关于印发《职业教育提质培优行动计划(2020—2023年)》的通知等文件的颁发为我国高职课程建设与改革带来了前所未有的政策动力。二是紧紧围绕服务学生高质量就业,服务学生职业发展,确定了"以服务为宗旨、以就业为导向"的指导思想,课程发展思路更加明确。大力推行工学结合、校企合作、产教融合、现代学徒制,行业、企业参与高职院校课程活动的深度和广度得到了加强。

第二节　高职院校课程建设存在的问题

虽然说我国高职教育课程建设近年来取得了较大的进展,尤其是广泛应用和推广从实际工作任务要求和企业岗位能力要求出发的、基于工作过程导向的课程建设。但是,在专业课程建设方面很多高职院校仍遵循传统的学科模式，无法跳出固定思维的圈子，加之没有合理定位课程目标，照搬本科教育，把高职教育与本科教育混同，只注重对学生进行知识灌输，忽视培养学生就业岗位适应力和职业能力，以致高职教育培养出来的毕业生无法适应市场的要求，在激烈的就业竞争中无优势可言。当前，我国高职课程开发以学问为导向的思想还掌握着我国高职课程开发的话语权，这也是我国高职课程建设存在的所有问题的集中体现。具体表现如下。

一、基于工作岗位的课程开发不足

目前，高职课程开发存在的问题之一是课程内容呈现普通化，没有根据社会经济发展和行业、企业的人才需求进行创新。大部分课程开发的角度还是从学科之间的逻辑、分析知识之间的关联着手，而不是从分析行业、企业岗位的变化以及工作岗位的知识和技能要求、工作过程与职业标准等角度进行高职课程开发，基于工作岗位的课程开发普及度不够。常常出现课程开发团队以高职院校等教育机构为主，忽视行业协会、企业的技术专家在课程开发中的重要性，导致企业专家参与课程开发较少。开发的课程无法满足职业岗位能力培养需求，针对性不强。

二、课程结构体系存在学科化问题

我国高职院校的课程结构体系存在学科化问题，表现为课程内容衔接不畅、高职课程结构僵化。高职课程体现适应职业结构与岗位调整需求的灵活性不够，有较为明显的学科化痕迹。另外，在课程设置与教学时间安排上"重理论、轻实践"。课程安排仍采用传统的课程模式（公共必修课程学时、公共选修课程学时、专业必修课程学时、专业选修课程学时），有些专业，毕业要求总学时 2 800 学时，其中实践学时只有 400 学时，理论学时 2 400 学时，理论课程占据绝对主导地位，见表 1-1。这明显与高等职业教育强调的"实践导向"不符，也不能适用于应用型高技能人才培养的规定，较为明显地体现出了我国高职课程结构体系学科化问题。

表 1-1　高职院校××专业课程设置

类别	学时	学分	学时比例/%	学分比例/%
公共必修课程	782	37	27.93	24.67
公共选修课程	108	6	3.86	4.00
专业必修课程	1 625	92	58.04	61.33
专业选修课程	285	15	10.17	10.00
专业培养方案总学时	2 800（其中实践学时400学时）	150	100.00	100.00

三、课程内容工作情境化体现不足

高职院校课程内容过分注重原理和结论,在专业教材中遍布知识点和理论原理、内涵定义等,特别是在专业基础课、公共基础课中,各种原理和结论屡见不鲜。而高职课程内容中缺少与工作任务紧密结合的过程性与应用性知识,学问化知识仍占据课程内容的重要位置,课程内容中的知识缺乏具体工作情境的支持,课程内容知识工作情境化体现不足现象普遍。

四、课程评价标准单一普遍存在

当前,我国高职院校还是采取以笔试考核为主的课程评价,以实践、实训考核为辅;以量化评价为主、质性评价为辅;以终结性评价为主、过程性评价为辅的方式。课程评价注重对学生理论知识水平的考核,评价指标过多地指向掌握知识点的多少,对学生在完成实际工作项目中所体现出来的团队合作精神、责任意识、职业态度、创新精神等能力层面的岗位素质评价内容覆盖较少。高职院校课程考核内容与社会、企业的实际用人需求不一致,脱节严重。课程评价标准单一现象普遍存在,导致课程评价不能反馈课程不足、课程教学质量不高、培养毕业生岗位能力不强等问题。

第三节 我国高职课程建设的基本模式

我国职业教育在不同的发展时期,有着不同的课程建设模式。按照职业教育的发展历程,我国职业教育课程建设模式前后经历了三个阶段。

一、学科系统化课程开发模式阶段

学科系统化课程开发模式是一种经过改良的课程开发模式。它是建立在专业学科基础上的,按照知识内容顺序进行排列。重视理论基础知识学习,理论课和实践课并列。实践课作为理论课的延伸和补充,自成系统。学科课程开发以学科知识传授为基础,强调理论知识的传承和吸收,学科逻辑严密,便于学校组织教学和课程评价。

二、国外职业分析导向式课程开发模式的引进和借鉴阶段

职业分析导向式课程开发是建立在职业分析和工作分析基础之上的课程开发模式。在我国,中外技术合作项目的加深,提高了我国职业教育课程开发工作的相关性和有效性。例如,双元制课程开发模式。所谓"双元制",其中一元是指职业学校,另一元是指为学校提供实训的企业。双元制课程开发模式注重企业和学校的联合,以企业为主;注重理论与实践的

结合,以实践为主。在教学课时分布上,实践课比例高于理论课比例。又如,CBE(Competency-based Education)课程开发模式。CBE课程开发模式即能力本位课程开发模式。它把职业能力看作职业教育的基础,采用模块式方案,以能力为主线进行课程开发。CBE课程开发模式以职业分析为起点,相对于传统的"以学科知识为基础"的学科系统化课程开发模式,具有革命性意义。

三、中国本土化特色课程开发模式阶段

中国本土化特色课程开发模式是指通过借鉴西方课程开发模式,开发符合我国职业教育发展的课程模式。从普通教育直接移植到素质教育,按照学习理论进行职业教育课程开发,把学生的认知能力、行动能力和个性发展作为教育目标,把有效的学习过程作为主导思想。因此,本土职业教育课程模式带有经验式、建构式和人本化的特征,项目课程开发模式则基于工作过程导向。这种开发模式是与职业活动密切联系,以工作过程为导向,以学生本位为中心的课程开发模式。根据我国职业教育的发展趋势,这种工作过程导向的课程开发可以激发学生的学习热情、提高学生的职业能力和满足企业对人才素质要求的需求,由此可预见,它将成为我国当前和未来职业教育课程改革的方向,并形成本土化、具有中国特色的职业教育课程开发模式。

第四节　高职院校课程建设反思与进步

针对高职院校课程建设存在的诸多不足,在实现学生能力的全面发展、更好适应行业与工作岗位需求的目标要求下,对高职院校课程建设进行了积极反思,也取得了明显进步。

一、课程内容注重以工作过程为导向

(一)创设情境,教学内容反映工作过程

创设真实的工作情境,提供真实的工作活动,让学生在真实的工作情境中学习,在真实的岗位工作中以典型工作任务为依托。教学内容以真实的工作过程,展现真实的工作任务,教学内容真切反映真实的工作过程,而且与真实的职业岗位活动高度一致。在实施课程教学过程中,教师的任务是创设真实的工作场景抑或工作环境高度仿真,使学生在真实的工作环境、场所中学习知识和技能,而这些知识和技能与真实的工作岗位、工作过程相近,通过在真实的工作环境中学习,能更好地进行知识的迁移与技能的提升。这种以真实工作情境为教学环境、典型工作任务为依托的教学内容,与传统以知识讲授为主的课程教学相比,学生的学习目标更明确,不仅能提高他们对工作内容的求知欲和兴趣,也能激发其学习的积极

性,以此达到职业技能和职业素养的提升,为毕业后更好地适应就业环境和工作岗位打下坚实的基础。

（二）以完整工作过程的岗位任务为教学内容

工作过程导向的课程注重培养学生的综合能力,课程内容以具体工作任务在职业领域中的体现为来源,不囿于课程体系的束缚;不是抽象的理论知识,而是从关注知识的系统性中解放出来,转变为对完整工作过程结构的追求。教学目标包括知识目标、技能目标、情感和态度目标。教学内容把高职教育中知识、技能、情感和态度融为一体,让学生在完整的工作结构中,进行综合的、完整的知识学习与实践。对企业不同职业岗位中的工作任务结构进行划分,可分为六个阶段:有明确的工作任务、制订详细的工作计划、进行工作决策、实施工作、控制工作结果、反馈评价工作任务完成效果。其目的是让学生在这一个完整的工作过程中,领会所学知识,实现自身技能和素养的提升。通过变换课程内容的排序进行教学设计,保证理论知识在课程内容占比中不会减少,这也体现了课程内容的灵活性。所有学生都要完成完整的工作过程,通过以工作过程为导向的教学整合理论知识与实践技能融入教学内容,提升他们的岗位适应能力。

（三）强调合作学习,体现学生的主体地位

工作过程导向课程体现了学生的主体地位。学生是学习的主导者,是主要的工作任务完成的探索者。因此,教师要注重不同学生的学习需求,尊重学生个性的发展,在课程设计中注重学生学习能力和个性化的体现,以及学生智力、认知和学习兴趣的差别。教师在这一过程中不是学习的主导者,而是学习的协助者和协调人。教师为学生学习服务,学生可以协调一切可利用的资源来完成工作任务,教师为学生提供学习的外部支持、任务引导、任务完成经验推送、任务完成过程答疑。其目的是帮助学生完成应该由学生本人独立完成的工作任务。在课程实施过程中,特别强调师生之间、同学之间的沟通交流、团队合作、互帮互助的合作学习,以此培养学生旺盛的求知欲、进取心和创新思维能力,互助合作学习这种新型的学习方式,有利于学生的人际交往和协助能力的培养和提升。

（四）在行动导向中强调实践动手能力

工作过程导向课程实施以职业标准为指引,采取的教学方式以行动导向为主,在职业标准的引领下,学生通过学习掌握操作技能,在完成工作任务的同时提高动手能力。学生在工作过程导向和职业标准引导下,积极主动参与整个教学过程,获取工作成果,在教师的有效引导下,学生把工作任务与学习进行有效结合,置身于真实的情境当中学习知识与技能,因此,学生学习的过程也是提高自身实践操作技能的过程。学生在将所学专业理论知识很好地应用于实际行动的同时,也提高了其实践动手能力。

（五）岗位能力对接职业标准

行业、企业在员工的岗位能力要求和职业资格标准之间可能不完全对等，在工作过程导向教学中，需要关注学生未来岗位工作的特定能力、通用能力、核心能力以及职业能力的培养，确保学生综合工作能力突出，有一定的专业管理能力和技术技能创新能力，在生产过程中能够有效处理问题，解决关键操作难题。同时，要加速职业教育从学科型知识掌握向岗位职业需要的能力培养转型，确保学生在获得学历证书的同时，增强职业技能，把握就业方向，提升工作适应性，这样才能发挥高职教育在促进就业以及职业教育大众化方面的积极作用。对此，工作过程导向教学中要将职业资格标准和职业岗位能力要求结合起来，根据企业的具体需要，提升职业教育特色。考虑到高职教育不仅是一种就业教育，更需要兼顾学生的长期发展需求，因此，相应工作过程导向教学中的标准需要适当高于职业标准，从而体现高职教育的"高等性"。

（六）课程评价向多元化发展

工作过程导向课程的评价，应更加注重学生的发展过程；注重学生职业素质和综合能力的培养，突出课程体系的适应性、课程内容的实用性和教学手段的先进性；采取持续的、动态的评价方式；采取终结性评价与过程性评价相结合的方式，提高过程评价比例，转变之前一考定性的一元评价局面，通过对其学习过程的评价，了解学生的成长，关注学生的进步。工作过程导向课程的评价主体多元化，引入校外专家、企业、行业、政府部门、家长等评价主体，打破简单的学生评价、教师评价与学校评价状态，通过评价主体多元化追求评价结果的公平和准确，使课程教学更加适应职业要求，培养出来的毕业生也更能满足社会需要，符合市场需要。

二、大力实施产教融合

2022年4月，第十三届全国人民代表大会常务委员会第三十四次会议修订的《中华人民共和国职业教育法》，明确了对深度参与产教融合、校企合作，在提升技术技能人才培养质量、促进就业中发挥重要主体作用的企业，按照规定给予奖励；对符合条件认定为产教融合型企业的，按照规定给予金融、财政、土地等支持。在职业教育的发展过程中，国家大力推进产教融合，这也是深化职教改革的核心要点。产教融合的实质是产业与教育的融合，实现企业与学校的资源互通、深度合作，实现学校育人和企业用人的有效对接。

进入21世纪以来，我国教育事业蓬勃发展，为社会主义现代化建设培养输送了大批高素质人才，为加快发展壮大现代产业体系做出了重大贡献。但同时，受体制机制等多种因素影响，人才培养供给侧和产业需求侧在结构、质量、水平上还不能完全适应，"两张皮"问题仍然存在。深化产教融合，促进教育链、人才链与产业链、创新链有机衔接，是当前推进人力资源供给侧结构性改革的迫切要求，对新形势下全面提高教育质量、扩大就业创业、推进经济转型升级、培育经济发展新动能具有重要意义。

（一）实施产教融合的政策依据

2017年，《国务院办公厅关于深化产教融合的若干意见》提出，要深化职业教育、高等教育等改革，发挥企业重要主体作用，促进人才培养供给侧和产业需求侧结构要素全方位融合，培养大批高素质创新人才和技术技能人才，为加快建设实体经济、科技创新、现代金融、人力资源协同发展的产业体系，增强产业核心竞争力，汇聚发展新动能提供有力支撑。

通过将产教融合作为促进经济社会协调发展的重要举措，融入经济转型升级各环节，贯穿人才开发全过程，形成政府、企业、学校、行业、社会协同推进的工作格局。面向产业和区域发展需求，完善教育资源布局，加快人才培养结构调整，创新教育组织形态，促进教育和产业联动发展。充分调动企业参与产教融合的积极性和主动性，强化政策引导，鼓励先行先试，促进供需对接和流程再造，构建校企合作长效机制。深化产教融合的主要目标是，逐步提高行业企业参与办学程度，健全多元化办学体制，全面推行校企协同育人，用10年左右的时间，总体形成教育和产业统筹融合、良性互动的发展格局，健全完善需求导向的人才培养模式，基本解决人才教育供给与产业需求重大结构性矛盾，显著增强职业教育、高等教育对经济发展和产业升级的贡献。该意见从以下六个方面提出了对职业教育产教融合的要求。

1.统筹职业教育与区域发展布局

按照国家区域发展总体战略和主体功能区规划，优化职业教育布局，引导职业教育资源逐步向产业和人口集聚区集中。面向脱贫攻坚主战场，积极推进贫困地区学生到城市优质职业学校就学。加强东部对西部、城市支援农村职业教育扶贫。支持中部打造全国重要的先进制造业职业教育基地。支持东北等老工业基地振兴发展急需的职业教育。加强京津冀、长江经济带城市间的协同合作，引导各地结合区域功能、产业特点探索差别化职业教育发展路径。

2.深化"引企入教"改革

支持引导企业深度参与职业学校、高等学校教育教学改革，通过多种方式参与学校专业规划、教材开发、教学设计、课程设置、实习实训，促进企业需求融入人才培养环节。推行面向企业真实生产环境的任务式培养模式。职业学校新设专业原则上应有相关行业企业参与。鼓励企业依托或联合职业学校、高等学校设立产业学院和企业工作室、实验室、创新基地、实践基地。

3.开展生产性实习实训

健全学生到企业实习实训制度。鼓励以引企驻校、引校进企、校企一体等方式，吸引优势企业与学校共建共享生产性实习实训基地。支持各地依托学校建设行业或区域性实习实训基地，带动中小微企业参与校企合作。通过探索购买服务、落实税收政策等方式，鼓励企业直接接收学生实习实训。推进实习实训规范化，确保学生享有获得合理报酬等合法权益。

4.将工匠精神培育融入基础教育

将动手实践内容纳入学校相关课程和学生综合素质评价。加强学校劳动教育,开展生产实践体验,支持学校聘请劳动模范和高技能人才兼职授课。组织开展"大国工匠进校园"活动。鼓励有条件的普通学校开设职业类选修课程,鼓励职业学校实训基地向普通学校开放。鼓励有条件的地方在大型企业、产业园区周边试点建设普职融通的综合高中。

5.推进产教协同育人

坚持职业教育校企合作、工学结合的办学制度,推进职业学校和企业联盟、与行业联合、同园区联结,以实现职业教育的可持续发展。大力发展校企双制、工学一体的技工教育。深化全日制职业学校办学体制改革,在技术性、实践性较强的专业,全面推行现代学徒制和企业新型学徒制,推动学校招生与企业招工相衔接,校企育人"双重主体",学生学徒"双重身份",学校、企业和学生三方权利义务关系明晰。实践性教学课时不少于总课时的50%。

健全高等教育学术型人才和应用型人才分类培养体系,提高应用型人才培养比重。推动高水平大学加强创新创业人才培养,为学生提供多样化成长路径。大力支持应用型本科和行业特色类高校建设,紧密围绕产业需求,强化实践教学,完善以应用型人才为主的培养体系。推进专业学位研究生产学结合培养模式改革,增强复合型人才培养能力。

6.加强产教融合师资队伍建设

支持企业技术和管理人才到学校任教,鼓励有条件的地方制订产业教师(导师)特设岗位计划。探索符合职业教育和应用型高校特点的教师资格标准和专业技术职务(职称)评聘办法。允许职业学校和高等学校依法依规自主聘请兼职教师并确定报酬。推动职业学校、应用型本科高校与大中型企业合作建设"双师型"教师培养培训基地。完善职业学校和高等学校教师实践假期制度,支持在职教师定期到企业实践锻炼。

(二)产教融合高职课程建设要求

产教融合不仅是高职课程建设的重要载体,而且与高职专业课程建设也在不断进行探索与创新。产教融合进行高职专业课程建设或者开发产教融合课程的主要依据,都是基于学生职业岗位能力,原则为提高人才培养质量。不断深化产教融合进行有效的高职专业课程建设,并不断完善原有合作,努力实现产教融合与高职专业课程之间的良性互通。产教融合高职课程建设要求满足以下六个条件。

1.关注学生职业能力的养成

根据职业岗位需求及人才的发展需要,产教融合高职课程建设应关注学生职业能力的养成,学生职业能力包括职业岗位适应力、原有技能与职业岗位的匹配度、沟通能力、合作能力、专业知识掌握度。产教融合课程内容注重学科知识与工作过程知识的统一,强调"一体化"实施,在做中学、在学中做,注重对学生进行专业能力、社会能力、方法能力的内容传授,形成学生能力目标、知识目标、素质目标的有效达成,使学生理论应用能力与实践操作技能

得到完整培养,促进课程以职业能力为核心的改革目标得以实现。

2.建立与课程配套基础能力相适应的运行机制

虽然国家大力倡导产教融合,通过多种方式助推校企合作,但是高职专业课程改革要想持续、深入展开,在高职院校与行业企业之间建立与课程配套基础能力相适应的运行机制是十分有必要的,其可监督产教融合的各利益相关者。国外职业教育发展多年且持续稳定,其关键在于建立了比较完善的机制来监督和保障均衡各主体间的利益,贯穿职业教育发展过程的各个阶段,全面负责协调企业、学校和学生三者之间的关系。因此,产教融合的高等职业教育专业课程改革要想顺利实现,协调高职院校与行业企业关系尤为关键。借鉴国外职业教育先进经验,高职院校要建立有利于高职专业课程改革与产教融合的运行机制,使产教融合的高职专业课程开发的多元利益相关者紧密连接,实现多方对产教融合的高职专业课程改革的协同管理。产教融合运行机制是推进校企双方共建专业课程的关键,同时也是保障高职专业课程不断优化的桥梁与纽带,更是与课程配套基础能力相适应的运行机制。在高职专业课程改革过程中,产教融合运行机制的职责是校企双方通过交流会或者研讨会的形式进行面对面交流,双方通过平等的交流与沟通,行业企业将最新的技术、工艺与规范提供给高职院校作为教学内容,高职院校将专业课程改革过程中遇到的问题反映给行业企业,双方通过商讨、分析,确定解决方案。课程配套基础能力建设机制逐步建立,形成了国家、地方政府、企业及学校一同建设实训基地的机制,实训基地数量持续增加,建设规模、质量和效益不断提高,满足实践性教学和技能性教学要求不断增强的格局,促进高职专业课程改革取得实际成效。

3.将行业企业先进技术融入专业课程内容

高职专业课程内容引入行业企业的先进技术,积极响应《国家职业教育改革实施方案》中提出的校企"双元"育人,将新技术、新工艺、新规范纳入教学内容。先进技术是行业企业保持竞争力的关键。随着科学技术的飞速发展,行业企业先进技术发生相应变化,同时也对职业岗位能力提出越来越高的要求。将行业企业先进技术对职业能力岗位的要求融入高职专业课程内容中,不仅可以提高高职专业课程质量,还可以提高高职院校学生的培养质量。目前,为了提高高职院校学生的培养质量,办好社会满意的职业教育,职业院校在进行专业课程改革时,开始注重将企业先进技术对职业能力岗位的要求融入高职专业课程内容。产教融合以合作企业的技术需求为双方合作的出发点,寻找技术供应商,并与之建设公共技术服务平台。在进行专业课程内容设置时,将企业先进技术及标准引入其中,在专业人才培养过程中引入行业企业先进技术元素,让学生获取行业企业的先进技术,以便更好地为其提供技术服务与人力资源的支撑。进行专业课程内容设置时将企业先进技术以及要求引入其中,既能推进专业课程内容与行业企业发展要求相对接,又能推广产业最前沿的知识、技术规范,实现高职专业课程内容的与时俱进,提升高职专业课程的技术含量,从而使高职院校培养出来的毕业生满足行业企业发展对人才的需求,进而实现人岗匹配。

4.构建有利于"1+X"证书获取的高职专业课程结构

《国家职业教育改革实施方案》明确提出,深化人才培养模式改革,启动"1+X"证书制度试点工作,鼓励职业院校学生在获得学历证书的同时,也要积极取得多类职业技能等级证书,缓解就业矛盾。高职院校的人才培养不是单纯的学历教育,而是学历教育与不同行业企业职业岗位要求的特殊性有效结合的教育形式,目的是使高职院校培养出来的毕业生与行业企业人才需求实现零距离对接。对于高职专业课程体系而言,高职专业课程体系的支架是高职专业课程结构,它要依据高职人才培养目标的变化进行相应的调整。《国家职业教育改革实施方案》也明确提出,职业教育为行业企业发展培养复合型技术技能人才,要求学生不仅具有适应职业岗位所需要的技术技能,掌握其背后的理论知识,还具备职业岗位技能与素质。因此,高职院校应该构建有利于"1+X"证书制度实施的课程结构,转变原有的"公共基础课程+专业基础课程+专业综合课程"这种单一进程的专业课程结构的学习模式,可以采用混合式、多进程的专业课程结构运用于学生学习中,使高职院校培养更多适合行业企业发展需求的复合型技术技能人才。

5.打造专兼结合的双师型教师团队

教师是高职专业课程改革顺利实施的保障。产教融合的高职专业课程改革仅凭校内教师的力量是无法有效完成的,需要组建一支专兼结合的教学团队。这个教学团队中既要有来源于企业、具有丰富实践经验的专家,又要有精通所学专业的科学文化知识,具有勤于钻研、敢于实践、较强科研能力以及良好的合作意识的校内教师。《国家职业教育改革实施方案》明确提出,"职业院校教师每年至少1个月在企业或实训基地进行实训,组建高水平、结构化的教师教学团队,建立健全职业院校兼职教师的自主聘任办法,推动企业工程技术人员、高技能人才与职业院校专业教师的双向流动"。因此,产教融合要求高职院校与行业企业整合优质校企资源,建立师资互聘制度。企业聘请高职院校的专业教师到行业企业进行实践、提供咨询、培训服务,学校聘请行业企业技术人员到高职院校进行专业课程的讲授,从而优化高职院校专业师资结构,以此保障产教融合的高职专业课程改革的顺利实施。在推进高职专业课程建设时,特别要注重建立结构化的专业教师团队,因为教师既是专业课程的开发者,又是专业课程的实施者,"双师型"教师不断优化,支撑师资队伍发展的培养培训体系和相关管理制度逐步建立,给高职课程的开发、研究提供了高质量的人力支持,能提升课程目标达成度的优秀比率。在师资互聘制度的保障下,打造专兼结构的双师型教师团队,是保障基于产教融合的高职专业课程建设顺利实施的关键。

6.建立"诊改式"课程评价体系

目前,高职院校关注教学质量,课程诊改是其中重要一环,专业课程评价对于高职院校在培养适合行业企业发展需求的人才过程中存在的问题具有诊断功能,以专业课程评价为依据,根据课程诊改结果及时改进或补救;高职专业课程评价可以对学生掌握专业知识的情况作出具体评价,为企业选拔人才提供依据;高职专业课程评价为有效地实现专业课程目标指明了方向。《国家职业教育改革实施方案》明确指出,建立以学习者的技术技能、职业道德与就业质量等为核心,以行业企业、职业院校等共同参与的职业教育评价机制。产教融合的高等职业教育专业课程建设,由于多方参与专业课程建设,在进行高等职业教育专业课程评价的改革时,要打破传统专业课程评价主体唯一、评价指标单一、评价方式单调等问题。课程评价主体多元化,评价指标多角度,包括职业素质、企业元素以及学生培养等方面。其中,"职业素养"包括职业知识、职业道德、职业意识等;"企业元素"包括行业企业最前沿的技术、工艺、规范、企业优秀文化以及职业岗位能力;"学生培养"包括专业知识与技能、毕业生就业情况。评价方法多样化,通过建立"诊改式"课程评价体系,及时发现课程问题,倒逼课程建设做深做实。

三、基于"课程思政"理念的教学改革

党的十八大以来,习近平总书记多次围绕教育发展问题进行重要论述,将教育事业的发展提升至中国特色社会主义事业发展的更高战略位置。青年的价值观念和思想意识影响着社会主流意识形态的主导地位,对国家的建设与发展规划也起到关键性作用。因此,引导青年确立正确的思想意识,推进思想政治教育稳步发展是迎接思潮风暴和纷杂的社会变幻的关键一步。在2016年全国高校思想政治工作会议上,习近平总书记提出,"各门课都要守好一段渠、种好责任田,促使各类课程与思想政治理论课同向同行,形成协同效应"。"课程思政"理念的提出为教育改革工作提出了指导方向。2019年,国家"双高计划"(中国特色高水平高职学校和专业建设计划)启动实施,进一步推动《国家职业教育改革实施方案》的贯彻落实,这一举措成为职业教育谋求高质量高水平发展的主要方针。

(一)"课程思政"教学改革的政策依据

2004年,中共中央、国务院发布了《关于进一步加强和改进大学生思想政治教育的意见》,该意见首要提出要加紧提高大学生思想政治素质,以此来面对新的国际形势与价值观念的挑战。针对这一重大且紧迫的战略任务,要明确思想政治教育的指导思想、基本原则和主要任务,发挥高校思想政治理论课的主导作用,充分利用课堂教育这一主渠道主阵地,并驾齐驱地开展社会实践,拓展多维有效途径,牢牢把握思想政治教育的主动权。同时,党团组织、教职员工队伍以及社会层面的良好育人环境都影响着大学生思想政治教育工作的深入开展。2014年,中共中央办公厅、国务院办公厅印发了《关于进一步加强和改进新形势下高校宣传思想工作的意见》,该意见强调了高校作为意识形态教育的前沿阵地,需要对大学生的思想教育工作肩负起极端重要的责任。要毫不动摇地坚定对马克思主义的信仰,对社会主义核心价值观的培育工作进行全面加强,将中国特色社会主义理论体系融入教材带进课堂领悟进脑。强化意识形态阵地建设,壮大主流思想,保障高校思想教育工作的开展实施。2016年5月,习近平总书记在哲学社会科学工作座谈会上的讲话再次强调对马克思主义的指导地位必须坚定不移,加强对哲学社会科学学科体系的建设,帮助引导大学生有效利用哲学社会科学的理论知识去认识世界,提升改造世界能力。2016年,中共中央、国务院印

发《关于加强和改进新形势下高校思想政治工作的意见》，重点指出高校思想政治工作所肩负的科学育人等教育工作的重大责任，首要的是要进行理想信念的教育，深入学习习近平总书记对教育事业发展的重要讲话，加大力度对思想政治理论课进行改革，主流意识形态的传播需要将思想政治理论课作为主阵地的作用发挥出来。时代在进步，教育需要紧跟时代步伐进行改革创新，只有这样新思想才能迎接新挑战。2016年12月，习近平总书记在北京召开的全国高校思想政治工作会议上明确指出："要用好课堂教学这个主渠道，思想政治理论课要坚持在改进中加强，提升思想政治教育亲和力和针对性，满足学生成长发展需求和期待。"针对学生展开的思想政治理论的全面教育正在进入收获期，教育事业的发展以及"课程思政"的建设也正在进入新的阶段。会议提出高校设置的所有课程都应具有育人功能，这就需要高校运用好所有课程的课堂教学和思想政治教育，不仅要在思想政治教育理论课上合理有序地对学生展开专业系统的思想政治教育，也要着力在其他专业课程中融入思想政治教育元素，对思想政治教育的全面开展起到辅助作用。2017年12月，中共教育部党组印发了关于《高校思想政治工作质量提升工程实施纲要》，该纲要主要挖掘育人要素提升育人体系，从学校、社会等多方面发挥育人功能。其中强调要"大力推进以课程思政为目标的课堂教学改革，优化课程设置，修订专业教材，完善教学设计，加强教学管理，梳理各门专业课程所蕴含的思想政治教育元素和所承载的思想政治教育功能，融入课堂教学各环节，实现思想政治教育与知识体系教育的有机统一"。育人的内容是从全方位多角度推进的，将理论与实践相结合优化育人体系；育人教育的改革也要在不断探索中进行，建立新的发展平台，完善工作队伍考评制度，强化思想政治工作的组织保障。与此同时，深入思考、精准挖掘各门课程中的教育育人元素，抓住关键节点，使专业课程与思想政治教育元素有效统一，将"课程思政"这一新型育人方式构建起来。2018年5月，习近平总书记在北京大学师生座谈会上的讲话中强调："教育兴则国家兴，教育强则国家强。"社会主义的建设者应当具备德智体美劳全方面的素质，立德树人是教育的根本任务。青年学生的良好品德基于最基本的思想教育，只有掌握以马克思主义理论为基础的思想教育方法，才能引导学生树立正确的价值观念，用科学的方法和视角解决实际的问题。实施"课程思政"是落实立德树人的有效途径，在座谈会上，对"课程思政"的解读进行了进一步深化。2019年3月18日，全国学校思想政治理论课教师座谈会由习近平总书记主持召开，全会聚焦讨论思想政治理论课建设规划和改革发展的新方向，针对教育实际对思想政治理论课的教学改革提出了新要求。2021年7月，中国共产党成立100周年之际，中共中央、国务院印发了《关于新时代加强和改进思想政治工作的意见》（以下简称《意见》）。《意见》指出，思想政治工作是党的优良传统、鲜明特色和突出政治优势，是一切工作的生命线。加强和改进思想政治工作，事关党的前途命运，事关国家长治久安，事关民族凝聚力和向心力。《意见》还指出，要深入开展思想政治教育。坚持用习近平新时代中国特色社会主义思想武装全党、教育人民，健全用党的创新理论武装全党机制，增进对习近平新时代中国特色社会主义思想的政治认同、思想认同、理论认同、情感认同。推动理想信念教育常态化、制度化，广泛开展中国特色社会主义和中国梦宣传教育，弘扬民族精神和时代精神，加强爱国主义、集体主义、社会主义教育，加强马克思主义唯物论和无神论教育。培育和践行社会主义核心价值观,加强教育引导、实践养成、制度保障,推动社会主义核心价值观融入社会发展和百姓生活。加强党史、新中国史、改革开放史、社会主义发展史和形势政策教育,引导党员、干部、群众旗帜鲜明地反对历史虚无主义,继往开来走好新时代长征路。加强社会主义法治教育,深入学习宣传习近平法治思想,在全社会普遍开展宪法宣传教育,有针对性地宣传普及法律、法规和法理常识,加大党章党规党纪宣传力度。增强忧患意识、发扬斗争精神,广泛开展防范化解重大风险宣传教育,以自觉的斗争实践打开新天地、夺取新胜利。加强学校思想政治工作,加快构建学校思想政治工作体系,实施时代新人培育工程,完善青少年理想信念教育齐抓共管机制,培养德智体美劳全面发展的社会主义建设者和接班人。

从以上各类文件和会议精神来看,高校全员育人、全程育人、全方位育人的"三全育人"根本任务的最终实现,必须将"思政课程"到"课程思政"的有效转变化为现实可能,扩大思想政治教育覆盖范围延伸到包括思想政治理论课在内的所有课程,发挥出全部课程深层蕴含的育人功能;全线贯穿从思想政治教育到课程教学的各个方面,调动起全体教师教书育人的主动性,全力以赴落实立德树人根本任务。从"思政课程"转向"课程思政"的过程是对落实立德树人根本任务所提出的必然要求,是把思想政治工作融入所有课程的必要举措。专业课程与思想政治教育的高效融合,是"课程思政"建设亟待解决的问题。做好教学设计是新时代高校实施"课程思政"的首要环节,也是保证"课程思政"有效落地实施的关键所在。改革要推进"思政课程"与"课程思政"同时同向发力,使育人成效显著提升。

(二)"课程思政"教学改革的内涵

习近平总书记强调:"'大思政课'我们要善用之,一定要跟现实结合起来。"为贯彻落实习近平总书记重要指示精神和党中央决策部署,教育部等部门印发了《全面推进"大思政课"建设的工作方案》,强调充分调动全社会的力量和资源,推动思政小课堂与社会大课堂相结合。高校要切实贯彻"大思政课"理念,遵循"大思政课"的运行逻辑和建设规律,在教育教学实践中调动一切育人主体、发掘一切育人资源,形成强大育人合力,推动思政课高质量发展,为培养更多堪当民族复兴重任的时代新人作出贡献。

1.聚焦立德树人根本任务

思政课具有鲜明的政治属性和政治引导功能,对培养社会主义建设者和接班人具有不可替代的作用。推进"大思政课"建设,要全面贯彻党的教育方针,聚焦立德树人根本任务,解决好培养什么人、怎样培养人、为谁培养人的根本问题。坚持用习近平新时代中国特色社会主义思想凝心铸魂,讲清楚中国共产党为什么能、马克思主义为什么行、中国特色社会主义为什么好的道理,讲清楚新时代中国共产党人深刻回答中国之问、世界之问、人民之问、时代之问的艰辛探索和巨大成就,教育引导学生传承伟大民族精神、赓续红色血脉、昂扬时代风貌,增强对马克思主义、共产主义的信仰,增强对中国特色社会主义的信念,增强对全面建成社会主义现代化强国、实现中华民族伟大复兴的信心,把实现个人价值同党和国家前途命运紧紧联系在一起,自觉投身到全面建设社会主义现代化国家的伟大征程中。

2.打造高水平课程

习近平总书记强调,"思政课的本质是讲道理,要注重方式方法,把道理讲深、讲透、讲活"。不断提升思政课的思想性、理论性和亲和力、针对性,把道理讲深、讲透、讲活,才能引导学生真学、真懂、真信、真用。要胸怀"国之大者"、紧扣"两个大局",以大历史观洞察具有影响力的重大事件,引导学生正确认识世界和中国发展大势,不断增强学生做中国人的志气、骨气、底气。坚持政治性和学理性相统一,善于用学术讲政治,把理论讲彻底,把思想讲鲜活。坚持问题导向,加强对学生思想、心理及关心的热点难点问题的研究,精心设计教学方案,既回答"是什么",更揭示"为什么""怎么办",澄清模糊认识、解开思想疙瘩,教育学生正确看待、辩证认识、理性分析社会现实问题,引导学生树立观察和把握事物的正确立场观点方法。不断改革创新教育教学方式,善于把抽象深刻的道理转化为生动鲜活的案例、直观可见的数据、引人深思的故事,把价值观引导寓于知识讲授、案例讲解中,打造更多让学生听起来能"解渴"、学起来引"共鸣"、品起来有"回味"的精品课程。

3.用好社会大课堂

推进"大思政课"建设,要构建学校与社会同频共振的人才培养模式,打造"思政小课堂+社会大课堂""思政课程+课程思政"双向互动、协同育人的教学模式。组建传帮带梯队式、研教一体型的教学团队,支持教师通过实践研修、社会调查、轮岗锻炼等方式体验和把握社会现实,拓宽视野、丰富认知,依托"社会大课堂"把思政课讲得更富时代感、更有吸引力。克服传统思政课存在的时空局限,邀请"中国好人"、劳动模范、道德模范、最美志愿者等先进榜样进入课堂教学主渠道、校园文化主阵地,发挥示范作用、增强育人实效。结合学生兴趣点创新思政课实践教学,利用志愿服务、理论宣讲、社会调研等实践活动,在理论和实践的结合中,让学生深入观察当代中国的改革创新实践、真切感受新时代的发展脉搏,引导学生为实现民族复兴砥砺奋进。

(三)"课程思政"教学改革的意义

2016年,习近平总书记在全国高校思想政治工作会议上强调,要"把思想政治工作贯穿教育教学全过程"。而其他各门课程也要着重加强思想引领,所有教师都应加入育人行列,在各自领域发挥好育人作用。践行"课程思政"的理念,贯彻落实习近平总书记重要讲话精神,既是提升思想政治工作质量、提高思想政治理论课教学效果的重要保证,也是培养时代新人的内在需要。教育承继过去、塑造现在、引领未来,是助推人类文明发展的关键力量,"课程思政"的有效建设,对培养后备力量的全面发展具有重要意义。

1.构建"三全育人"的培养格局

2016年12月7日至8日,全国高校思想政治工作会议在北京召开,习近平总书记围绕会议主题对思想政治教育工作的发展展开讨论并作出指示。他指出:"要坚持把立德树人作为中心环节,把思想政治工作贯穿教育教学全过程,实现全程育人、全方位育人,努力开创我国高等教育事业发展新局面。""全员育人"是指育人的职责不能局限于思政课教师,还要求高校所有的教师共同承担起育人的使命与职责,高校所有教职工各职能部门管理人员都应结合自身职责参与育人队伍中,与其他部门与职位优势互补,与所有教师相互协作各司所长,联合搭建共同育人合作队伍,规划联动机制,保证全员育人的可执行性。"全程育人"是从思想政治教育的持续性、连续性和阶段性的特性角度出发的,在对学生进行学习教育的过程中,针对不同时期、不同阶段的课程安排来分配学习任务,依照学习要求来制订计划、完成目标,在其中融入思想政治教育活动,贯穿课程的始终。"全方位育人"是指课堂教育只是育人途径之一,实现育人目标要多元化、多角度地利用其他教学模式,一定要在思想上明确认识到育人职责不单单是思想政治理论课所要承担与肩负的,其他学科课程也必须充分发挥自身的育人职责,努力达到理论与实践、课内与课外、线上与线下协同育人。"三全育人"中的"全"所涵盖的范围十分全面,包含参与人员、发生时间、跨度空间、内容上无缺失、无死角、无偏差,携手同心同行、协同合作,形成联动一体化机制,凝聚思想政治教育合力。"三全育人"的理念体现了对育人全面性、贯穿性和完备性的具体要求。

"课程思政"的建设动员全员共同参与,使育人主体具有全面性。"课程思政"的建设实施,需要动员全校各方面的育人队伍和力量,广泛地包含教师队伍和行政人员队伍,将这两部分力量细化后则包括思政课教师、专业课教师、学生辅导员、学生导师、各级领导干部、各职能部门行政人员、全校后勤保障人员等,同时校外大环境对高校"课程思政"的建设也有辅助性作用,包括优秀的专家学者、各行业内的翘楚精英、共和国国之工匠、崇高的时代楷模、伟大的人民英雄等优质社会力量,他们发挥各自身份优势、展现专业技术才能、总结宝贵实践经验,在实现自身价值的同时为社会创造出无限的力量,他们的正向影响对高校展开"课程思政"的建设具有强大的助推力。凡事合则强,孤则弱。"三全育人"倡导人人有责、强强联合的育人方式。高校在育人体系工程中始终是关键主体,知识的传授绝不是简单的填鸭式教育,"课程思政"发挥的成效就是使学生明白学的方法、学的方向、学的意义以及怎样才是真正的学好等问题,也是抓紧塑造学生世界观、人生观、价值观关键时期的"总开关"。高校联合多方力量,打造信息共享平台,建立教育资源协同机制,使"课程思政"全员育人的参与度逐步提升。

"课程思政"的建设统筹教育教学全过程,使育人环节具有贯穿性。对高校学生的思想政治教育要落实到人才培养的各个环节,并伴随学生成长成才的全过程。新时代学生不仅要学习丰富的文化知识,而且必须进行全面发展,高校要抓住这一育人理念,依据各专业学生的成长规律、学习特点、专业特点结合思政工作规律,实施学生人才培养计划,针对不同阶段的学生开展不同类别的思政教育工作,计划涵盖专业领域选择、入学基础培训、研究培养计划、专业课程学习、科研技术实践、论文构思撰写、职业规划建设、升学或毕业离校等全领域、全流程的思想政治教育工作计划方案,着重全面覆盖、无缝衔接的教育过程。针对不同阶段进行的专业认知教育、入学基础教育、课程规划教育、实习实践教育、职业选择教育、升学选择或毕业求职教育等贯穿始终的思想政治教育工作,应注重建设好培养目标、课程规划、育人方式、工作方法、成效检验等，并将它们进行合理串联，强化全程育人的持续性。根据本校的特色，因校制宜、因地制宜、因情施策，丰富"三全育人"的深刻内涵，建立起百花齐放的思政育人模式和贯穿始终的思政育人机制，使高校思想政治教育工作得到进步与发展。

"课程思政"的建设需要提升全局规划能力，使育人模式具有完备性。"课程思政"建设需要多部门多系统联合协作进行，优化顶层设计，搭建起跨维度、跨门类的协同育人模式，建立"课程思政"培养格局。校内与校外相关单位共同规划整合潜在育人资源，挖掘育人能力，进行统筹协调，从宏观角度把握全局，建立起理论与实践、线上与线下、校内与校外等多维度全方位的育人模式，使旧的平面化附着式的思想政治教育工作转变为新的立体化嵌入式的全新模式，更加侧重将思想政治教育工作渗透浸润到学生培养课程的各个方面，涵盖课堂、校园的各个角落，使"课程思政"落实到专业学习、体育活动、社会实践等各个环节，使育人效能无处不在、无时不有。

为加快构建高校思想政治工作体系，"课程思政"建设因现实需要应运而生。2020年5月28日，教育部印发《高等学校课程思政建设指导纲要》；2020年6月8日，教育部协同相关部门针对高校"课程思政"建设问题召开工作视频会议。其目的就是让高校所有课程上出"思政味"，让所有教师都挑起"思政担"，探索构建全员、全程、全方位的思政育人体系。可以说，从"思想政治工作"概念的提出到"三全育人"理念的形成，再到"课程思政"建设的确立，正是我们党持续加强高校思想政治工作的过程，是一个探索如何构建高校思想政治工作体系方法论的过程，是一个努力回答"怎么培养人"这个问题的过程。发展脉络已经厘清，重大意义更加彰显。

2.提升"立德树人"的现实效能

"课程思政"在本质上是一种教育，高校进行"课程思政"建设追求的根本目标是立德树人。不同类别的课程在其知识传授和能力培养方面都各具优势，从价值引领上看，虽然融入思想政治教育的方式、过程有所不同，但最终都指向实现立德树人的教育目标。"育德"先于"育人"，传道授业解惑是学校的基本功能，在育才的同时育人也是学校教育的重要目的，培养学生良好的道德品质一直是我国教育的优良传统。我们党和国家历来对学校思想政治工作和德育工作给予高度重视，不断在教育领域进行探索创新，结合时代背景形成了一系列符合学生成长规律的教育原则和方针，为实现育人目标提供了基本的工作遵循。"课程思政"实践的关键在于怎样进行思政元素的融入，但无论具体是针对哪类课程的，都是以实现立德树人为根本目的。"课程思政"始终坚持以德立学、以德修身、以德施教，侧重对中华优秀传统文化的传承和创新，对学生个人世界观、人生观、价值观的正向教育更为关注，同时也积极引导青年学生建立起正确的国家观、民族观、历史观、文化观，使学生接受更多宏观教育，由内而外发展为全面型人才，更有能力肩负时代赋予青年一代的历史使命。"立德"是指树立崇高的思想品德，"树人"是指培养教育高素质的栋梁人才。高校培养输出德才兼备的人才是学校本身所具备的功能，也是学校的价值和目标。其中"德才兼备"是以"德行"为

首,如果只有"德"没有"才",虽然不一定能有大作为,但一定具有高尚正义的品格,也可以实现自身的价值;如果没有"德"只有"才",虽然可能会在事业上大展宏图,但是德行失格也会缺失做人的底线,不能称得上是"真正的人"。2018年5月,在北京大学师生座谈会上,习近平总书记强调:"'才者,德之资也;德者,才之帅也。'人才培养一定是育人和育才相统一的过程,而育人是本。人无德不立,育人的根本在于立德。这是人才培养的辩证法。"育人之教育按照"先行立德后可立人"的顺序开展,定位是培育全面发展的高质量人才,德育的首要位置不可动摇,"立好德"方能"树起人"。立德树人是一项长期且复杂的教育工程,也是一项艰巨且重要的教育任务。立德树人的主阵地在高校,"课程思政"的建设是落实立德树人的重要保证。

"课程思政"要竭力营造积极的育人环境和良好的育人氛围,打造立体化全方位的育人格局。教师是立德树人的领路人,教师要具备政治素质好、科研能力强、教学和管理经验丰富等优质条件,教师有坚实的教育教学基础才能将解决学生思想意识层面的问题与解决学生现实遇到的问题相结合,并能够对专业、学业、就业等多方面问题予以指导。在教学工作中,坚守严谨的教育精神,将专业教育和思政教育深度融合,确保学生完成对专业的认识和理解,解决学生在专业领域方面的困扰,使学生能够明确目标,树立崇高的职业理想,引导学生主动到国家最需要的地方建功立业。教师以立德树人为根本任务,用自己的人格感染学生、用自己的才华指引学生,在帮助学生的同时,也在促进自己进步和发展,这就是教师在"课程思政"建设中发挥的"树人"作用,更是提升立德树人现实效能的关键力量。

新时代的思政教育工作首先就要与时俱进地改革教育教学方式,否则会对思想政治教育和达到立德树人目标的实效性产生巨大障碍。基于此,高校更加明确了推动"课程思政"建设的实施方略。首先,实施"课程思政"与高校的教学理念和办学宗旨不谋而合。高校既要培养知善明理、品德良好、价值观正、责任感强的学生,又要培养善于学习、成绩优异、专业扎实、技能突出的学生,在此双重教育目的下,实施"课程思政"建设,既符合高校的办学思想,又与教育本身的内涵和价值相契合。其次,实施"课程思政"与高校课程整体规划的特点相符合。高校一般将思想政治理论课集中安排在前两年,课程结束后思政课教育的效能下降,而专业课无论是在课时安排上还是在教师队伍的数量上都具有优厚的条件,因此将思政教育融入专业课程,必然会保证思政课的学习,使思政教育贯穿始终。最后,实施"课程思政"符合新时代高校学生的学习特点。学生学习的目的不仅是掌握专业知识和技能,更注重的是培养学习的综合性,学习到认识问题、解决问题的办法,学会规划未来,"课程思政"的特性之一正是具有综合性,能够满足学生全方位发展的需求。由此可见,"课程思政"符合教育发展的目标和规律,对提升立德树人的现实效能起到强大的推动作用。

3.承载"时代新人"的培育责任

党的十九大报告首次提出要培养担当民族复兴大任的时代新人。"青年一代有理想、有本领、有担当,国家就有前途,民族就有希望。"国家发展靠青年,民族振兴靠青年。新一代青年人在时代背景下都有自己的机缘和际遇,他们用自己的实际行动和能力担当来谋划人生、创造历史。青年时期是坚定理想信念、树立正确价值观的关键可塑期。"课程思政"的建设结合各高校的实际情况，面对以立德树人为根本任务的思政大环境，对培养"时代新人"的责任作出现实回应。

"课程思政"培育"时代新人"的爱国情怀。青年人的宝贵在于其富有梦想、充满朝气。迈向新时代以来，我国青年始终抱着振兴中华的美好理想不懈奋斗，将学习专业知识与崇高理想信念紧密相连。革命战争年代的青年，有理想，有愿景，对民族独立、人民解放满怀希望，甘愿为心中的理想信念抛洒热血。在社会主义革命和建设时期，青年依旧不畏困苦，积极响应党和国家的号召，一往无前建设国家，在广袤天地中艰苦创业、辛勤劳动。在改革开放阶段，广大青年更是团结奋进，发出振兴中华的时代强音，并为国家繁荣昌盛不懈奋斗。青年一代在国内外大环境逐步向好、新时代的培育下必将大有可为。"长江后浪推前浪"符合自然规律也符合历史规律，"一代更比一代强"是对青年的期许更是青年所要肩负的青春责任。在革命、建设、改革各个重要历史阶段，中国共产党始终对青年一代寄予殷切期望，对青年持以重视、关怀和信任。在"课程思政"的教育教学中培育时代新人的爱国情怀，既要立足于民族又要面向于世界，爱国主义精神要始终牢牢扎根于时代新人的精神中、头脑中，这也是党和国家对社会主义建设者和接班人的具体要求。

"课程思政"培育"时代新人"的道德品质。一个国家能否长盛不衰、一个民族能否屹立不倒、一个人能否把握自己并实现自己的价值，这些在很大程度上受道德价值的影响。2014年5月，在北京大学师生座谈会上，习近平总书记专门向广大青年系统阐释了社会主义核心价值观，用"扣扣子"的比喻形象生动地说明了青年时期养成正确价值观的极端重要性。"我为什么要对青年讲社会主义核心价值观这个问题？是因为青年的价值取向直接影响未来整个社会的价值取向，而青年阶段正处于价值观形成和确立的关键时期，把握好这一阶段的价值观养成十分重要。这就如同穿衣服扣扣子一样，如果第一粒扣子扣错了，剩余的扣子都会扣错。人生的扣子从一开始就要扣好。"习近平总书记勉励青年人要勤于学习、善于修德、精于明辨、诚于笃行。"课程思政"的建设就是要教育引导"时代新人"培育和践行社会主义核心价值观，在积极汲取中华优秀传统文化中激励青年、指导青年不断奋进的丰富营养。要努力展现优秀传统文化并竭力推进优秀传统文化走向创新性转化，使优秀传统文化活跃起来，带动古籍里的文字、唤醒博物馆里的文物、挖掘在广袤大地上的遗产，将它们以创新的教育形式融汇到教育活动当中，以立体的角度探访传统文化的深刻涵养，领悟传统文化的精髓价值，以此传承并发扬，培育"时代新人"成为有大爱大德大情怀的人。

"课程思政"培育"时代新人"的责任担当。习近平总书记在表达对"时代新人"的关心与期望时，也着重论述关于时代新人的责任与担当——"时代新人"是充满希望、后劲十足的新生力量，自当肩负实现中华民族伟大复兴的历史重任，"天下兴亡、匹夫有责"，"时代新人"在党和人民的培育和期盼下更需要树立远大理想，为国家和民族的前途而不懈奋斗。习近平总书记对"时代新人"始终抱有殷切的希望，他认为"时代新人"经过历史和实践的证明，具有深厚的爱国情怀、远大的理想抱负、丰富的创造能力，他们经过时间的打磨，逐步成为实现中华民族伟大复兴的强大力量。尤其在新冠病毒感染肆虐之时，青年力量成为这场战役的主

力军,冲锋在前、不畏艰险,完全展现出"时代新人"的奉献精神,也让党和国家看到"时代新人"的精神力量和勇往直前的责任担当。"时代新人"要始终勤于学习,善于将所学知识转化为实践的基础,总结经验,产生独到的见解,丰富自己的头脑,开发创新创造的能力,将自身的力量投入社会主义建设当中。

四、基于"三教改革"理念的职业教育教学改革

2019年,《国家职业教育改革实施方案》提出了"三教"改革,即教师、教材、教法的改革。其中,教师是根本,教材是基础,教法是途径,三者构成一个闭环。提升学生的综合职业能力和职业水平是改革的落脚点,也是"三教"改革的首要任务。

教师是教学的根本,教学质量直接影响学生的学习效果。教材是基础,教材的选择和应用效果直接关系到学生的所学内容;教法是途径,教学方法的灵活运用可以将理论知识与实践技能有效结合,培养学生学习兴趣,提高自主学习能力、合作实践能力,满足学生的学习与职业需要。教师、教材、教法直接影响学生的学习能力、应用能力、主体意识,影响学生未来职业发展。2021年10月,中共中央办公厅、国务院办公厅印发了《关于推动现代职业教育高质量发展的意见》,指出"十四五"时期将着重推动高等职业教育提质培优,有效落实"双高计划",建设优质高等职业院校,助推职业教育现代化发展。这就从战略上对"三教"改革的落地提出了实施要求。

"三教"改革是我国职业教育强化改革内涵、提升改革水平的关键切入点,是全面促进双高建设的重要突破口,直接关系到"谁来教、怎么教、教什么"的核心问题。职业教育作为我国高等普通教育体系中的一大重要组成部分也不例外。近年来,随着市场经济结构的优化调整,社会对职业技能人才的需求越发迫切,而职业教育作为技术技能人才培养的主力军,肩负着国家赋予的重大教育使命。基于此,国家越来越重视职业教育的发展,并提出《关于实施中国特色高水平高职学校和专业建设计划的意见》(以下简称"双高计划"),将其作为职业教育改革的重要一环,以此助推《国家职业教育改革实施方案》的贯彻实施,职业教育"三教"改革的浪潮随之而来,并成为众多高职院校关注的热点。"三教"改革作为全面促进我国职业教育从规模化发展过渡到高质量发展的重要举措,不仅是"双高计划"的关键内容,更是高职院校实现优质办学、提高人才培养质量的关卡,而与此同时"课程思政"理念的融入将为高职院校实现"三教"改革作出重要的方向指导。

(一)"三教"改革的内涵及重要性

1."三教"改革的内涵

"三教"改革通过构建高质量人才培养体系,促进教师队伍体系、教材研发体系、教学管理体系的全面系统化改革升级。在新时期社会环境下,我国职业教育人才培养目标形成了较大变化,教师不仅要培养学生良好的专业知识技能和素养,还必须顺应现代教育的发展需求,立足国家教育改革指导方针及现有条件,将提升教师综合素养、促进课程教材改革、创新

教学方式方法作为切入点,在课程教学的各个阶段和环节中融入丰富多元化的教学内容,科学合理地体现"课程思政"的双重育人作用,促使学生在学习通识课、专业课的基础上收获更多延伸性知识,切实提高他们的综合文化素养。在国家强化重视及社会对职业技能型人才的迫切需求下,我国职业教育的办学压力也越来越大,高职院校只有培养更多高素质的技能应用型人才,才能满足国家和社会的需求,确保职业教育所培养的人才快速适应社会环境,在未来的职业道路上获得长足发展。

2."三教"改革的重要性

职业教育大力推行"三教"改革,是保证高职院校实现健康可持续发展的关键,也是人才培养质量提升的前提,对于师生而言都大有裨益。首先,"三教"改革是助力《国家职业教育改革方案》贯彻落实的根基,通过全面实施"三教"改革,准确定位教师、教材、教法三大"靶心",达到精准射击,促使职业教育实现历史性转型升级。其次,"三教"改革是实现教育信息化的协同驱动力,现代先进化的科学技术对职业教育构成了前所未有的巨大挑战,高职院校亟待重新梳理教育改革的一系列举措,积极应对信息化时代所赋予的教学机遇和挑战。因此,高职院校要顺势而为,主动跟紧科技信息时代的发展步伐,以科学技术为力量支撑,大力推进信息化技术与人才培养方案的有机结合,借助现代信息技术促进高职院校"三教"改革的落地,促进教育信息化时代的全面来临。最后,"三教改革"还是夯实"双高计划"的核心,我国"双高计划"旨在培养一大批能够面向社会、面向国家未来,具备中国特色的高技术、技能人才,这是国家对职业教育达到高质量高水平发展的一个重大决策,其中提到"打造技术技能人才培养高地、打造技术技能创新服务平台、打造高水平专业群、打造高水平双师队伍",这"四个打造"的重大举措正好与"三教"改革不谋而合。可以说,"双高计划"的提出为职业教育"三教"改革的开展创设了良好契机,促使两者达到高度契合点;而要贯彻好"双高计划",实现中国特色高水平学校和专业的建设,必须以教师、教材、教法的"三教"改革为主要抓手,借此倒逼"双高计划"的平稳落地。

(二)职业教育"三教"改革的重要意义

实施教学改革一直以来都是职业教育得以内涵式发展的重难点,而要全面推动职业教育实现高质量高水平的发展,更需要将高标准的教育教学作为支撑原点。高职院校实施"三教"改革行动,通过锻造一支素养高、经验足、资历深、能力强的教师团队,构建一批内容精良、结构合理、拓展性强的教材资源,制定一套丰富多元、精准施行的教学方法,从而探究出一条切实符合现代学生学习规律及教师发展的实施路径,继而强化职业教育的内涵式建设,全面促进高职院校实现高水平发展。因此,"三教"改革不能仅纸上谈兵,要以"课程思政"理念为高职院校"三教"改革的指导方向,这样才能在教育改革的基础上彰显出中国特色社会主义核心价值观,始终将"德育"摆在教育的主要位置上,促使思想政治教育全面贯穿教书育人的全过程。

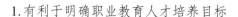

1.有利于明确职业教育人才培养目标

高职院校实施"三教"改革,不管是针对教师人才进行培养塑造,还是针对教材资源进行优化改良,抑或是就教学方法进行探究创新,这些都是为了更好地实现人才培养这一重大目标。正如习近平总书记在全国高校思想政治工作会议上提出的那样,要搞清楚我们究竟要培养什么人、如何培养人、为谁培养人这个问题,而在职业教育过程中渗透课程思政理念,才能尽可能地化解"教书不育人、育人不教书"以及"重视专业技能而轻视素质教育"的普遍现状。

2.有利于工匠精神的弘扬和传承

职业教育要具备自身独有的办学特色及教学宗旨,在实施"三教"改革的过程中才能围绕其特色专业凸显自身在技能应用型人才培养方面的优势,促进院校自身实现内涵式发展及高水平建设。职业教育在强调专业知识传授、技能塑造的过程中,辅之正确世界观、人生观和价值观的引导,让学生在学到知识技能的同时树立高尚的职业精神、严谨的工作作风、务实的工作态度、协作的团结精神、求精的工匠意识,真正促进"大国工匠"人才的培养形成,更好地传承并弘扬传统工匠精神。

3.有利于"课程思政"理念的生根

"三教"改革不仅是贯彻《国家职业教育改革实施方案》执行的切入点,也是高职院校实施"双高计划"的重要突破口,它将有利于助推我国职教"三个转变"的形成,真正落实"三全育人"思想及"课程思政"理念。其中,教师队伍的改革要以培养师德为先,全面提高每个教师的职业综合素养;教材资料的改革不但要方便知识技能的授用,还要体现职业精神、人文素养的塑造;教学方法的改革则要立足以生为本的原则,采取因人施教、因材施教的办法,致力于帮助学生开拓智慧、启迪思想、搭建学习中的精神桥梁,促使"课程思政"理念在"三全育人"过程中更好地彰显出来,使之完美地呈现在"三教"改革的整体过程之中。

(三)高职院校"三教"改革的有效途径

1.提升课程改革的理念和意识,回归教育教学的本真和初衷

职业教育实施"三教"改革,要将"三全育人"作为其改革的起始点,将社会主义办学方针作为指导方向,围绕培养什么人、怎么培养人、为谁培养人的教育宗旨开展服务。"课程思政"理念的提出,让现代教育重新找回教师育人的本真和初衷,将立德树人的教育意识全面融合到高职院校文化通识教育、专业知识技能教育、社会实践教育的各个阶段与环节之中,促使各项教育活动都能与正确的价值观引导、能力塑造相互结合,实现各门课程的思想价值引领,这样才能切实达到办好中国特色化职业教育的重大目标,实现教书和育人的双管齐下。

2.强化师资人才的培养,教师才是"三教"改革理念的主要践行人

教师作为教书育人的主体,理应成为教学改革的第一践行人,在"三教"改革中发挥其关

键作用。在高职院校"三教"改革工作中,首先要提升教师的职业综合素养,教师个人的思想意识、政治觉悟、育人立场的提升是主要培养内容,强化教师个人师德师风的构建,培养其高度的育人责任感及职业使命感,促使教师综合素养、人文修养、职业道德的有效提升;其次要积极组建"双师型"教师团队,强化教师的实践教学能力,通过内培外引形成灵活的教师培养机制和平台,主动引入社会企业中的先进技术人才、专业能工巧匠作为兼职教师,开展专业座谈会、技能分享会、实践授课等;与此同时,将本校骨干教师、年轻有干劲的教师派出去,要求其到企业一线进行挂职锻炼,不断积累专业实践经验,提高自我职业素养及专业实践能力,从而达到教书和育人并轨、实践与操守结合的培养效果。

3.大力推动课程教材的改革,深入挖掘课程中的思政教育元素

课程教材是教学内容的主要载体,教材的优化改革是课程建设的关键要素,同时也是职业教育实现教书和育人同步的核心依托。职业教育具备极强的实践性、应用性特征,因此在教材的编研上应侧重实践技能的授用、学生实操能力的培养。基于此,在职业教育课程教材改革方面,首先要重视对学生"三观"和职业价值观念的引领及培养要求,便于教师从教材内容中深入挖掘思政教育的元素和亮点,促使其更好地培养学生爱岗敬业、追求品质、一丝不苟的工匠精神,严谨务实的工作态度以及团结协作的合作精神等;其次要体现出前沿性和实用性,突出产教融合的特点,鼓励编研及使用最新的活页式教材、工作手册式教材,提升教学的实效性,保证教材内容的更新速度;与此同时,积极引入云技术学习平台,将教学与信息化技术实现融合,开发数字化教材资源,方便学生开展碎片化、泛在化的学习。通过数字化教材的开发普及使用,职业教育教材的建设将更为立体化、全面化、灵活化,这对"课程思政"理念深入"三教"改革起到积极的助推作用。

4.积极创新教学方式方法,促进"三教"改革顺利践行

通过不断创新教学方式方法,突破传统课堂模式,为学生创设更多学习平台,促进课程教学质量的提高,在此教法改革过程中,对于"课程思政"教学效果的改善也是显而易见的。教师要善于掌握好"三教"改革的重要指导精神,积极运用现代信息化教学方法,将课堂搬到网络上和企业中,利用网络平台开展线上线下混合式教学、实施校内校外工学交替性教学,通过校内课堂、企业课堂、在线课堂"三课一体"的多维教学模式,实现教学方法的灵活创新、有机衔接,达到教学资源的高效共享,促进教学内容、教学场所、教学手段的多样化,为"课程思政"理念的贯穿融入夯实载体基础。首先,应将"课程思政"理念渗透到各门学科之中,通过思政价值传播引领专业知识底蕴,促使专业知识授用实现价值最大化,达到专业教学与思政教育的无缝衔接,形成潜移默化的育人效果;其次,应彰显职业教育的办学特色,体现校企合作、工学交替的人才培养模式,充分吸引学生对课程的关注,鼓励他们发挥想象、自主创新,促使他们在实训实践教学活动中内化知识、提高素养、强化实操,锻造良好的沟通交流水平、团结合作能力、创新创造意识等。

"课程思政"理念与"三教"改革可谓是相辅相成、相互促进的,具有紧密的关联性。作为职业教育应强化以生为本原则,高职院校应根据社会对人才的培养需求,紧紧结合自身办学

特点和优势,强化"课程思政"理念,加快教师、教材与教法的科学合理改革,通过内培外引培养德艺双馨的教师团队,大力推进教材资源的优化改善,进一步创新教学方式方法,为学生努力创设高质量的教学软硬件,突破传统教学模式的弊端,为国家和社会培养更多优秀的社会主义建设者和接班人。

第二章
核心概念与理论基础 ▶▶▶▶

第一节　核心概念

一、课程

"课程"一词在我国始见于唐宋期间。唐朝孔颖达为《诗经·小雅·巧言》中"奕奕寝庙,君子作之"一句作疏:"维护课程,必君子监之,乃依法制。"但这里"课程"的含义与今天所用之意相去甚远。宋代朱熹在《朱子全书·论学》中多次提及课程,如"宽着期限,紧着课程""小立课程,大作工夫"等。虽然他对这里的"课程"没有明确界定,但含义是很清楚的,即指功课及其进程。这里的"课程"仅仅指学习内容的安排次序和规定,没有涉及教学方面的要求,因此称为"学程"更准确。到了近代,由于班级授课制的施行,赫尔巴特学派"五段教学法"的引入,人们开始关注教学的程序及设计,于是课程的含义从"学程"变成了"教程"。

在西方英语世界里,课程(Curriculum)一词最早见于英国教育家斯宾塞(H. Spencer)《什么知识最有价值?》(1859)一文中。它是从拉丁语"Currere"一词派生出来的,意为"跑道"(Race-course)。根据这个词源,最常见的课程定义是"学习的进程"(Course of study),简称学程。这一解释在各种英文词典中很普遍,英国牛津字典、美国韦伯字典、《国际教育字典》(International Dictionary of Education)都是这样解释的。但这种解释在当今的课程文献中受到越来越多的质疑。"Currere"一词的名词形式意为"跑道",由此课程就是为不同学生设计的不同轨道,从而引出了一种传统的课程体系;而"Currere"的动词形式是指"奔跑",这样理解课程的着眼点就会放在个体认识的独特性和经验的自我建构上,就会得出一种完全不同的课程理论和实践。

综合国内外学者对课程概念的理解,课程有广义和狭义之分。广义上的课程是指为了实现既定的培养目标而设置的所有学科与进行的所有相关活动,狭义上的课程是指学生所学习的某一学科与进行的某一活动。高等职业教育培养人才必须与行业和产业发展紧密相连,课程必须贴近市场和产业需要。

二、专业核心课程

专业核心课程是指按照教学计划、教学大纲及教材所规定的全部教学内容和全部教学活动的总和,其侧重强调课程中理论与实践并重的观点,按照一定培养目标建构的一组学习任务或组织的有一定排列顺序的动态学习活动及其预期学习成果,专业核心课程侧重组织安排。学习目标包含掌握与国家职业标准相适应的知识、技能与态度。本书探讨的专业核心课程是指在专业人才培养方案的指导下,专业中围绕学生职业和岗位核心能力培养与提升所开设的、面向本专业学生的课程,专业核心课程内容要求对接学生未来就业工作岗位,专业核心课程标准要求对接对应工作岗位专业技能和职业能力。

三、专业核心课程建设

专业核心课程建设,注重对大学生创造性思维与动手能力、岗位适应能力的培养,积极探索专业核心课程校本资源的建设和利用,专业核心课程建设包括课程定位、课程目标、课程内容、课程资源、课程实施、课程评价等,专业核心课程建设作为一项长期的工程,其开发涉及的范围和对象十分广泛,需要多方资源和主体的相互配合。

四、专业核心课程标准

专业核心课程标准包括课程基本信息、课程性质与任务、课程目标、学习结果、课程结构与内容、学生考核与评价、教学实施及保障、授课进程与安排等内容,在专业核心课程建设中,校企合作是一种有效形式,能够结合企业对人才提出的要求,引入企业工作实践案例、企业文化、校企共建实习实训基地,确保课程内容、教学手段以及考核办法等实际运用,提升毕业生的素质、技能、知识储备,为就业打好基础。因此,在专业核心课程建设中,课程标准要体现校企合作联合开发,将课程标准作为学生学习的指导,作为企业员工岗位培训标准,让教师参与企业员工培训,促进校企合作共赢。

五、职业标准

职业标准是对从业人员知识、技能、态度的规范性要求,是基于岗位工作分析的结果体现。职业标准从内容来看包含从事该职业对应岗位的工作原理、工作方法、工具材料等知识,它是对工作者在知识、技能、态度等方面的要求,职业强调实用性和岗位工作的对应性。职业标准也可被认为是从事某种工作所具备的工作知识。这种工作知识基本属于隐性知识,要想满足岗位需求,就必须将这种隐性知识转化为学生能接受的显性知识,通过转化,形成能满足企业需求并适合高职学生的课程内容。

我国职业标准,根据不同职业分别有不同的标准内容和种类,对不同行业的从业者提出行业需要的相关要求。职业标准是判断从业者是否达到从业要求的依据,用人单位会根据岗位要求的不同,选择符合职业标准的人员进行录用。职业标准以职业分类和工作内容为基础,对从事该岗位工作人员所具有的工作能力和工作素养进行界定。它是职业人员在进行理论学习,从事职业活动,考取职业资格证书、专业技能鉴定以及从事劳务合作关系的重要依据。职业标准既包括理论知识要求,还包括技能要求、职业道德等内容,其具体内容包括职业名称、职业定义、职业等级、职业环境、职业能力特征、培训要求、鉴定要求、职业道德、基础知识、工作要求等。其中,知识和技能要求是职业要求的主要部分,是衡量劳动者工作能力的一个主要标准。依据职业分类和岗位特征,对从事该岗位工作的从业人员所具备的知识、技术、能力和素质作出整体性要求,如工作的范围、工作开展的程序,工作的产出和质量评价标准,工作绩效的衡量和考核依据等内容,其一般作为职业鉴定的主要标准,或者就业时的从业资格或准入条件,也是用人单位考核、评价员工的主要依据。职业标准的构成见表2-1。

表2-1 职业标准构成

项目		主要内容
职业概况		职业的基本信息描述:包括职业名称和定义,涉及的等级,从事该职业应具备的条件和环境要素设置,职业应具备的能力结构和要求,培训的师资、学时和设备等,鉴定所具备工龄及从业经历等条件
工作要求	职业功能	职业工作活动要达成的目标或完成的项目
	工作内容	完成职业功能需要经过的工作程序
	技能要求	工作内容应达成的结果或从业者应掌握的相关技术和应具备的能力
	相关知识	在完成工作时所具备的理论知识、技术规范、操作程序、法律规范或行业标准、劳动安全卫生规程等
基本要求	职业道德	根据职位特征,设定职位工作人员应具备的思想政治素质、工作态度、价值观和行为规范
	基础知识	职位贯穿各个等级的基础理论知识、法律法规、安全操作规程、卫生技术规程和环境保护等知识

职业标准的设立明确了工作岗位应该具备的职业能力,职业标准是高职院校专业人才培养方案中人才培养定位的立足点。职业标准设立的目的是按照职业标准要求培养对应岗位的职业能力,为毕业生今后走上工作岗位更好适应岗位工作、完成岗位工作任务提供根本遵循,也为高职课程建设和课程评价提供基本的依据和标准。

综上所述,职业标准是一种包括理论知识和实践知识在内的工作知识,教师在职业院校的课堂上向学生讲授理论知识,学生在实习实训教学中学习实践知识和技能。高职院校课程内容与职业标准对接,可以把职业标准中对工作要求的内容转化为与学生认知水平、能力水平相近的能够被学生接受的知识。因此,高职院校课程内容的学习与工作实践紧密联系,在实践性学习中使理论知识与实践知识相结合,一定程度上拉近了高职院校课程内容学习与工作实践的距离。学生通过校内学习理论知识,校外依托企业实训基地进行技能训练,整体上认识、熟悉、掌握岗位工作任务要求,通过强化校内外理论知识与实践训练达到工作岗

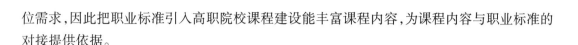

位需求,因此把职业标准引入高职院校课程建设能丰富课程内容,为课程内容与职业标准的对接提供依据。

六、高职院校

高职教育是中国高等教育重要组成部分,我国的技术、技能人才主要依托高职院校来培养,高职院校教育包括专科和本科两个层次,承担了培养生产、建设、管理等方面的高水平、高技术人才,为我国经济社会发展输送高级技能型人才和应用型人才的重大任务。2022年8月,教育部发布《中国职业教育白皮书》,指出经过长期的实践探索,中国形成了独具特色的现代职业教育发展模式。实践表明,紧跟经济社会发展需求,服务产业升级,推进产教融合、校企合作,是职业教育高质量发展的动力源;坚持扎根中国大地、立足中国国情,服务区域产业发展,是职业教育增强适应性的深厚土壤;落实立德树人根本任务,培养德技并修、手脑并用、终身发展的高素质技术技能人才,促进教育链、人才链与产业链、创新链有效衔接,促进就业创业,是提高社会贡献度和认可度的根本途径。

我国职业教育紧紧围绕国家重大战略,紧密对接产业升级和技术变革趋势,同时积极推进部省共建职业教育创新发展,持续深化职业教育东西部协作,为我国区域经济发展战略目标,增强现代产业化核心竞争力奠定了坚实的人力资源基础。随着我国经济社会的不断发展,产业的转型升级,许多企业对应用型、技术型人才有着巨大的需求,因此,政府提出高等职业教育人才培养模式适时转型的一系列指导思想,确立了高职院校既要培养高级应用型人才的教学目标,更要比以往更侧重实践知识的传授,强化学生的实际应用能力。

第二节 理论基础

一、工作过程导向知识观

工作过程导向知识观侧重的不是传统的学科本位知识,而是工作过程中的具体任务,它把工作过程中的具体任务作为设置课程内容的依据,使课程内容与工作实际相联系,反映社会、行业及企业的要求。把抽象的概念具体化、形象化,转变为可以让学生接受的可操作性学习项目,通过每个项目的学习,提高学生的理论水平、实践能力和职业素养。在学习操作过程中,让学生学会潜移默化、举一反三,面对以后类似的场景也能学以致用。要选择具有典型代表的工作项目任务作为课程内容,还原工作场景,让学生体验真实工作项目。高职院校培养的应是全面发展的人才,不仅要学习理论知识,也应提高社会实践能力。从自身发展来看,结合个人兴趣爱好,不断在学习中培养求知欲,注重知识获得的过程与方法,提高与他人交往的能力。高职院校培养的是为社会服务、为市场生产的技术技能型人才,满足行业企业需要。高职院校的课程内容必须符合社会实际,随着行业产业的变化作出相应调整。高等职业教育需要的是工作过程导向的知识,课程内容的设置应选择典型的工作任务,把典型的工作任务转化为具体的知识技能,让学生在真实环境中学习实践,激发学生的学习兴趣,激发学生的学习热情,让学生更熟知岗位技能。课程内容的项目知识对接职业标准的工作知识,可以说工作过程导向知识观正是课程内容与职业标准对接的重要理论依据。

二、杜威的教学理论

美国教育学家杜威最早提出"从做中学"的教学理念,他认为应以经验、活动为主要的学习方式,在行动中和实践中学习。"做中学"的关键是创设问题的情境,让学生通过思考来获得解决问题所需的知识,提出可行的方法来解决问题,并检验方法使用的正确性。这种教学方式能让学生切身体验并克服学习过程中遇到的困难,最终通过努力成功解决问题,使学生解决问题的能力得到提高。"做中学"的教学原则,杜威将教学过程分为五步(图2-1):第一步,创设与社会生活经验相联系的情境;第二步,做好应对情境中产生问题的准备;第三步,产生对解决问题的思考和假设;第四步,对解决问题的假设加以整理和排列;第五步,应用检验假设。杜威在学生的思维培养方面,提出了培养和训练学生思维能力的思维五步法(图2-1):第一步,出现某一问题或者令人困惑的现象;第二步,对事实进行观察、检测,同时对问题进行定位和解释;第三步,形成某种假设或者某一种能够解决问题的建议;第四步,运用推理对其进行详细的阐释;第五步,将推理、阐释过的问题用作新观察和实验的向导,并对观念进行测验。这种教学方法曾经深深地影响了中国一代又一代学生,通过五步法学生可以进行深入思考。

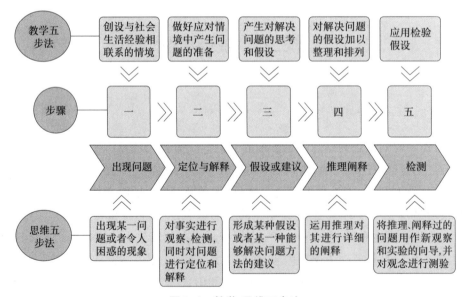

图2-1　教学、思维五步法

研究对接工作过程与职业标准的高职院校专业核心课程建设,在教学实施中通过积累一次次的"做中学"经验,使学生在对接工作过程和职业标准的专业核心课程教学中得到一次次成长的机会,从而达到培养学生综合职业能力的目的。

三、建构主义学习理论

建构主义学习理论注重以学生为中心,发挥其学习主动性与互动性。在一定的学习情境中,学生在原有知识经验的基础上主动建构知识。学生在以往的学习过程中已经具有相应的学习经验,在学习中有自己的思维和想法。在课程教学中,应该将学生现有的经验作为新知识的增长点,鼓励、引导学生在原有知识经验的基础上获取新的知识经验。在课程设计中,应以学生为中心,注重学生原有的知识经验,调动学生学习的积极性、互动性和构建性。建构主义学习理论认为,学生要想实现知识构建,就离不开真实学习情境。知识并不是脱离活动情境而抽象存在的,其只有通过实际情境中的应用活动才能真正被人理解。学习一旦离开适宜的情境,任何知识的建构都将缺失生长点。学生如果不能在工作情境的环境下学习,其所获取的知识就是惰性知识,这不利于学生的发展和职业技能的提高。因此,在课程实施中,学习情境对学习意义的构建具有重要作用。教师要着力为学生创设理想的学习情境,促进学生之间的交流与合作,鼓励、引导学生积极实现知识构建。在教师的指导下,通过适宜的学习情境,学生与他人进行交流与合作,借助必要的学习资料与学习工具,利用建构的方式获取知识与技能。学生通过获取外部支持,与教师或其他助学者进行合作,共同完成某项学习任务,随着学习活动的逐渐深入,学生逐步减少来自外部的支持,直到最后完全不借助外部支持与帮助,自己独立完成学习任务。这种课程教学注重学生的参与和互动,教师在学习中扮演协助者的角色,为学生提供一定的支持,引导学生主动参与学习,最大限度地发挥潜能。建构主义学习理论为对接工作过程与职业标准的高职院校课程建设提供了重要的理论支撑。

四、情境认知理论

20世纪80年代以来,情境认知已成为一种能提供有意义学习并促进知识向真实生活情境转化的重要学习理论。情境认知理论认为,研究学生的学习就应该通过将学生、外部社会环境及自然环境视为一个有机整体来进行,强调学习应具有情境性,脱离了情境的学习与知识的获取成反比。比如,在高职院校专业核心教学过程中,需要模拟解决岗位工作中实际问题的过程,首先由教师根据相关专业领域创设问题情境,学生通过参与学习问题情境中的关键知识点,解决问题,加深对知识点的理解,并学会将所学知识运用到其他问题当中,从而真正地掌握。只有将所学知识蕴含在真实工作情境中,学习才有意义、知识才会牢固,还能激发学生对知识的学习欲望,因此在研究对接工作过程与职业标准的高职院校专业核心课程建设中,教师不直接给予学生答案,而是通过示范、指导等方式引导学生自己寻找答案,从而让学生获得成就感,激发学生学习的探究性,提高综合职业能力并为后续发展打好基础。

五、多元智力理论

多元智力理论是由美国教授加德纳提出来的,他将人的智力分为语言智力、数理智力、运动智力等九种,认为每个学生都拥有这九种基本智力,只是程度各异。智力之间不同组合表现出智力不同类型,即个体间存在智力差异,因此针对不同的智力类型,人才培养目标、方式和途径也应有所不同。多元智力理论认为人的智力是多元的,每种智力都是同等重要且相对独立的。智力没有高低之分,只有结构类型的不同。智力元素的不同组合构成了个体间的智力差异,直接的反映是学习方式、学习兴趣的不同。这九种智力代表了每个人不同的潜能,这些潜能并不一定全部同时很好地体现出来,只有在适当的情境中才能发挥出来。每个学生都在不同程度上拥有这九种智力,其身上表现出来的九种智力水平也存在差异。由此可见,职业教育应该因材施教,根据学生的智力类型与不同的学习兴趣,采取灵活多样的教学方法与教学手段,为学生的成长创设适宜的学习情境,从多个维度开发学生的智力,发掘学生的潜能和个性,使其优势得到长足有效开发。多元智力理论提倡在评价学生中应当充分尊重智力发展的多样性与差异性。因此,高职院校对学生学习的评价方式与评价指标应多元化,不能局限于简单的卷面考试,在评价指标的设计中应与普通高校学生区别开来,体现出自身特性,在考评学生专业理论知识的同时,注重对其实践能力的考核。并且在评价过程中,打破长久以来静态的评价模式,使其转变为持续的、动态的评价,以此促进学生全面、长远发展。多元智力理论所提倡的人才观、课程观、评价观为高职院校课程建设提供了理论支撑。在智力水平上,高职院校学生并不弱于普通高校学生,两者只是在智力类型方面有所差异,两者都具有自身特殊的智力倾向。高职教育应该在充分了解学生群体特殊性的基础上,遵循职业院校学生的学习规律,为其建设合适的课程,而以工作过程和职业标准为导向不失为一个合适的路径选择。

六、实践性学习理论

实践性学习理论已经成为世界公认的重要学习理论,把学习与工作相结合,逐渐打破传统的高职院校关于学习与工作的界限,让理论联系实际,在实践中学习、在学习中实践。实践性学习是多方位整体性的学习,既包括知识技能的学习,也包括情感态度等方面的学习,有利于形成学生良好的独立意识,提高学生的决策能力,对学生创造性思维的培养也有积极的作用。根据学习场所的不同,实践性学习可以分为校外实训基地学习和校内学习两部分。高职教育培养的是技术技能型人才,通过校外实训基地进行技能训练,通过校内教学进行专业理论知识学习。学生把在学校学习的知识和在企业学习的工作技能知识相结合,应用到工作岗位中,提升岗位适应力和职业素养。

第三章
国外高职院校课程建设与工作过程、职业标准对接的发展现状 ▶▶▶▶

第一节　北美CBE课程模式

CBE课程是以能力为本位的一种教育课程,与普洛瑟职业主义一脉相承。CBE课程思想受DACUM方法的启发,DACUM(Developing A Curriculum)即教学计划开发,它的本质是一种分析和确定某种职业所需能力的方法,现在已成为一种科学、高效、经济的分析确定职业岗位所需能力的职业分析方法。DACUM方法中的职业分析源自"工长会议"计划。"工长会议"是在第一次世界大战期间提出的,出于战争需求,亟须对飞机驾驶、机械等工种的工人进行培训。1919年,联邦职业教育委员会开始研究工长、管理人员职业培训方法,当时普洛瑟担任联邦职业教育委员会主任,他与其团队成员查尔斯·艾伦(Charles.R.Allen)共同率领专家组对工长的职务进行了分析研究,由此诞生了"工长会议"计划。联邦职业教育委员会把"工长会议"计划作为权威的培训方式向所有州推广,并使其逐步进入学校领域。随着美国从工业化社会向后工业化社会过渡,经济的飞速发展与相对长期的经济繁荣为社会带来了结构变化和观念变革。青年高失业率导致教育问题成为一个极严峻的社会问题。教师的能力开始受到质疑,与此同时,以传授知识为核心的传统的师范教育开始受到批判。对于教师能力无法适应社会需求的现象,美国联邦教育总署于1965年对10所学校进行赞助试点,开发培养小学教师的示范性培训方案,在数百份培训方案中,"能力本位"的教师教育培训模式最终被教育总署采纳和推广应用。1972年,美国师范教育协会组成"能力本位师资培训委员会",在整个美国建立了9个能力本位教育中心,形成并公布了一套描述和评估能力本位教育方案的准则(Criteria for Describing and Assessing Competency-based Programs)。该准则包含100个操作取向的师范教育模块,通过分析教师能力来改进师资培训。

一、CBE课程特点

CBE在加拿大、美国、英国等国家较为流行。20世纪90年代初,我国第一次引入CBE课程模式,对当时职业院校课程理论的建设和改革具有极大的影响。CBE课程是"一种预先确定某个岗位或岗位群完整的职业能力标准,然后根据学生个人的学习进度,引导学生进行相关知识、技能学习并达到行业精通水准、获得具体行为表现的课程模式"。它以职业能力为基础,通过对职业能力的分析,确定以职业技能为核心的课程内容,破除传统的以学科知识为基础的课程体系的弊端。同时它还强调学生的自主学习,教师只是教学过程的指导者和管理者,学生才是学习的主体。学生应对自己负责,根据自己的实际情况制订学习计划,安排学习课程,之后进行自我评价,再由教师进行考核评价。它的办学形式多元化,并有严格的科学管理制度,能最大限度地满足教学的需求。

(一)强调以学生为主体,培养目标以职业能力为基础

现代美国高等职业教育模式体现了CBE课程模式,以学生为本位,重视个别化教学。在教学中承认学生的主体差异性,学生根据自己的学习情况规划学习进程,确定学习内容。CBE课程模式重视职业能力的培养,教学内容就是职业能力知识,培养的人才应具备从事相关职业所必需的职业能力。CBE课程模式的培养目标、教学内容及课程评价等都与职业能力密切相关、与职业标准要求相符合。CBE课程模式不仅强调培养学生的综合职业能力,也关注学生专业核心能力的训练以及与他人合作的能力。

(二)课程内容以实训技能为主,对接职业岗位要求

现代美国高等职业教育模式注重培养具有实践技能的人才。CBE课程模式的教学内容是以学习实践性技能为主,在类似于企业车间的实训场所实践,其设施较完善,不仅符合职业院校实践基地的要求,也符合时代的要求。CBE课程模式重视实践,并不是忽视理论知识,而是根据职业标准要求的能力来确定课程内容,丰富课程内容知识,相应地缩减重复性的理论知识,增强实践能力的养成。

(三)教师深入企业一线,了解岗位技能,确定课程内容

美国高职教育模式重视师资队伍建设,对从事高职教育的教师资格有严格的标准,要求教师具有教育家、工程师及熟练工人三种职业所需要的素质与能力,还要求教师不仅要完成学校的教学任务,还应具有学校管理、组织开发、处理企业与学生之间的关系等各方面的综合能力。在CBE教学中,教师主要起指导和管理作用。学生是学习的主导者,提倡学生自主学习,教师只是给予学生指导,不以传授理论知识为主,学生自己亲身实践。教师不仅要进行教学活动,还应有相应的科研活动,有自己的实验基地,坚持到企业生产一线去指导实践,在不断的实践过程中提高自己的教学科研能力,从而使教师能根据企业中需要的技能要求来确定课程内容,让课程内容更好地体现职业标准的要求。

(四)合理利用校内外实训基地,培养职业能力,对接职业标准要求

美国高等职业教育模式非常重视校内外实训基地的建设。CBE课程模式重点在培养学生的职业岗位能力,岗位能力的培养依托实践实训基地、良好的教学环境和现代化的教学手段。美国高等职业教育各专业建立相应的实验室、实习工厂,可以让学生自己进行实践训练。通过初步的实践训练,让学生了解相应的工作岗位知识技能要求,培养学生的实际工作能力。此外,学校与社会相关企业建立长期的合作关系,为学生提供实习机会,进一步推进

课程内容与职业岗位要求相适应,培养学生的职业技能。北美CBE课程模式以能力为本位、以学生为主体,对我国传统的以学科本位课程为主的课程模式带来了冲击,这是我国高职教育课程转变需重视的内容。

二、CBE课程核心取向——按照能力标准设计课程

CBE课程教学主张将对教师工作分析的结果具体化为教师必须具备的能力标准,按照能力标准设计课程。CBE课程的目标、内容、组织、评价四个要素可以概括为能力取向、技能体系、工作逻辑、能力评价。

(一)能力取向

20世纪60年代,美国经济快速发展使青年教育出现严重问题,教师能力开始受到质疑,CBE课程就是批判师范教育的成果。在众多培养小学教师的方案中,能力本位的教师教育得以采纳并被广泛应用。能力本位教师教育主张通过分析教师工作,转化为教师必备的能力标准,以此设计培训课程。CBE课程要先确定岗位,分析岗位的职业能力,将其分解成无数个工作任务。根据每个学生的学习进度,对学生进行相关知识、技能的讲授,使学生达到岗位要求的水平。CBE课程以岗位职业能力为依据开发课程,用"会做什么"定义能力是CBE课程的重要思想。CBE课程所要求的不仅是胜任工作的能力,还包括胜任工作所需要的条件。CBE课程体现的是输出的能力观,是一种重视结果的能力观,认为能力是工作角色或实际操作的整体结果,将能力转化成知识和技能。有学者就将能力本位职业教育总结为"以职业的需要为开发能力标准的起点,以能力标准的达成为目标,强调学习的结果是获得能力,强调学习结果的行为目标化和可测量化"。

(二)技能体系

CBE课程的内容体现为技能体系。CBE课程首先用DACUM方法进行职业分析。将一个特定岗位的所有工作分解成独立的工作职责,再将每项工作职责分解成数个工作任务,每个任务都有其对应的技能,将此作为课程开发的起点,任务对应的技能即学习内容。每项技能都要有明确的起点和终点,由此形成DACUM方法中的学习包。学习包是依照分解出来的工作任务进行能力图表归类的,根据列出的各项技能开发学习材料,对职业领域各项工作顺序进行分析,根据能力分析出学习进度。

(三)工作逻辑

CBE课程模式显示了课程组织与教学实施的工作逻辑,工作逻辑吸取了学徒制职业能力培养的组织特点。生产过程与学习过程是一致的,生产过程就是教学过程,学生学习的内容并不完全按照由易到难的顺序,而是按照生产顺序决定。CBE课程采取的DACUM方法以行业需求为导向,先确定岗位,把岗位的所有工作划分成工作职责,再将工作职责划分成具体的工作任务。因此,工作逻辑贯穿了整个CBE课程。

（四）能力评价

CBE课程重视的是获得的能力这一学习结果，CBE课程的评价不是靠普通的考试或测验，而是要看实际操作的成功。CBE课程需要用工作任务定义能力，注重培养学生实践操作能力，在工作岗位上的实际操作能力高，作为评价学生学习结果的重要指标。因此，传统的考试制度无法有效对CBE课程进行评价，CBE课程更重视对能力的测试，所以考评需要在工厂进行。

三、CBE课程深化发展——职业群集课程

20世纪60年代前，美国职业技术教育普遍实施CBE课程模式。60年代以后，由于经济的增长和科技的发展，职业岗位的技术含量不断提高，职业岗位的变动也日益频繁。在这一情况下，人们对于在一个较狭窄的职业范围内，从事深度训练的做法产生了怀疑。于是，美国职教领域出现了一个相关联的事物——职业群集课程模式。职业群集课程整合了职业教育与普通教育，将岗位分为16个职业群，通过学习职业群中共有的知识技能，为日后的就业做充足准备。职业群集课程的目标、内容、组织、评价四个要素可以概括为通用取向、工学体系、职业群逻辑、生涯评价。

（一）通用取向

随着生产方式进一步发生变化，固定的工作岗位技能使工人无法自由转换工作，导致大量青年失业。20世纪中后期，面对美国经济飞速发展导致的高素质技术人才短缺，以及美国青年越来越严重的失业率问题，美国掀起了生计教育运动，职业群集课程应运而生。职业群集课程是为了解决青年人失业率和经济发展对高素质人才的要求而产生的。因此，职业群集课程不仅是技能的培训，还要加强普通知识的讲授，职业群课程作为生计教育的课程组织形式之一被提出。马兰于1971年11月在《美国教育》月刊中揭示了生计教育的含义：第一，生计教育是所有学生必须学习的课程，而不只是某些学生必须学习的课程；第二，生计教育应当涉及从小学到高中甚至大专院校的十二个年级之中；第三，中学毕业或中途退学的学生，需要掌握维持生计的技能，以满足个人和家庭生活的需要。生计教育不单是职业教育或是普通教育，而是将两者融合成一种全新的课程贯穿整个教育体系中，其根本目的在于整合普通教育和职业教育，使整个教育面向劳动世界，以适应社会和实际生活的需要。也就是说，职业群集课程解决了职业适应性问题。

（二）工学体系

职业群集课程的课程内容是工学体系。工学体系的主要特征为理论学习与实践学习相结合，促进学生认知能力发展与建立职业认同感相结合。学生通过对技术工作的任务、过程和环境进行整体化感悟和反思，实现知识与技能、过程与方法、情感态度与价值观学习的统一。职业群集课程在横向上将所有职业划分为16个职业群，其共同知识和技能即课程出发

点。学生学习某一职业群共同的知识技能,在深入学习职业群所需知识的同时,还要接受一定的实习。比如,希望成为律师的学生,除了在学校学习该职业群的知识,还要有一部分时间在律师事务所进行实习工作。针对就业岗位技能培训,该模式要求学生每天进行2小时的企业实践,其余时间进行相关知识的传授。

(三)职业群逻辑

职业群是将所有职业按其共同特征进行分组,把多种性质相近的职业归为一个职业群,分析出一个职业群的共同知识和技能并加以组合,以此作为课程编制的出发点和基础。学生系统地学习某一个职业群共同的知识、技能和相关职业的入门技术,可以多选择地就业。每个职业群中设置2~7个职业群途径,每个职业群途径又包含多门具体的职业专门课程。在纵向上形成了一个体现知识和技能层级的职业群结构层级,即职业群基础、职业群途径和职业专门课程。经过多年探索与实践,到1999年,美国联邦教育署已将之拓展为16个职业群、81个职业群途径和1 800种职业专门课程的完整体系。

(四)生涯评价

面对CBE课程培养的固定岗位工人,其掌握的技能导致只能胜任一个岗位而无法适应工作的变换这一问题,职业群集课程则是为了解决职业适应性问题,以满足职业的终身发展为目标。因此,有没有发展性、能不能适应社会需求以及能否满足终身发展目标成为评价标准。职业群集课程评价依靠技能标准和资格证书,强调要以就业和继续教育为目标。职业群集课程从小学到高中进行系统学习,将职业群课程贯穿整个小学到高中甚至大专院校的12年中,为学生适应职业的变化做了充足准备。

第二节　德国学习领域课程模式

从20世纪末开始,课程改革就成为职业教育改革和发展的热点问题。德国职业教育专家菲利克斯·劳耐尔(Felix Rauner)曾对职业教育课程作过归纳,他认为职业教育的课程发展模式经历了"学科系统化课程""学习理论导向课程""职业相关课程"和"工作过程导向课程"四个阶段。其中,"工作过程导向课程"正是学习领域课程模式新的课程开发范式,而"工作过程导向"的课程理论也是学习领域课程最本质的特征。学习领域课程是德国职业教育界在20世纪90年代为改变当时传统的"双元制"模式而提出的新的课程发展模式。这一课程发展模式的提出受到世界职业教育的关注。

由于职业教育长期存在教学理论与实践的相互平行或分离的现象,德国职教界一直都在探寻理论与实践教学一体化的课程模式。学习领域课程是理论和实践教学一体化的现代职业教育课程模式。它既适应企业里的实践教学,又与职业学校的理论教学有异曲同工之妙,从根本上解决了"双元制"模式既合作又分离的问题,因此学习领域课程模式的出现有着极其深刻的现实意义。

(一)学习领域课程的产生

学习领域课程模式的产生,要追溯到20世纪末在德国进行的一场大辩论。面对21世纪知识社会的挑战,由于"双元制"实践课程与理论课程既分离又统一带来的问题,德国的教育企业、职业学校、职教界及工商业界等共商职业教育课程改革出路。通过激烈的辩论,1996年5月9日,德国各州文教部长联席会议常设秘书处最终颁布了新的《职业学校职业专业教育框架教学计划编制指南》,指出用学习领域的课程方案取代沿用多年的以分科课程为基础的综合课程方案。德国职业教育课程改革的序幕由此拉开。1999年,德国文教部长联席会议又通过决议,要求在全国范围内全面推广学习领域课程模式。从学习领域课程产生至今,伴随着课程改革实践中问题与答案的碰撞,原先的"编制指南"也已经作过多次重要修订,学习领域课程模式正在实践理论的指导下一步一步走向成功和完善。

(二)学习领域课程理念

学习领域课程的基本理念有三个:一是学习领域课程基于能力本位,培养学生的职业能力。"职业至上"是德国职业教育课程改革的根本出发点,也是学习领域课程方案重要的改革尝试。职业学校学生通过学习领域课程方案教学,使学生获得较高水平的行动能力和职业能力。二是学习领域课程开发基于工作过程。劳耐尔认为工作过程是"在企业里完成一件工作任务并获得工作成果而进行的一个完整的工作程序","是一个综合的、时刻处于运动状态但结构相对固定的系统","是在关注规章的情况下,工具、手段与对象结合的符合目的、指向目标的工作"。三是学习领域课程的教学实施以行动为导向。行动导向是学习领域课程教学活动实施的主导性原则,针对与专业紧密相关的职业"行动领域"的工作过程,按照"咨询—决策—实施—检查—评估"完整的行动方式来进行教学。

(三)学习领域课程的开发

德国学习领域课程方案从主要内容上看,包含宏观层面的设计和微观层面的设计,即学习领域的设计与学习情境的设计。宏观层面的设计有具体的框架教学计划作为指导,而学习领域课程的实施更多体现的是框架教学计划能否合理地运行和操作。可以说,学习领域课程的开发与实施是紧密相关、互相作用的。

1.学习领域的设计

德国对学习领域课程方案的设计包括设计的基本条件、基本类型、基本法则和基本方法四个方面问题。其中,学习领域的设计步骤分为以下八个基本步骤(图3-1):第一步,分析职业工作过程,主要是了解和分析职业与工作过程之间的关系;第二步,了解职业教育条件,主要是调查和获得开展职业教育时所需要的条件;第三步,确定职业行动领域,主要是确定和统计职业行动领域的数量和范围;第四步,描述职业行动领域,主要是描述和界定所确定的各个职业行动的功能、所需的资格或能力;第五步,评价选择行动领域,主要是评价所确定的行动领域,以此作为学习领域的初选标准及相应行动领域选择的基础;第六步,转换配置学习领域,主要是将所选择的行动领域转换为学习领域配置;第七步,扩展描述学习领域,主要是根据各州文教部长联席会议指南的内容,对各个学习领域进行扩展和描述;第八步,扩展表述学习情境,主要是通过行动领域定向的学习领域具体化来扩容和表述学习情境。

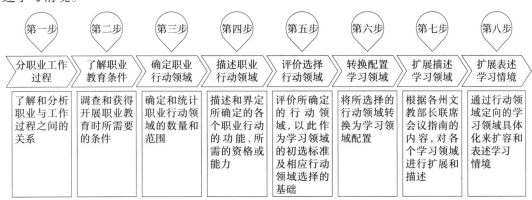

图3-1　学习领域设计八个基本步骤

2.学习情境的设计

学习情境的设计基于学习领域的基础之上,对校本课程的设计过程就是从学习领域向学习情境转换的过程,对校本课程的设计是学习领域课程方案最终能科学实施的关键步骤。德国有学者认为学习情境的校本课程开发应该包括六个方面内容(图3-2):一是从人本性与社会性的角度,对职业行动领域进行系统分析;二是确定专业内容的目标与编排;三是选定方法论重点;四是寻求学习情境;五是制订课时、教室和教室的安排计划;六是制订学习成绩检查计划。

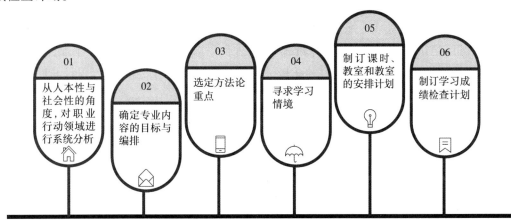

图3-2　学习情境的校本课程开发内容

学习情境的设计,首先应该构建学习和工作的任务,串联学习任务和职业岗位工作;其次要划分学习情境,编排学习单元;最后进行情境教学设计,实施行动导向教学。关于学习情境的设计开发过程包括四个步骤:第一步,列举职业的全部学习领域;第二步,整理职业能力开发一览表;第三步,初选学习情境;第四步,设计学习情境。

(四)学习领域课程的实施

德国在"双元制"教育体制下,学习领域课程方案自其出台之日起,便受到了德国职业教育界的广泛关注,在政府的倡导和科研机构的指导下,很快开始在制造类职业等部分职业培训中,进行学习领域课程方案的改革试点。在2003年至今的试点基础上,学习领域课程模式在德国得以广泛的推广,成为德国职业教育课程改革的新范式。这一模式的提出对整个欧洲乃至世界职业教育产生了深远影响。

工作过程导向是学习领域课程模式的核心。工作过程导向思想是以职业能力发展为基础,以工作过程知识为核心,把工作过程知识作为职业院校的课程内容,加强学校与企业密切联系,为学生提供知识技能学习场所,推动职业教育新发展。基于工作过程的学习领域课程是把工作过程中的典型工作任务作为学习内容,使学生在学校就能学到实际工作场景中的工作知识,不仅有利于学生就业,而且有利于促进学生的可持续发展。具体表现如下。

1.以典型职业工作任务为核心确定课程内容

学习领域课程模式是以典型工作任务为核心,每个学习领域都对应一个典型的工作任务。通过专家的讨论,确定一系列典型的工作任务;通过确定典型的工作任务,根据人的职业能力发展规律进行排序;由于一个典型的工作任务是由几个具体的工作任务组成,以典型的工作任务为核心确定课程内容时,需要对工作任务进行细分,分析与具体工作任务相关的工作内容及要求,找出符合职业标准要求的工作过程知识,把符合职业标准要求的工作过程知识作为课程内容并与工作任务要求相对应。

2.以情境化的学习任务为课程单元设计

学习领域课程模式以工作过程为导向,课程包含的是一系列工作任务,以典型工作任务知识为核心。情境化学习任务就是在职业情境中引入学习任务,完成教学任务。情境化的学习任务可以把学生带入真实的工作过程中,使他们融入真实的职业环境,有利于他们转变职业角色,获得职业技能,提高学习的积极性与主动性,使课程内容的单元设计与职业要求的工作任务相联系。

3.重视校企合作与职业能力发展

学习领域课程模式非常重视校企合作。企业基于以工作过程为导向的原则可自行确定课程内容。学习领域课程模式要求高等职业学校的教师以真实的工作过程为导向进行教学设计、组织教学内容,而具体的课程内容由负责职业培训的企业自行确定。职业培训的企业精选富有各自特色的课程内容,把工作过程的职业知识和能力传授给学生。通过校企合作共同培养学生职业能力,促进其职业能力发展。

第三节　英国BTEC课程建设

BTEC(Business & Technology Education Council)即英国商业与技术教育委员会的简称，于1983年由英国商业教育委员会和技术教育委员会合并而成。在英国有400多所学院和大学开设了BTEC课程，在全世界共有120多个国家、7 000多个中心实施BTEC成功的课程、教学、培训模式。BTEC在高等学历教育、中等学历教育和职业人才培训方面都具有卓越的表现和权威性，在世界处于领先地位。

BTEC课程是英国最大的考试认证机构——英国爱德思国家学历及职业资格考试委员会(Edexcel)的品牌教育产品。每年在英国和海外有超过200万名学生学习Edexcel的各类资格证书课程。全世界很多的高等教育机构和雇主都认可BTEC的课程和Edexcel的资格证书。

BTEC课程是一种具有国际标准资格、学历被国际认可、统一课程标准的新型职业培训模式，它适用于世界各国。1998年，BTEC课程教学正式在北京落户。目前，我国已有多所院校实施BTEC课程模式。BTEC课程建设集课程开发、课程运行、课程评估于一体。其教学大纲从企业的视角，重视目标，与时俱进；采用"以学生为中心"的教学方法，重视师生互动和学生主动性的发挥；其评估体系紧密结合实际，涵盖目标，精心设计课业，有利于学生自主创新，并采用自评和师评相结合的评价方式，评价成果呈现多种形式，如课业、口试、案例分析、报告、操作技能、产品制作等。在世界各个国家，BTEC课程都很适用，学生在完成该课程后，将得到具有国际水准的国家高等教育文凭(HND)和国内的大专文凭。

一、BTEC教学模式特点

BTEC是一种以课程教学改革为核心，集课程开发、课程运行、课程评估于一体的教学模式。BTEC教学模式打破了专业教育和素质教育、传统教育模式，将培养学生通用能力与考核纳入课程进程的全过程。

(一)教学大纲具有特色

1.教学大纲具有时代特性

随着新技术的应用和新产业的出现，企业对人才的需求也在不断变化。BTEC充分发挥专家的作用，积极搭建专家与行业协会密切联系的桥梁，让专家掌握行业、企业人才需求信息和职业资格标准的变化，专家根据职业资格标准的变化对BTEC课程教学大纲进行修订，一般2~3年修订一次。英国爱德思教育基金会与各类企业之间保持着良好的合作关系，企业将在参与学校专业教学实施过程和学生评定的各个环节中发现问题和需求变化信息，及时提供给行业协会和学校，为课程教学大纲及时更新、教学内容与时俱进提供保障。

2.教学大纲体现企业视角

BTEC课程教学大纲内容与要求体现了企业的视角和背景。为使BTEC课程教学大纲内容既符合行业企业需求，又具有较好的针对性和实用性，BTEC课程专家严格按照职业资格标准，将学生到企业工作后需要应用的理论知识、专业技能及通用能力组成多个课程标准，编写成课程教学大纲，教学大纲体现企业视角，为培养符合企业需求的人才服务。

3.教学大纲覆盖面宽,综合性强

BTEC课程教学大纲知识结构覆盖面较宽，每门课程教学均有较强的独立性，且每门课程都列出本课程与相关课程的联系，如本课程为哪门课程提供学习基础，可与什么课程同时学习，如何通过课程学习进一步巩固学过的知识。BTEC课程教学大纲综合性强，学校通过教学大纲能在制订教学计划时作全局考虑，教师通过教学大纲覆盖面较宽的知识结构，在授课前就能了解学生对相关知识的掌握情况，也更清楚本课程的教学重点和目标，能更科学合理地组织教学。

BTEC课程教学有利于学生选择课程，增加了学生学习的灵活性。核心课和必修课构成了学生的专业基础，其他选修课形成了学生的专业方向。我国高职教育教学大纲比较注重知识的系统性及连贯性，按照人们认识事物的递进关系，教学内容由浅入深，纵向展开，体现知识的层次性和严谨的逻辑关系，但知识的覆盖面较窄，实用性不强，教学大纲很少涉及与其他课程的关联性问题，因此，难免出现讲授知识重复、缺漏等现象。

4.教学大纲任务明确,重视目标,成果显著

职业教育的特点在BTEC教学大纲中得到了充分体现，教学理论与专业实践同步进行，教学大纲以教学目标为主线，教师将目标细化，让每个学生都掌握专业知识、专业技能、通用能力和专业能力，并提出学生达成学习目标需要采取的措施等。教学大纲规定学生参加课程考核时只有证明学生确实达到了目标要求并取得学习成果，才能拿到课程学分。

5.教学大纲"以人为本、以学生为主体"

BTEC教学模式对教师要求较高，从事本课程教学的教师在课前必须认真研究学习BTEC课程大纲，教师是课程的组织者，课程教师团队由多名教师组成。课程教师团队要把课程大纲分发给学生，让学生充分了解大纲要求。学生通过认真研读大纲内容，从而明确自己在学习本课程过程中应该遵守的课程要求、课程学习需要达到的目标以及专业能力评标标准等。

(二)通用能力的培养贯穿教学全过程

BTEC课程模式思想体系和教学实践的核心是培养和评估学生的通用能力，发展通用能力是学生学习目标之一，通过对学生通用能力发展水平的评估，确定通用能力的内涵。随着社会经济结构的不断变化，许多新产品和新技术不断涌现，劳动者需要掌握通用能力才能适应职业发展需求。通用能力是一种可迁移的能力，对职业能力的发挥和发展有着十分重要的作用。BTEC课程将通用能力归纳为培养和发展学生7个领域的能力,这7个领域绝大多数内容包含职业素质。为了更好地将通用能力的培养运用在教学实践中,教学者需要对学习者掌握通用能力的程度进行考核评价;为了更好地进行通用能力考核评价,BTEC课程针对通用能力的7个领域提出了18项成果作为通用能力考核的内容(表3-1)。

表3-1　通用能力考核内容对应表

通用能力7个领域	18项成果
自我管理与发展	1.承担自己的任务和责任
	2.利用自己的时间完成课题
	3.个人的发展方向
	4.适应新的和多变的环境的多样性技能
与他人合作共事	5.尊重其他人的价值和意见
	6.个人和群体有良好的合作交往
	7.做集体中的积极成员
交往与联系	8.接受和应答变化的信息
	9.用各种直观的方式表达信息
	10.用书面形式进行交流
	11.用语言和形体语言积极参与交流
安排任务和解决问题	12.利用信息资源
	13.处理常规和非常规的工作
	14.发现并解决常规和非常规问题
数字的应用	15.运用数字技能和技巧
科技的应用	16.使用多样性的科技设备和系统
设计和创新	17.用各种技能和技术提出产品开发、服务和环境方面的新设想
	18.进行多角度思维

(三)BTEC课程教学方法

1.以问题为导向,充分发挥学生主动性

教师在BTEC课程每次教学活动中,都要设计体现大纲要求的理论或实际问题,通过学生动手、动脑或切磋得出结论。BTEC课程教师以问题为导向的教学方法,教师在教学过程中承担引导、评价的责任,通过提出问题、任务驱动,在活动中不断鼓励学生主动参与教学过程,发挥学生的主观能动性,让学生在操作中得出结论。BTEC教学要求以培养学生胜任工作岗位的能力为教学目标,把能力本位的教育思想全面体现在教学过程中,学生在实际操作中进行学习,做到"做中学、学中做",在做的过程中也体现出团结协作,教师扮演组织者、合作伙伴或咨询员的角色。在教学过程中,除了专业教师,学校还为每位学生配备一名指导教师。当学生遇到学习困难时,任课教师就会对学生进行个别指导、答疑等其他帮助;当日常生活中遇到问题时,心理导师就会为学生解困惑;在毕业前,就业指导教师会指导学生设计一条适合自己的职业生涯路径。在师生互动中,教师改变了以往严肃的形象,同时拉近了师生感情。由于教学活动有单元教学、一日授课、阅读、调查、操作、讨论、角色扮演等不同方式,极大激发了学生的学习兴趣和知识获取的自觉性。在教学活动过程中,小组活动多,辩论激烈,不再是仅有的几个尖子生发言,而是各自发挥自己的特长,多种思维火花碰撞的头脑风暴,使学生学习热情进一步增强。

2.教学过程透明性

BTEC课程"以学生为中心",教学透明性尤为突出,教学文件、设备资源都有详细的教学计划和说明,配套的学生手册可供学生了解所享有的权利和应享受的服务、有关课程内容的说明、成绩评定的标准,以及学生对学校提供的服务不满意的申诉途径。学生是学习的中心,他们在学习过程中的中心地位体现在整个教学过程中。教师没有统一的教材,但是课程的教学大纲完全统一,需要定期更新,模块化教学灵活多样;教师根据教学大纲要求自己整理教案,将7种通用能力(管理和发展自我的能力、与人共事的能力、交流通信的能力、完成任务的解决问题的能力、运用数字技术的能力、运用设备和软件的能力、创新和设计的能力)的培养始终贯穿整个教学过程。同时也需要教师和学生在教学和学习的过程中,根据教学大纲来收集学习教材,从中促使学生阅览大量的书籍和网络文献。在实践中学习,学生通过收集学习材料,学会了如何学习,潜能得到充分发挥,形成生生互助学习的良好学习习惯。学生的通用能力得到良好的发展,在此过程中教师要设计整个教学计划和课程活动进程,在总课时控制下,教师进行单元授课、一日授课等。

二、BTEC的评估体系

(一)课业是BTEC课程教学实施的关键环节之一

BTEC课程教学特别强调其课程的产业界背景,一是教学大纲以产业界实际需求为导向,由产业界专家主导开发,大纲是产业界专家和课程专家通力合作的产物。二是课业具备真实的工作内容,课业的目的是解决现场的一些实际问题。课业是一系列或一项具有实际应用背景的任务。学生要结合该课程这一阶段的学习,制订课业完成计划,并通过企业调研、实操、自学和小组活动等方式完成任务。

BTEC课程所有教学活动的内容和成果都体现在课业上。BTEC课程模式没有考试,学习结果的评价以完成课业为主要途径和手段对整个教学过程进行评价。每门课程教师要设计2~3个课业,课程科目较多的可将课程结合起来设计课业。但是,要求任课教师必须在课程开始之前,通过教学小组讨论,完成课业设计。根据教学大纲的要求结合企业实际和学情特点设计课业题目;介绍课业背景,交代清楚任务、条件和可利用的资源;明确此任务的具体要求;本次课业覆盖大纲中要求的哪些专业能力和通用能力;制订优、良、通过和不通过的课业评价标准,对应每个等级详细描述完成任务的状态;完成期限实际可行。课业要结合现实,具有真实性和可操作性。课业的形式或格式没有具体要求,教师可以结合社会实际需要对课业进行设计。

BTEC课业由专业任课教师设计,将课业任务布置给学生,在BTEC课业中,由于学生选题不同、调研的对象不同,课业计划规定,调研资料可以共享,分析和结论必须各自完成,这样也避免了雷同。在完成整个课业过程中,课题内容都由学生自己选择,作为专业任课教师只提出方向性指导意见。学生要完成每门课程2~3个课业,课业要涵盖大纲目标通用能力和若干项专业能力,只有全部课业完成后,课程目标才能实现。

(二)学生自我评价与教师评价相结合

自我考核是BTEC课程教学"以学生为中心"的重要体现,学生自我发展和自我设计的要求,决定着该学生在各门课程中取得怎样的成绩,学生在完成课业过程中要保存活动证据,详细作好记录。证据的形式可以是日志、工作报告、总结、声像资料、图表模型等。学生还要将收集整理的"活动证据"进行汇编。完成课业后,学生根据学习成果指标、教师对课业的任务要求和评价标准、教师安排的各种活动评价等级标准,结合自己在学习过程中完成任务的证据,自己评价学习成绩。学生是成果的拥有者,学生可以根据自己学习的兴趣和将来要从事的工作,争取达到怎样的成绩等级。学生自我评价与教师的评价不一致时,学生可以根据评价标准对教师的考核成绩进行质疑、投诉。自我考核不仅是学生中心地位的体现,更能培养学生的认知能力、理解力、判断力,有利于学生个性发展和创新思维的形成。

教师要在尊重学生自评的基础上认真地批阅学生课业,必要时,可对每个学生进行口头答辩,指出学生的不足,给出详细的评价并评定等级,将批改后的课业发还学生,并进行课业讲评,形成良性的教学反馈机制和互动机制。课业的综合评价内容要针对课业成果的专业知识、能力目标和3~5个通用能力目标进行评价。这对教师要求很高,教师要充分发挥管理、指导、服务和组织的作用,融入学生,真正了解学生,公正、准确、全面地评价学生。学校内审员作为教学质量监督员会定期抽查教师对学生课业评价情况,了解教师是否按照大纲要求掌握评价标准及教师在教学中是否真正起到作用。英国BTEC总部每学期派外审员进行一次不定期抽查,通过看课业和"教学证据"与师生座谈,确保同一个层次、同一个专业教学在全球的质量标准。

综上所述,BTEC教学的"课业"是考核评估方式,也是学习方式。BTEC教学采用"以学生为中心",灵活多变的教学模式,与当今社会现实结合最紧密的案例教学,不以考试为评估的唯一方式。

第四节　澳大利亚TAFE课程建设

TAFE（Technical and Further Education）即职业技术教育学院，是大洋洲、欧洲和东南亚全国通用的职业技术教育形式，由澳大利亚政府开设的TAFE学院负责实施教育与培训。TAFE高等文凭由澳大利亚政府颁发，相当于中国的高等职业教育层次。TAFE在澳大利亚职业教育中占有主体地位，是澳大利亚高等教育的重要组成部分，与我国的高等职业技术教育相类似。它是一种在国家框架体系下结合行业、学校、政府灵活办学，以学生为主体衔接中学与大学，独立的、多层次的综合型职业教育培训体系。澳大利亚TAFE课程是多个模块的集合，与我国高校开设的专业相类似，但又有所不同。TAFE课程学习理论知识与技能训练并重，每个课程要学习的科目数量不同。课程科目根据证书或者文凭的标准来定，有短期培训课程，也有高级文凭课程等。不同课程学习时间也有所不同，有的课程半年即可完成，有的课程要长达三四年。

一、澳大利亚职业教育课程特色

TAFE是澳大利亚职业教育中的主体，也是澳大利亚最大的职业教育培训机构。经过多年的发展，TAFE形成了自身独有的特色。

（一）培训体制灵活

TAFE的培训体制很灵活，其课程结构模块化能够满足学生的各种需求，每个学生都可以根据自己的需要选择自己感兴趣的课程。据统计，TAFE课程学习方式中有90%的学生选择在TAFE进行全日制学习。还有一部分学生是在职身份，一边在企业工作，一边接受TAFE职业教育与培训，并且TAFE的课程还为不同年龄、不同行业、不同背景的人提供学习机会，学生在TAFE学习不受年龄的限制。澳大利亚联邦统计局在2004年曾经作过统计：在TAFE的所有学生中，45岁以上的人数占总人数的20%，24岁以下的人数占总人数的39%。

学生选择学习TAFE，以职业技能、资格证书为基础培训，毕业后可以直接就业，也可升入大学深造。很多学生既选择职业教育也选择学位证书，TAFE课程的时间安排比较灵活，学生可以根据自己的时间安排选择一些证书课程进行学习，比如一级资格证书需要4～6个月的时间学习，取得资格证书后，可以从事熟练操作工职业；二级资格证书需要6～8个月的时间学习，对应高级操作工职业；三级资格证书需要12个月左右的时间学习，对应贸易师或技师；四级资格证书需要1年到1年半的时间学习，对应管理人员职业。文凭证书需要1～3年半的时间学习，从事辅助专职人员职业。高级文凭证书需要2～3年的时间学习，对应初级经理人职业。

(二)课程以行业需求为导向

澳大利亚职业教育与行业需求密切,国家资格证书标准是按照行业能力标准制订的,行业参与课程的开发与设置。澳大利亚职业教育课程体系可以提供多种多样的涉及不同领域的课程,包括动物植物课程、自然资源课程、计算机信息系统课程、交通运输业课程,学生可以根据需要自行选择,还可根据自身职业需求的变化不断增加课程学习。澳大利亚职业教育以企业、行业的需求为基础,理论应用与专业技能培训相结合。TAFE课堂教学注重实践教学环节,给学生提供较多的先进实习设备和真实的工作实践机会。TAFE课程强调和行业的紧密联系,充分发挥行业的主导作用是澳大利亚职业技术教育的另一大特色。在多年的职业教育改革和探索中,逐渐形成了以行业为主导的职业教育制度,极大地支持和推动了TAFE的可持续发展,形成产学研一体化发展的良好局面,也成为TAFE备受青睐的主要原因之一。国家及各州还设有产业培训理事会作为培训的顾问机构,发挥着纽带和桥梁的作用。产业培训理事会一头连着产业,另一头连着国家培训管理局、各州教育培训部及其TAFE学院。按照这样的方式开展职业教育与培训,使TAFE学院与企业相互依赖、相互支持,共同发展,在职业课程TAFE学院中要承担的工作有主导有关职业教育和培训的宏观决策、参与TAFE学院办学的全过程、负责教学质量评估、投资岗位技能培训、开发更加灵活的培训包资格课程。

(三)课程学分获普遍认可

澳大利亚职业教育课程的学习在不同院校、证书、学科之间可以相互转换学分,学生继续深造可以免修这些已经修够学分的课程。学生在高中阶段学习职业课程获得学分后,进入职业教育学院可以根据职业课程学历经历和所获学分直接学习以后的课程模块。在课程安排方面,TAFE提供有阶段性的、可连续的课程,方便学员在不同时期、针对不同需求来决定所修课程。部分课程还可与大学学位实现学分减免、课程转换和衔接,以缩短培训时间增加就业机会,为学员提供证书、文凭或行业技能培训等多功能教育培训。

二、TAFE课程理念及目标

TAFE课程倡导的是能力本位教育,主要是以职业能力为教学的基础、目标和评价的标准。TAFE课程打破传统的以学科为中心的课程体系。TAFE课程坚持以能力为本位的课程理念,既注重基础知识教学,又注重培养学生的实践能力。培养的人才面向基层生产一线,主要是为生产第一线培养高技能应用型高层次人才,课程目标具有自身的显著特色。

三、TAFE课程设置

TAFE课程设置是根据社会需求来定的,社会需求是课程设置和生存发展的基础。TAFE课程设置的指导思想是以市场为导向,以满足社会需求为宗旨,并根据市场变化的需求进行相应的修订与调整。

（一）课程设置的基本条件

TAFE课程设置主要着眼于培养学生的职业能力，强调开发和提高学习者胜任工作的技能。2002年，澳大利亚商业和工业委员会与商业理事会提出工作技能框架，着重发展人们理解、使用工作技能特别是获取新知识和终身学习的能力。提高劳动者的工作能力，为行业培养高技能劳动者。TAFE课程还将继续教育与培训结合起来。学生不仅能够获得技能，还能获得进一步深造的机会。

TAFE课程设置具有科学性和市场性特点，市场需要什么类型的人才，TAFE就设置什么样的课程。为了避免课程设置方面出现重复、减少资源浪费，开设课程时要满足以下几个条件：首先，课程要满足行业、企业需求并能满足学生的需求；其次，学校要达到开办课程所需教学软硬件设备、师资力量、实验场所等；最后，课程要经过政府以及行业机构从宏观方面经过论证通过后才能开设。

（二）TAFE课程类型

TAFE课程涉及各个层次，包括全日制资格课程、单元资格课程、短期课程、学徒制课程、过桥课程、其他课程等。

1.全日制资格课程

TAFE课程每年能提供400多种国家认可资格的全日制课程，学习时间是6~12个月。这部分课程学完后，学生可以继续学习其他资格课程或者直接参加相关工作。这些课程学习方式包括课堂学习、校内学习和工作场合的学习等，教师每周指导学生12~24个小时的课程学习。教师根据学生的需要来制订指导学生课程的学习时间。如果个别学生因为学习基础和知识水平的差异还需要教师额外指导，教师就需要调整安排进行个别指导。个别指导会增加每周的学习时间，超过规定的25个小时。需要学生较好地统筹时间来进行课程的学习。全日制资格课程主要针对的是高等教育一年级的学生，那些为了获得更大的职业发展、希望进一步深造的人也可以选择此课程来进行学习。

2.单元资格课程

TAFE的资格课程比较灵活，设置了模块单元，主要为需要提升某种技能，但是时间上又不允许进行全日制学习的人设置的。单元课程中的每个模块单元都对应具体技能，有远程学习课程、网络学习课程、开放学习课程、个性化学习课程，学生根据需求选择相应的模块单元。模块单元资格课程时间安排非常灵活，学生可在规定的时间内学习。学生也可以根据自身情况选择灵活的学习时间，如可以在周末或者晚上学习。每次学习的时间可以是几小时，也可以每周抽出3~4天。

3.短期课程

短期课程能较快地掌握一项新技术，也是希望快速获得新技能的人的最佳学习途径。

通过在TAFE的学习,选择短期课程的学生修完学业达到合格标准,可以获得相应的资格证书。短期课程开设的目的是在短时间内满足企业、公司和社会团体对员工培训的需要。短期课程涉及的范围比较广泛。有休闲娱乐课程、成年社区教育课程、注册课程、个人与职业发展课程、兴趣爱好课程、技能课程等。随着终身教育思想的普及,很多人在工作中会遇到一些新问题,就会萌发学习新技能的想法,以便适应岗位要求,获取更为满意的工作。因此,TAFE课程顺应时代需求,提供了一系列的短期课程、文凭课程、国家认可的资格证书课程等。并与一些企业密切合作,确定培训计划,开设一系列的短期课程,包括计算机、商业技巧、企业培训、旅游接待、电工学、农艺、交通运输、普通兴趣课程等,以便适合更多的人的学习需求。

4.学徒制课程

学徒制课程针对在工作期间有国家资格证书需求的人开设。学徒制课程有利于实践经验与学习的理论知识相互补充。学生在工作中参与TAFE课程学习时,还会得到雇主提供的部分工资,考核通过后获得国家资格证书,取得学徒制资格。但是如果学习者缺乏工作经验,仅凭学徒制资格进入企业工作则有一定难度。针对这种情况,TAFE开设了学徒制预科课程,专门为缺少工作经验的学习者提供学习机会。学生完成学徒制预科课程后,可以免修第一年学徒制证书课程,从而留出充足的时间进入相关企业进行实践训练。

5.过桥课程

想寻找更广泛的途径来学习职业教育的人会选择过桥课程,该课程一般认定是为特定学生群体开设的。TAFE开设过桥课程是为了给学生提供平等入学机会,不让学生因为性别、年龄、残疾等阻碍其在学院的学习。过桥课程也能够取得正式资格证书,为学生就业提供机会。

6.其他课程

TAFE课程会为私营企业提供一些收费性质的课程及服务,获取经济收入。其主要包括制订培训课程大纲,为企业员工制订培训课程计划,提供短期课程培训,提供职前培训、课程顾问咨询服务,进修课程和研习课程等。

第五节　国外高职课程建设模式的成功经验启示

他山之石,可以攻玉。以上国外职业教育模式是成功的典范。故借鉴国外高职课程建设的成功经验,归纳其启示,对我国高职课程建设实践有着重要的意义。

(一)构建基于工作过程的课程体系非常有必要

在构建基于工作过程的课程体系方面,德国有很好的理论与实践经验,要重点借鉴将现实的工作过程转化为教学的工作过程,设计由简单到复杂的传授工作过程的知识,培养和提高职业能力。根据基于工程过程的课程体系,职业院校可根据其师资条件和实训条件,先从一两门专业课开始,发现问题并逐步完善。

(二)课程内容要达到理论与实践紧密结合

国外教育的根基是培训条例,各行业制订有不同专业统一的人员培训标准即宏观层面教学大纲,学校根据宏观层面教学大纲再制订微观层面的教学大纲。我国许多行业对某些专业没有统一的教学大纲,各地区的培养标准也不统一,行业部门应与教育部门协商制订统一的教学大纲,在教学大纲中,使理论和实践有机结合,制订一些专业的统一标准,以保证人才培养的规格和质量要求。通过对用人单位、企业的调研,在职业分析和工作过程分析的基础上,建设符合经济发展的职业教育专业,大力发展实践培训模块,以就业为导向,培养高素质技术、技能人才。

(三)行动导向教学应成为主要的教学方式

我国职业教育在教学过程中,往往重视教师的主体性,而忽视学生的主体性,这不利于调动学生的学习积极性,使学生缺乏自我学习的空间。而北美CBE课程模式、英国BTEC课程模式、德国学习领域课程模式在职业教育教学过程中,形成了一系列以学生为主体的教学方式和方法。这启示我国高等职业教育应该在教学过程中根据与专业紧密相关的职业"行动领域"的工作过程,按照"信息—计划—实施—检查"完整的行动方式来实施教学,在教学实践中,形成如项目任务教学、模拟场景教学、案例教学、任务驱动教学等诸多"行动导向"的教学方式。

(四)以行业为导向,以综合职业能力为本位,重视职业能力的培养

澳大利亚TAFE课程是多个课程模块的组合,与我国职业院校所开设的专业相类似但是又有区别,强调理论知识的学习和技能训练的同等重要性,而技能训练又占据更重要的地位。基于澳大利亚TAFE课程的高职课程改革重视学生职业能力的养成,推动职业资格证书制度的建设,同时更加注重实践课程,并且采用灵活的模块式课程结构。在此研究基础上,我国高职课程改革更加注重课程的重构,以及更多地反馈产业和行业对高职学生职业能力的诉求,强调行业在高职课程建设与发展中的主体性。

综上所述,对于我国高职教育,应不断加强工作过程导向和职业标准的建设,重视工作过程知识,以职业岗位中的工作任务知识来确定高职课程内容。从我国高等职业教育和具有典型代表的美国和德国的高等职业教育的发展现状来看,高等职业学校在课程内容与职业标准对接方面做出了很大的努力,取得了一定的成效,但问题依然存在。在新的环境下,高职教育的课程内容与职业标准对接建设面临新的挑战,比如,高等职业院校培养目标定位不准;课程内容与岗位实际工作要求不相适应;教学方法单一,与实际工作过程联系不紧密;校内课程评价与社会实际评价相偏离;等等。如何正确解决这些问题是现代高等职

业教育发展迫切需要关心的话题,也成为决定高等职业教育课程内容发展的关键一步。因此,高职教育课程建设需要对接工作过程与职业标准加以研究并揭示这些问题产生的原因,找出解决问题的合适方法,从而推动我国高职院校课程建设与工作过程、职业标准对接的发展。

第四章
国内高职院校课程建设与工作过程、
职业标准对接的发展现状 ▶▶▶▶

国内对接工作过程与职业标准课程建设研究,呈现逐年递增的趋势。国内大多数研究者主要通过工作过程、职业标准、课程内容、教学方法、师资队伍和课程评价体系这几个方面来研究课程对接工作过程与职业标准的课程建设。

第一节　课程建设与工作过程对接

以工作过程导向的课程建设在我国职业教育领域得到了广泛的应用。在职业教育领域应用基于工作过程导向的理念主要体现在两个层面:一是,以职业能力发展为基础,以提高学生各方面素质,特别是职业行动能力为根本;二是,以工作过程知识为核心,在职业教育的课程建设、教学开展与实践各个环节,都将工作过程知识作为学习的主体。

在20世纪90年代,德国提出了职业教育中工作过程导向的课程建设主体问题,指出职业学校是一个独立的学习地点。职业学校的课程开发在内容选择和方法应用上都应具有自己的独特性。要注重方法能力、社会能力等职业能力的培养,在职业教育的专业教学中,应对这些基础知识的课程进行综合。特别是在课程具体实施时,以职业院校为主体实施学习领域课程。

一、学习领域课程的中国化

自20世纪80年代开始,我国开展了多种形式的借鉴德国职教经验活动,对传统落后的职教课程模式进行改革探索。如1991年,在德国的支持和帮助下,我国建立了专门的职业教育研究机构,其核心任务就是吸收国内外职业教育发展的经验进行研究和开发工作。随后几年,德国在其国内颁布了学习领域的课程指南,并率先提出了基于工作过程的职业教育课程理念和设计方法。在一系列的研究基础上,德国职业教育界开始了对学习领域课程模式的大力完善和推广。我国职业教育界的专家学者以敏锐的触觉在第一时间对其进行了剖析和研究之后,于2003年首次将学习领域课程中以工作过程为导向这一关键的课程理念引入我国的职业教育体系中。随着"工作过程系统化""工作过程导向"和"行动导向"等职业教育课程理念的引入,基于德国经验的学习领域课程模式的大量内容也被有关学者展开引介和研究,如涉及学习领域基本概念内容的工作过程、行动领域、学习领域、学习情境等。

当时我国职业教育界关注到德国学习领域课程模式未来发展的前景和可能,普遍认为将其适时地引入我国应该可以从思想理念上,解决多年来我国职业教育学科体系下理论与实践长期二元分离的问题。同期,我国原国家劳动和社会保障部组织了对职业活动导向课程模式研究的专项科研课题,集中专门从事职业教育学研究的专家、学者进行系统和科学的研究,在制订课程开发工作流程的基础上,尝试引进学习领域和工作过程导向的课程理念,并对学习领域课程模式的中国化研究进行了小规模试验。2006年至今,许多本土学者和德国海派学者相继有基于工作过程系统化的学习领域课程开发研究成果问世,为学习领域课程模式的本土化研究和发展奠定了基础。

(一)学习领域课程模式的应用

学习领域课程模式在我国的最早应用要追溯到21世纪初南京高等职业技术学院与德国合作举办的"双元制"职业教育。南京高等职业技术学院是教育部在职教领域和德国最早合作的第一所项目学校,其办学理念是坚持"服务为宗旨,就业为导向,能力为本位"。学校坚持"双元制"教学模式,不断深化教育教学改革,走产学研结合的发展道路,形成了"重实践、重技能、重企业、重能力"的办学特色,为教师成长创造了符合职业发展的"生态"环境,为学生成才开通了符合终身学习需要的国际化"立交桥"。

南京高等职业技术学院于2002年与德国汉斯·赛德尔基金会合作开始了第二轮教学改革试验。自2002年起,学校举办中德合作"实验班",在电工、设备安装、建筑装饰、建筑工程技术专业中推行的"以技能为导向"的课题式教学模式,强化技能训练,在江苏率先引进欧盟承认的德国手工业行会技能证书(HWK)考核,受到社会和企业的欢迎,使毕业生成为有竞争实力的高技术、高技能人才。2006年,学校与德国博世西门子家电集团开展"订单式"培养,实行"带薪"学习制度,在全国率先引进国际通用职业资格证书考试,实现"三证"融通,学生毕业后可取得毕业证书、专业技能等级证书和德国工商行会AHK证书,直接进入博世西门子公司关键岗位工作。自2006年以来,在国家有关部门的鼓励和推动下,学习领域课程模式被大规模地引进和推广开来,尤其在教育部等多部门开展的"高等职业教育示范性院校"建设项目中,北京、上海、广东和江苏等一些较为发达的地区在高职院校中率先进行了学习领域课程模式的专业实践和试验。在高职制造类专业的探索方面,以广东机电职业技术学院为例,2008年,该院展开对汽车维修专业学习领域课程开发的研究和实践,并提供了可操作性的实例,其"基于工学结合的汽车专业高技能人才职业能力的创新培养"获得了第六届广东省高等教育教学成果一等奖。在中部地区,以武汉职业技术学院为例,其二年制数控技术应用专业成为学院重点示范专业之一,并于2008年3月开始了学习领域课程模式的探索和实践。2011年,我国出于培养机电一体化人才的需要,教育部联合代表联邦经济合作与发展部(BMZ)的德国国际合作机构(GIZ)、德国四大汽车厂商——奥迪股份有限公司、戴姆勒股份有限公司、保时捷股份有限公司及大众汽车(中国)投资有限公司发起了"中德职业教育汽车机电合作(SGAVE)项目"。

(二)学习领域课程模式发展

近年来,一些代表性高职院校将学习领域课程模式的应用推向了高潮,取得了较多成绩,其具体的做法如下。

1.学校和企业共同编写教材

高职院校通过校企合作,编写与该专业与实际工作岗位能力需要相适应的课程教材。目前,大部分高职院校与企业共同编写了教材,每本教材都有企业骨干专家的参与,并编写相关的实践内容、真实案例,让学生清晰地了解职业岗位所需能力。

2.建立校内实训室和校外实训基地

企业专家直接参与实训基地与课程建设,让学生熟悉工作过程,课程内容与实际生产相联系。课程内容突出学生的主体性,以职业知识为核心、体现工作过程为导向。在行业企业专家指导下,建立校内模拟实训室,学生可在近于真实的企业环境中体验岗位要求,培养职业能力。高职院校积极参与企业合作,共同建立实训基地,对接职业标准。近年来,许多高等职业技术院校一直在积极探索"校中厂,厂中校"的新型课堂,推动实现"产业文化进教室,工业文化进学校,企业文化进课堂"的新型培育模式,共享"产、学、研、培"功能一体化服务,并在工作岗位上直接了解职业标准要求,尽早培养学生基本的岗位工作能力。

3.学习的内容是工作内容,通过工作实现学习

传统的知识本位课程模式或称学科本位课程模式,以传授经验、知识为主,其特点是以学科课程为主,辅以一定的活动课程,侧重理论知识的完整性、系统性和严密性,忽视实践知识的实用性和实践性。其课程结构的典型模式,就是"基础课—专业基础课—专业课"的三段式课程体系及先理论后实验的课程模式。它不能根据社会发展的需求来调整教学内容,不能对教学内容进行取舍,是一种僵化的不能适应社会发展需要的模式。而基于工作过程的高职课程中的"学习的内容是工作内容,通过工作实现学习",既是工作过程系统化课程的核心理念,也是它最大的优点。其具体体现为:根据实际工作任务组织学习内容,将职业能力融入完成工作任务的过程;在完成工作任务,得到工作成果的过程中,学生通过实践、体验、分析、评价、思考、改进、创新等行动来掌握学习内容,在实践中获得职业能力。

4.知识学习与能力提高共同兼顾

以工作过程为参照整合教学内容,并非弱化理论知识,而是将必要的理论知识贯穿在实践知识的教学过程中,做好陈述性知识与过程性知识的整合,强调以过程性知识为主将陈述性知识贯彻在过程性知识的学习与掌握中。而与传统课程目标定位不同,工作过程系统化课程的思路是:通过完成工作任务培养学生的职业能力,这些职业能力都是能够通过行动体现并加以评价的。工作过程导向清晰地指明和很好地体现了职业教育的"职业性原则",课程内容都来源于社会职业,并最终指向社会职业。

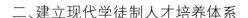

二、建立现代学徒制人才培养体系

自2012年开始，我国教育部将现代学徒制列入年度工作要点。现代学徒制是一种新的人才培养模式，是基于我国社会经济发展中应用型人才需求，深化产教融合、校企合作的育人机制。现代学徒制的贯彻落实直接影响着其应有的教学作用。我国政府在2014年2月26日召开的国务院常务委员会上首次提出开展现代学徒制试点工作，并在2014年8月颁布了《关于开展现代学徒制试点工作的意见》，提出要实行"招生即招工、入校即入厂、校企联合培养"的试点工作。近年来，江西、福建、安徽、江苏、浙江、四川、广东、吉林、河北、山东、黑龙江等省都积极开展了试点工作。

国务院2014年颁发的《国务院关于加快发展现代职业教育的决定》提出，职业教育要"服务经济社会发展和人的全面发展，推动专业设置与产业需求对接，课程内容与职业标准对接，教学过程与生产过程对接，毕业证书与职业资格证书对接，职业教育与终身学习对接"。这"五个对接"有利于职业教育的快速发展，此原则有着坚实的实践基础。因为制定职业教育相关政策，首先要了解国家发展战略，预测国家未来经济走向，调研分析区域经济发展需求，认识区域经济的产业需求，进一步确定具体行业和企业需求，将职业岗位群的需求转化为职业教育的专业培养需求，进而决定职业教育的专业设置。所以专业设置与产业需求对接是先决条件。专业设置与产业需求对接是针对职业学校招生规模和专业设置的，因此培养出新型技术技能型人才还需将职业标准与课程内容实现对接，构建全新的课程框架，将职业标准中包含的知识、技能和情感等内容凝练成课程内容，进而实现生产过程与教学过程相对接，创新教学方法。引导学生在实践中学习，使做、练、操成为重要的学习手段，使学生真正成为学习活动的主体。毕业证书与职业资格证书对接是职业教育与普通教育的本质区别，职业院校的学生除了要掌握学校传授的知识和技能，获得毕业证书，还要掌握一技之长，顺利通过职业资格的考核，提供进入职业岗位的入职资格。职业教育与终身学习对接是发展职业教育的最终目标，职业教育是终身学习的前提和条件，也是终身学习的重要教育方式之一；而终身学习扩展了职业教育的发展领域。普通教育、继续教育和职业教育组成了现代教育系统。普通教育针对的是入职前的教育，在学校范围内培养学术型与工程型人才；继续教育针对的是在职人员的培养教育；而职业教育融合了前两者的教育模式，不仅包括在学校内的学生的职前教育，还包括在工作中的员工在职培训。学生的学习可分为四类：职前学习、在职学习、转岗与再就业学习和离职后的继续学习。承担终身学习的机构包括职业院校、各级各类培训机构、企业内部的培训中心等，上述组织均属于职业教育范畴。所以说，只有职业教育与终身学习相对接，才能实现职业教育发展的最终目标。现代学徒制也要运用五个对接原则，以行业企业的需求为导向进行人才培养工作，这样才能培养出社会急需的高级技术技能型人才。

（一）建立校企全方位深层次合作关系

现代学徒制组织实施运作的利益主体增多，包括政府、学校、企业、行业协会、教师、师傅、学生等。其中,政府在人才培养中起着主导作用,政府通过顶层设计与系统规划,为现代学徒制提供政策法律保障和财政支持;学校是现代学徒制的重要主体,参与人才培养的全过程;企业决定着现代学徒制的成败,要区别于以往的校企合作,由以企业为辅变为了以企业为主,这也是人才培养的关键所在,为学徒提供所需的职业能力和真实的岗位信息。现代学徒制的各大利益主体需担负起各自职责并积极互动,形成利益均衡的机制,这是现代学徒制独特的组织实施运作机制。其中,尤其要提及的是职业院校和企业,它们一方代表被雇用者的利益,一方是代表雇用者的利益,双方进行博弈,从而达到不同于以往校企合作的全新利益均衡机制。现代学徒制相比其他校企合作的突出特征在于校企全方位、多层次的合作。一般的校企合作,学校往往是现代学徒制的主体,参与人才培养的全过程,而企业只负责人才培养中的一个部分,如课程建设、教学组织、实训基地建设、师资建设等。在现代学徒制建设中,引导职业院校与合作企业根据技术技能人才成长规律和工作岗位的实际需要,共同研制人才培养方案,开发课程和教材,设计实施教学,组织考核评价,开展教学研究,联合招生,设置专业,制订人才培养目标,建立健全培养机制、开发与建设课程、构建课程框架、制订教学标准、教学计划,编写教材,组织教学,建设校内外实训基地,优化师资队伍建设等。校企签订合作协议,职业院校承担系统的专业知识学习和技能训练,企业通过师傅带学徒的形式,依据培养方案进行岗位技能训练,引导企业积极参与人才培养的各个过程,真正实现校企一体化育人。

(二)重视企业主体地位

以往的校企合作强调企业的实践技能学习和学校的理论知识学习两手都要抓,两者在人才培养具体实施过程中不相伯仲。现代学徒制则不同,虽然学校和企业两者共同进行学徒的人才培养工作,但是处于主体和核心地位的不是学校或政府,而是企业,企业承担了较大的育人成本和责任。企业作为人才培养的职业标准制订者,课程建设、教学组织和师资建设的主体和核心,参与人才培养的各个步骤中。由于现代学徒制培养的学生是生产、服务一线劳动者,因此切实提高学生的综合素质是现代学徒制人才培养的当务之急,现代学徒制培养人才拥有显著的职业针对性和定向性。设立人才培养职业标准要根据不同企业的具体情况进行具体分析,将其培养标准个性化、具体化,明确其具体的职业素养、知识框架和能力结构的要求,使企业职业岗位群以及职业活动过程与教育教学过程的关系得到进一步增强。这样制订的职业标准才能既符合高新技术技能型人才的共性要求,又符合企业具体职业岗位的个性化、定向化的培养规格要求。

(三)发挥企业师傅的育人作用

现代学徒制不同于以往的校企合作——学校、企业"两张皮",即初期阶段学生在学校系统地学习职业道德和理论知识的同时,企业师傅也要承担起对学徒的育人责任。具体来说,企业师傅可以定期到校,为学生举办增加企业认知的讲座,带领学生去参观企业工作场所,增加学生进入企业实习的前置经验。在中期阶段,企业师傅成为育人主体,带领学生进行

"跟岗"活动,在企业的实际环境中指导学徒观察、模仿并学习实际工作所需的技能,在实践中验证理论知识的正确性,并解决实际问题。企业师傅主要负责课程岗位知识与实践技能的教学与考核,职业岗位方向课程模块和学徒职业发展规划课程模块也是以师傅带学徒的形式进行岗位培养的。职业岗位方向课程模块以"师带徒"的方式进行,由企业的人力资源部门选派优秀企业员工担任师傅,并遵循双向选择的原则,做好师徒结对工作。为保证效果,师傅每次带学徒人数在两人左右,最多不超过三人。企业师傅带学徒的方式也不是一成不变的,可按照实际情况灵活变通,可以采用一师多徒、一徒多师和一师一徒等多种方式。因此,在做好专业设置、课程建设和教学组织的规划和调整时,必须要发挥企业师傅和职业院校教师各自的优势,做到彼此之间优势互补。学校教师可以为企业师傅提供授课技巧、教学方法、教学组织和教学内容等方面的建议,以及专业发展的前沿理论知识;企业师傅可以指导学校教师提高实际工作操作技能,提供课程建设所需要的技能标准和知识要求。在现代学徒制具体实施过程中,学校教师和企业师傅也要做好本职工作,各司其职、术业专攻和分工协作。如教学设计、公共课程模块、专业技术知识课程模块主要由职业院校教师负责,职业岗位方向课程模块和学徒职业发展规划课程模块主要由企业师傅负责。两者相互促进,经过一定时间的融合,打造一支专兼结合、结构合理、水平较高的专业教学团队。

(四)创新工学交替的教学过程

现代学徒制需要创新工学交替的教学过程,学校企业可以实现内外教学实践资源的优化配置,利用好校内外实习实训基地,利用企业在技术、设备、生产、经营等实践方面的优势,按照学校和企业实际状况实施工学交替的教学方法,强调实践教学。

1.开展准备工作和"识岗"活动

在现代学徒制初期阶段,开展全方位准备工作和企业"识岗"活动。此时,学生在学校主要学习理论知识,包括公共基础课、专业理论知识和基本专业技能;教师做好现代学徒制的实施工作准备,并有计划地、系统地向学生介绍现代学徒制工学交替的教学方式,使学生做好思想和策略上的准备,让学生对中期阶段和后期阶段去企业实际工作有了整体预知,并培养其适应未来工作需要的职业素养。在学习过程中,可以通过入学教育、专业教育、实训等方式,组织学生分阶段、分批次地去企业参观调研,参加企业讲座,学习前瞻技术,熟悉企业实际的工作流程和实践环境,初步认识所学专业对应的职业岗位基本要求,然后继续回到学校学习专业课程。学校应采用灵活的教学组织形式,如理论知识的学习则可以一周在学校进行,一周在企业进行,做到工学交替。

2.开展"跟岗"工作

经过初期阶段的准备和学习,进入现代学徒制中期阶段,学生以学徒身份进入企业实习实践,企业选拔能工巧匠为学徒的师傅,带领学生进行"跟岗"活动。一方面,学生在与企业师傅的相处学习中,通过企业实际工作环境逐渐建构自己对工作过程的认知;另一方面,企业师傅指导学徒观察、模仿并学习实际工作所需的技能,在实践中验证理论知识的正确性,并解决实际问题。在此期间,学生实践操作水平得到大幅提高,并产生学习兴趣。在具备一定的实践经验之后,学生再回到学校学习理论知识,这次的学习主要针对实践中遇到的困难,有针对性地选择学习内容,并为下一阶段的学习做准备。

3.进行"专业实习"和"顶岗实习"

现代学徒制后期阶段,理论课程的学习基本结束,学生再次进入企业做学徒。经过初期和中期阶段的学习和实践,在此阶段学生会很快适应企业实际的岗位工作,先进行专业实习,然后进行顶岗实习。专业实习期间由校外教师和企业专职师傅负责指导,系统地学习工作岗位所需的实践技能,进行岗位职业能力实践活动,顶岗实习期间由各个岗位人员进行生产性实训,一个师傅带4~8名学徒,组成学习工作小组,保证学徒能学会所教技能,并按照企业班组的模式进行管理,完全按照企业正式员工的要求安排工作内容和作息时间,使其完成从学生到学徒、从学徒到企业准员工的转化。最后,学生取得学校的学历学位证书和岗位的职业资格证书,成长为适应岗位需要的高技能技术人才。

(五)现代学徒制人才培养课程框架

现代学徒制课程框架的最小单位是课程,课程模块是组织结构单位。根据《教育部关于制定职业学校教学计划的意见》,职业学校的课程分为两大类,分别是公共课程和专业技能课程。国家按照职业教育课程政策统一安排公共课程的内容,专业技能课程按照职业生涯发展规划和毕业生就业职业岗位分为专业技术平台课程和专业方向课程。专业技术平台课程指的是各个职业岗位发展方向都需学习的基础课程,专业方向课程指的是根据不同职业岗位发展方向划分的具体课程。我国职业教育人才培养目标的核心内容为"专业技术知识""岗位职业技能"和"职业素养",可以将对接工作过程课程建设现代学徒制课程框架分为专业技术知识课程模块、职业岗位方向课程模块和学徒职业发展规划课程模块(图4-1)。

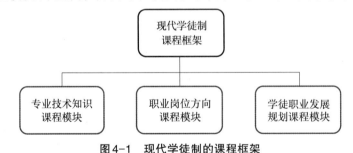

图4-1 现代学徒制的课程框架

1.专业技术知识课程模块

专业技术知识课程模块的培养目标在于提升学生的专业能力,学习同一行业各个职业岗位发展方向都需学习的基础课程,即满足不同企业共同需求的基础专业知识技能,以及能够灵活运用所学知识解决实际问题的能力。本模块的课程建设需要从职业岗位的能力着手分析,以不同企业的同类岗位为基础,培养的人才能够胜任多种工作,培养其行业通用性。为了达到学以致用的目的,专业基础知识技能的学习要建立在解决实际工作问题、为工作岗位服务的基础之上。专业技术知识课程模块应该包括专业通用理论知识体系和专业通用技术技能体系,要体现职业教育的"职业性"特征。该模块的课程均为专业必修课,要求学生通过所有课程考核,才能获取相应的学分。这个课程模块的学习使学生获得职业基础技能,能顺利完成同一行业职业岗位通用的工作任务。

2.职业岗位方向课程模块

职业岗位方向课程模块的培养目标是培养学生胜任不同职业岗位发展方向划分的具体岗位的基本技术、技能。本模块的建设根据现代学徒制合作企业的具体岗位用人标准和岗位核心技术技能标准,参考职业资格考试要求,需要开发两个及两个以上的职业岗位方向的专业课程模块。学生可以自由选择,以师傅带学徒的课程教学方式为主。职业岗位方向课程模块的构建要从分析现代学徒制合作企业的职业岗位能力着手,用于培养特定岗位的具体职业岗位技能。因此,要根据合作企业需要的职业岗位类型来设置课程模块的内容,让学生自主选择,既保障学生学习的主体地位,调动其学习主动性,又解决合作企业的用工需求问题。

3.学徒职业发展规划课程模块

学徒职业发展规划课程模块的培养目标在于根据各个学生不同的职业观和兴趣爱好,培养学徒职业素质、严谨认真的工作态度、良好的职业道德以及协同合作能力。本模块课程建设依据不同职业岗位的发展规律,从学徒的职业发展规划着手,构建课程模块。学徒根据自身的职业价值取向来选择课程,学校、企业联合选出企业的技术骨干,以师傅带学徒的教学方式,在顶岗实习期间因材施教地培养学徒。

(六)现代学徒制绩效评价

现代学徒制是在我国职业教育的发展对教育改革提出新的要求背景下应运而生的,因此,构建起全面科学的绩效评价机制,有利于推动现代学徒制在高职院校课程建设中的可持续发展。现代学徒制作为我国现行的职业教育改革的重要举措,在培养高素质技术技能人才方面有着极大的优势,但是也存在一些问题,如学校管理难度大、企业参与热情不高、学生与家长对教学质量有疑虑、教学评价体系没有确立、教育成效较难评估等。这主要是因为在高职院校办学中,其涉及多个相关利益主体,这些利益主体之间存在利益和责任的不对等情况,给现代职业教育活动带来一定的阻碍,因而要求重新分析现代学徒制的绩效评价机制,利用层次分析法构建起多主体的绩效评价机制,确保每一个利益相关主体都能够在高职院校课程建设中发挥积极作用。

1.利益相关者视角下高职院校现代学徒制绩效评价现状

在高职院校现代学徒制办学中,利益相关者主要有政府、学校、企业和学生个人及家庭。但是整体上说,各个利益相关者并未能够在现代学徒制实施过程中发挥既定的作用。具体来说,在高职院校现代学徒制中,政府承担着学校公共财政支出主要责任,但是在实际的教学评价中,往往并未越过学校将政府所应发挥的绩效激励作用发挥到位,这表现在对现代学徒制的经费投入不足。现代学徒制是2014年才提出的新型的人才培养模式,其主要是在职业院校中执行。对于企业而言,现代学徒制人才培养能够为企业输送更多留得住、能共赢的人才,可以节约企业大量的用工成本,可以说企业是现代学徒制的主要受益主体,更是现代学徒制的主要教学承担者之一。但从现代学徒制的实施现状来看,企业与学校无法展开全面深入的合作,校企之间的合作仍旧是采用低层次的、传统的合作形式,如实训合作、就业合作等,而企业也未能够积极主动地参与现代学徒制教学管理和绩效评价活动。对于学校来说,现代学徒制一般实行小班制,实习时间长,由于现代学徒制在实训过程中可能出现工伤和意外事故,需要学校承担一定的风险,因此学校大规模实施现代学徒制的意愿不强。学生及其家长对现代学徒制不了解,对教学质量、学生权利的保护有疑虑,怀疑或担心学校以实习为名强迫学生低价打工,企业借此获取廉价劳动力。当前,高职院校缺少现代学徒制的合作绩效评价指标体系,这导致现代学徒制教学成效较难评估、合作方式效率不高。

2.利益相关者视角下高职院校现代学徒制绩效层次分析法

层次分析法是20世纪70年代初由美国学者提出的一种层次权重决策分析法。该方法主要按照逐层分析的方式,对各个决策问题的总目标、子目标按照顺序进行分解,然后基于求解判断矩阵特征向量的方式算出权重,得出最佳的评价方案。当前,在高职院校现代学徒制的绩效评价活动中采用层次分析法具有显著的特征和优势:一是具有系统性。首先是将现代学徒制中的各个利益相关者都当作一个主体,在高职院校人才培养目标效果基础上展开逐层分解,从而确保能够将每个影响因素都纳入评价。二是具有可量化性。现代学徒制人才培育的成效是一个抽象的含义,在层次分析法评价体系下,其能够通过加权后对于每个层次的每个因素展开量化分析,提出一个明确、清晰的评价表。

3.利益相关者视角下高职院校现代学徒制绩效评价框架

(1)明确政府对利益相关者指导地位

当前,我国正处于高速发展中,各行业都需要国家相关经费的支持,而国家也正处于现代化治理体系建设的阶段,因而对行业经费投入的比例、频次等仍处于摸索阶段。对于职业院校而言:第一,国家相关部门需要加大经费投入、政策投入,政府需要提供足够的经费支持职业院校展开现代学徒制办学活动,在高职院校现代学徒制绩效评价方面发挥应有的作用;第二,当前政府及相关部门做好现代学徒制实施的相关优惠政策并进行宣传,明确政府对利益相关者指导地位,确保各个主体的权利和义务,保证各项现代学徒制教学活动能够顺利开展,尽可能减少不必要的权责纠纷,制订职业院校中的具体贯彻落实现代学徒制详细的方案和相应的规章制度。

(2)确保企业利益相关者的主体地位

现代学徒制,从根本上说,是企业与学校之间搭建起的人才培育模式,企业发挥着重要的角色地位,在高职院校现代学徒制教学模式下,发挥企业主体地位,激发企业参与度和积极性,就要明确企业在现代学徒制中的主体作用,这样才能够提高现代学徒制教育的科学性和准确性。

（3）发挥学校利益相关者的主导作用

学校是现代学徒制教学模式的主要承担者、推动者、后续保障者。当前在高职院校的专业教学活动中，发挥学校主导作用，重视现代学徒制模式实施，制订相应的现代学徒制考核和教学实施细则，才能实现现代学徒制教学质量的最优化。

（4）强化学生家庭利益相关者的创造作用

学生是学习的主体，要求在学习活动中能够发挥主体性和创造性，在现代学徒制教学模式下创造更多的价值，学到更多的技能和知识。家庭对学生参与现代学徒制的支持和影响非常关键，必须强化学生家庭利益相关者的创造作用，支持和鼓励学生积极参与现代学徒制教学活动中。

4.利益相关者视角下高职院校现代学徒制绩效评价设计

（1）层次分析法下现代学徒制绩效评价体系设计的原则

第一，全方位。根据上文提到高职院校现代学徒制所涉及的利益相关者呈现出多元化发展，而利益相关者所追求的利益情况也呈现多样化发展。对此，要求设计的指标体系必须围绕"钱""物""人"三个方面展开，结合这三个方面与利益相关者构建起三维立体的绩效评价指标体系。

第二，科学性。绩效评价体系的构建必须反映出管理者战略意图和管理思想，对此，需要量化职业院校改革目标，展开学生的职业素质能力的全面系统培育，确保实现学校、企业的可持续发展。

（2）层次分析法下现代学徒制绩效评价体系设计的关键

高职院校现代学徒制绩效评价从纵向来看，主要涉及校企合作资源、校企合作过程与合作效果三个方面。因此在构建绩效评价体系时，可以围绕这三个方面对影响因子进行罗列和分析，从而得出绩效评价指标。在横向上按照绩效评价的总目标层次、关键因素层次和具体绩效指标层次三个方面构成，将纵向层次上的直接影响因子进行提炼。以纵向的合作资源、合作过程和合作效果评价现代学徒制资源是否共享、是否实现互利互惠、是否实现共同发展和双赢的目标。

5.提供各利益相关者参与现代学徒制的对策与建议

（1）完善多元主体教学分担机制

在现代学徒制办学成本分担机制的构建中，要求能够根据受益原则、能力原则和社会公平原则，实现对政府、学校、企业以及学生家庭四大主体共同承担的机制。以政府主体为例，现代学徒制主要目标是为社会培养更高质量的人才，投入国家创新创业活动中，因此整个社会是现代学徒制主要受益者之一，这就要求国家相关部门能够承担现代学徒制办学成本的一定比例。政府能够增加经费支持高职院校现代学徒制的特色专业的投入，使现代学徒制建设能够为参与学徒制中的学生提供津贴补助，减少学生参与现代学徒制中的个人成本支出；同时也可以对合作企业提供一些税收优惠政策，推动企业积极主动地参与现代学徒制中。

（2）为参与的利益主体提供激励机制

目前，企业在现代学徒制绩效评价机制中的参与积极性不足的主要原因在于，个别企业的发展规模不足，企业领导者的视野不够宽广，因为现代学徒制的利益显现具有延期性，企业没有在现代学徒制中快速获得利益，致使企业在现代学徒制合作中投入不足，校企双方合作资源条件缺乏、合作过程不顺利、效果不佳等问题出现。所以要求能够基于企业的利益建立起激励机制。一是鼓励企业积极参与到现代学徒制办学中，以税收优惠等措施进行激励支持。根据企业参与现代学徒制的主动性和取得的效果，进行不同程度的税收优惠。而对于能够参与现代学徒制全过程育人且取得良好效果的企业，可以加大激励力度，除了给予税收优惠，还可以将其评选为当地当年度的企业楷模，提高企业的社会地位及影响力。二是基于学校利益主体的激励制度，当前在现代学徒制办学成本中学生是主要的成本分担者，这大大影响了学生参与现代学徒制的积极性和主动性，因此要求能够对学校采取激励制度，使其能够承担起学生及其家庭的一部分成本。针对高职院校的专业收费具有差异化特点，政府可以对特色专业进行一定的经费支持，降低专业人才培养教育的成本。

（3）建立利益相关者成本分担制约监督机制

要求建立现代学徒制利益相关者成本分担制约监督机制。如学校可以通过建立学生资助制度实现对家庭困难的现代学徒制学生进行资助，分担学生及家庭的成本支出。但是学生资助制度如果缺少监督管理，往往会出现一些家庭经济情况好的学生获得资助，而那些家庭困难成绩优秀的学生无法获得资助的情况。要加强对资助的监督，严格资助资格的审核程序，保证能够达到成本合理有效分担的效果；另外，政府企业的激励制度，要求企业能够参与现代学徒制办学中，发挥其在现代学徒制中的积极作用，由此才能够给予其相关的税收优惠政策，对于有些企业在现代学徒制实施中没有进行相关的投入，仅仅是挂名现代学徒制同高职院校开展合作以此申请相关税收优惠的，要求能够加强对企业与学校现代学徒制合作的监督审核，严格把关，把政府的优惠政策落到实处。

第二节　课程建设与职业标准对接

一、课程标准与职业标准对接

（一）根据职业标准制定课程标准

职业标准是确立课程标准的前提，应根据职业标准制订课程标准，在课程标准中体现职业标准的要求。因为职业教育最显著的特征是职业性和实践性，其任务是培养学生的职业技能，所以高职课程标准必须反映行业企业、社会等多方面的要求，即职业标准的要求；因为职业标准具有较强的针对性和适用性，所以在制订高职课程标准过程中，应恰当地引入职业标准,建构以职业能力知识为核心的课程体系,形成新的课程内容;因为在课程标准制订中,课程内容的确定依赖于典型工作任务,所以课程标准的制订应根据各行各业的职业标准来确定,并以此开展教学。

如今,不同的职业岗位都有不同的技术等级要求,应随着各职业岗位设置的变化,依据职业标准的要求确定新的课程标准。职业标准体现的是社会对各行各业人才的要求,而课程标准是确定高职院校的课程如何培养社会所需的人才。因此,职业标准是社会对人的各方面能力的要求,而课程标准是将这种人才要求反映到高职课程中。然而,课程标准与职业标准之间的关系并不只是依据职业标准确定课程标准,而应使课程标准的要求高于职业标准,即用高于职业标准的要求确定课程标准,课程标准不仅注重实际岗位的能力要求,也注重高职院校学生的身心发展。所以,在依据职业标准的同时,应把世界观、人生观和价值观等终身教育的知识和技能纳入课程标准,使高职院校培养全方位的、具有综合素质的人才。只有充分理解课程标准与职业标准两者之间的关系,才能有效实现职业院校人才培养目标,拉近学校育人与企业用人的距离。

(二)通过企业调研,正确认识职业标准中的岗位能力

要实现课程标准与职业标准的对接,首先应该了解与专业相关工作的职业标准。根据企业调查情况,正确认识职业标准,为学生未来就业指明方向。梁裔斌、白景永在《行业行为为导向的高职英语类专业课程体系建设》一文中指出,以行业行为为导向的高职课程建设就是以市场经济条件下,行业和社会对于该专业员工的知识能力、技能能力及素质的需求为导向。戴有华、于泓在《高职机制专业课程教学内容与国家职业标准对接研究》中明确指出,通过企业调研明确与机械设计与制造专业对应的职业标准有三个,即铣工、加工中心操作工和装配钳工。这三种职业标准都有着各自的技能要求和工作任务。佟颖的《关于课程内容与行业标准对接的探索与研究》论述了关于建筑行业的职业标准,她认为,认知职业标准是高等职业教育的基本要求,进行课程建设要掌握行业标准,应认真学习理论并深入企业现场,直接了解、掌握和应用职业标准。王冬吾的《高职国际贸易实务课程与职业标准对接探索》论述了根据外贸行业的国家职业标准将国际贸易从业人员分为四个级别,每个级别都有其对应的工作内容及要求,知识和技能缺一不可,这些工作内容和要求应该体现在学校教育的课程内容中,课程建设做到课程内容与职业标准相对接。从职业标准这方面研究来看,得到普遍承认的课程建设应加强与企业的沟通,不断深入调研,了解与专业相关的岗位的职业标准,才能有效地将该专业岗位的职业标准融入课程内容,体现职业教育的性质,实现人才培养目标。许多研究者都从不同的角度论证了这些命题,使其得到发展和完善。

二、课程内容与职业标准对接

课程内容与职业标准对接,简单来说,就是将职业标准融入课程标准、课程内容中。依据职业标准,确定课程内容,实现课程内容与职业标准对接,有利于构建以工作过程项目任务为核心的课程体系。通过建立新的课程体系,构建新的运行平台。实现课程内容与职业

标准对接需要多方面的努力,只靠学校是不够的。只有正确处理好政府、学校与企业三者之间的关系,才能更好地实现两者的对接。依据职业教育的性质和特点,分析岗位工作过程任务,确定以工作过程为主的课程体系。课程内容与职业标准对接促使企业与学校之间相互联合沟通,使学校培养的人才与企业需要的人才达到一致,校企深度合作取得成效。在校企一体化的办学模式下,课程内容与职业标准的对接成为一种可能并得以实现。课程内容与职业标准对接是发生于社会、企业对技能型人才的需求,也是职业院校办学的要求。没有两者的对接,学校与企业就难以合作,企业与学校也就会隔离,学校不能培养社会所需的人才,也不能实现学校自身人才培养目标,而企业也难以获得技能型人才,不能推进技术更新与产业发展。所以两者的对接对于企业与学校来说都很重要,不仅有利于职业院校围绕市场办学,而且有利于企业创新发展,增强学生对职业岗位的适应性。具体做法如下。

（一）依据职业标准,整合课程内容

课程内容是课程建设的核心要素,课程内容设计要着眼于学生未来就业发展方向,立足于学生职业能力培养。职业标准是对从事具体的职业活动所具备技术能力的要求,在课程建设中,应把职业标准融入课程内容,不断优化课程内容,才能更好地实现高职院校的人才培养目标。梁洁的《通过教学改革实现专业课程内容与职业标准对接的研究》认为,课程建设应以任务为驱动,以项目为导向,以提升职业技能为落脚点,对职业标准进行"课程整体设计",完善每个"课程单元计划",优化整合课程内容。王瑞亮的《仓储与配送理论和实务课程内容与职业标准对接的研究》认为,依据职业标准,确定项目化课程,根据职业标准技能要求,优化课程内容及课程体系,在课程建设中形成一个个具体的教学项目任务,构建较完善的项目教学课程体系。张松慧的《高职教育课程标准与职业岗位标准对接研究》论述,应定期召开由政府、行业协会、企业和学校共同参与的研讨会,对学校的课程设置、教学内容、软硬件设施等方面给出意见,学校根据意见进行教学调整,适应工作岗位发展要求。陈琼、王尔茂的《高职专业课程内容与职业标准对接的研究与实践》认为,应对原有的课程内容进行重新规划,体现课程核心职业能力,课程建设除了对教学知识点的具体规定,还应对学生学习的职业素养与经过学习后的学习结果作行为描述;应重视学生学习活动过程,引导学生独立思考,主动参与合作探究,形成良好的职业情感、态度与价值观。

从课程建设注重整合课程内容这一方面来看,专家学者普遍认为应以职业岗位标准为导向,以培养岗位中的职业技能为目标,不断整合更新课程内容,将职业标准引入课程教学内容中进行课程建设,培养学生良好的职业素养并形成职业价值观。

（二）课程内容融入职业标准

职业标准密切联系着另一个分支研究——教学改革。课程建设导向的社会岗位具体知识和能力必须通过教学的途径才能被学生掌握。课程建设要实现课程内容与职业标准对接。课程建设应以国家职业标准为依据建构国家职业教育课程体系,在职业性、动态性和规范性上有着重大意义。以国家职业标准为主导,最终以职业技能鉴定为结果,可以搭建出职业能力提升、职业素质培养、职业技能合格的"三位一体"课程建设路径。赵继忠在《国家职业标准对高职院校教学改革的指导与实践》中指出,课程建设应满足高职人才培养的目标,学校要把企业对人才的需要纳入学校人才培养方案的总体设计,课程内容应该与企业的用人需求进行无缝对接,并提出职业标准是衡量劳动技能的有效标准。蒋慧平在《高职课程建设的探索与思考》中指出,应根据项目组织原则实施教学与考核以培养学生专业能力的课程设计,课程项目化立足职业岗位要求,把现实职业领域的生产、管理、经营、服务等实际工作内容和过程作为课程的核心,把典型的职业工作任务或工作项目作为课程的主体内容并与国家相关的职业资格标准要求相衔接,若干个项目课程组成课程模块进而有机地构成与职业岗位实际业务密切对接的课程体系,重视工作体系到课程体系的转换和职业能力标准到课程标准的转换。

　　从课程建设要实现课程内容与职业标准对接这一方面来看,专家学者认为应把学生带到真实环境中,使他们学到企业要求的职业技能知识,通过对接书本中的课程内容和岗位中的职业标准来进行课程建设,培养适合企业发展的人才。

三、教学方法对接职业标准

(一)引入合理教学方法与职业标准对接

　　教学方法是实现教学目标的有效手段,是课程内容得以实施的必要措施。要想达到有效的课堂教学效果就应该引入合理的教学方法,充分调动学生的积极主动性,创造良好的课堂环境。李娟在《专业课程改革与职业标准对接的理念与路径——以新闻实务类课程为例》中论述了在教学中应该应用案例教学法和实战模拟法,减少理论讲授,增加案例分析,将学生置于真实的新闻报道环境中,运用所学专业知识进行采访,这正是工作中所需、职业标准所要求的,只有这样才能实现课程内容与职业标准对接。

　　廖素清的《高职院校实现专业课程内容与职业标准对接的研究》认为,课堂教学要对接职业标准要求,只改革教学内容是不够的,还应改变原有的讲授方法,让学生到企业真实场景去实训,而不是在封闭的教室听教师讲课。同时还论述了德国的"双元制"职教模式,我国从中可以获取经验。从引入合理教学方法这方面研究来看,大部分专家认为应该运用合理的教学方法,改变传统的只教授理论知识的讲授法,以人为本,注重学生职业能力的培养。

(二)将课堂学习搬到企业中进行实践学习

　　高职院校课程内容与职业标准对接的实现,不仅是对课程内容的调整,还应改变原有的教学方法,把课堂学习搬到企业中进行实践学习。近几年来,各高职院校通过向德国、英国、澳大利亚、美国等国家学习职业教育经验,获取了许多丰富的职业教育改革经验。他们在课堂教学中不再采用传统的理论讲授,更加注重学生实操技能的培养。例如,通过学习德国"双元制"职教模式,我国部分高职院校对某一门课程采取50%理论教学、50%实践教学的学习模式,使学生一方面在企业接受职业技能培训,另一方面在学校学习与职业有关的专业理论和文化基础知识。其实质是学校与行业企业分工协作,以行业企业为主,理论与实践紧密结合,以实践为主的一种成功的职教模式,目的是培养既有较强的操作技能又有所需专业理论知识和一些普通文化知识的技术工人。由此看来,我国高职院校可以借鉴此模式来培养学生对职业岗位的适应能力,对接行业发展需求。

四、师资队伍建设与职业标准对接

师资队伍建设对于职业教育课程建设发展来说很重要。但从目前师资队伍的发展情况来看,多数教师具有较强的理论水平,而缺乏相应的实践经验,对职业标准认识不清晰,使学校教育达不到预期目标。因此,课程建设应注重构建与职业标准对接的师资队伍。应该提升教师的综合素养、专业水平和实践能力,这样才能为实现人才培养目标提供保障,达到国家职业标准的要求。姜秀宇、李福红在《加快课程内容与职业标准对接的步伐,促进学生优质就业》中论述了师资队伍建设与课程内容和职业标准对接要求,他们认为,职业教育的专业教师既要有丰富而深厚的专业理论知识,还要有相应的专业技能和实践经验,高素质的师资队伍建设对于职业院校培养技能型人才来说很重要,能加快课程内容与职业标准课程建设对接的步伐。倪中华的《职业教育课程标准与职业标准有效对接的研究》认为,应重视对"双师型"教师的培养;加大校企合作力度,组织教师到企业进行顶岗实践活动,加强对中青年骨干教师的培训力度。从注重构建与职业标准对接的师资队伍这一方面来看,专家认为师资队伍的建设是课程建设的关键。教师应熟悉职业标准,善于利用职业标准,提高企业用人比率。

五、课程评价体系对接职业标准

课程评价体系是课程建设的重要组成部分,应注重职业技能、职业素质和综合素养的整体性评价。通过多元的评价体系来保证教学质量,提升学生的职业能力和综合水平,检验对接工作过程与职业标准的高职院校课程建设成效。祝士明在《高职教育专业质量保障体系的研究》中提出,课程建设要改革课程评价体系,将职业标准中含有的知识、技能和情感等内容凝练成课程内容,是职业教育课程内容与职业标准对接的内在要求。职业教育课程建设的首要条件是满足职业岗位的需要,改革课程评价体系即通过课程内容的有效学习,体现工作内容的职业标准,学生毕业后能掌握未来职业岗位需要的知识、技术与技能,满足职业岗位工作的需要,顺利完成职业岗位的工作来评价课程建设成效。柳国昌在《国家职业标准与高技能人才培养》中提出,高职院校的责任就在于根据国家职业标准要求,抓好高技能的人才知识、素质和技能的培养。他指出,高素质技能人才的基本能力和基本技能培养要通过基于职业标准的课程训练得以实现,所以改革课程评价体系,围绕职业标准的要求进行课程建设是基本要求。吕红、朱德全在《试论从职业能力标准到人力培养标准的转化》中提出,职业标准框架是高职人才培养方案标准制订的起点,解构职业标准,可以分析专业能力、方法能力和社会能力,也可以在此基础上,分解出专业目标、课程目标和能力目标。因此,改革课程评价体系,学校课程建设是职业标准教育化和社会化的结合。王冬吾在《高职国际贸易实务课程与职业标准对接探索》中论述了改革课程考核模式,认为考核内容应参照职业岗位具体要求,坚持素质、知识、能力整体设计协调发展,引入职业资格标准,根据岗位要求和职业资格标准进行课程建设,促进学生职业能力的培养和专业人才培养目标的实现。陈琼、王尔茂在《高职专业课程内容与职业标准对接的研究与实践》中论述了以职业资格考试为导向,改革课程考核方式,认为应根据具体考证项目考核要求,分类安排学生进行理论辅导和实操训练,建立学业考试与职业资格考试接轨的有效方式,从而使课程建设取得实效。从改革课程评价体系这一方面进行课程建设研究来看,研究者从整体上把握、多元化角度出发,对学生的知识水平和技能水准进行综合性评价,建立学业考试与职业资格考试接轨的有效方式,把职业标准融入课程内容,这为课程建设提出了很多有益的思路。

第三节　高职院校专业核心课程内容与工作过程、职业标准对接

随着历史的不断推进,经济结构和产业结构不断升级,各类职业不断细分,职业规模不断扩大。为培养适应市场、社会及各行业所需的专业技术型人才,职业院校专业核心课程内容与职业标准对接显得越来越重要。从历史回归现实,如今高职院校的专业核心课程内容与职业标准对接正逐渐向广而深的方向发展。为实现人才培养目标,重新调整课程设置,确定专业课程体系,推进高职院校专业核心课程内容与职业标准对接。构建以工作过程为导向、以职业知识为核心的课程体系,使高职院校的人才培养与国家、社会及各行业企业的职业标准要求紧密联系,提高学生岗位适应能力。高职院校专业核心课程内容与工作过程职业标准对接的发展现状,呈现明显特征。

一、将工作过程与职业标准规定的职业能力要求融入专业核心课程内容

高职院校为实现专业技能型人才的培养目标,初步确定以岗位能力为核心、以工作过程为导向的指导思想。高职院校的专业核心课程设置以工作过程、职业标准为基准,课程内容的设定与职业岗位的能力要求基本相符合。课程内容的选择更加明确,紧紧围绕服务学生就业。根据职业标准及人的发展要求,课程内容在满足行业企业需求的同时,更加注重学生职业能力的培养,重视学科知识与实际工作过程知识的相互联结,有利于形成专业知识、技术能力和社会实践能力的统一。现在高职院校基本建立起校企合作的交流平台,学校与合作的企业共同参与制订课程培养目标,设置专业课程。教师深入企业调研,了解该课程所涉及的相关职业能力,分析职业岗位的典型工作任务,确定工作知识,从而确定课程内容,使职业标准的职业能力要求体现其中。针对职业特点,分析职业能力,让学生学习职业知识,培养学生运用所学职业技能解决生产中的问题的能力。依据企业职业标准和岗位能力要求,确定岗位工作任务,把企业中的每个典型工作任务转化为学校的项目化课程内容,从而形成项目课程体系。

　　虽然这种项目课程体系在我国高职院校有所初建,但并没有覆盖所有的高职院校,而且初建的项目课程体系不够完善深入,整体水平有待提高。如西宁某高等职业技术学校,构建与新的人才培养模式相适应的基于职业能力本位的课程体系。新的课程体系注重实训教学、职业能力与职业基本素养,对于基本技能与综合素养也有特定的要求。重视模块化教学,无论文化课、技能课还是综合拓展课都以模块化的形式教学。为适应新的人才培养模式和职业能力要求,重新修订课程体系,优化课程设置,调整课程内容与教学时数。又如,贵港市某高等职业教育中心,在课程设置上,对公共基础课、专业核心课及专业拓展课模块设置了职业技能与职业素养方面的课程,把岗位所体现的职业技能要求切实反映到课程内容中。再如,福建某高职院校,深化课程体系改革,建立与职业能力要求相适应的课程体系,形成了电子技术应用专业的"岗位向导、学做一体"理实一体化的课程体系、工艺美术专业的"活模块、多方向"紧贴市场需求的模块化课程体系等。

二、推进"双师型"教师队伍建设对接工作过程与职业标准

　　教师是推动高职院校课程内容与工作过程、职业标准对接的重要保证,特别是专业教师队伍的建设,对培养高职院校学生职业能力有着重要影响。高职教育的专业教师既要有牢固的专业理论知识,还应具备丰富的实践经验和专业技能。为此,推进"双师型"教师队伍的建设就显得很重要。经过多年的发展,"双师型"教师比例不断优化,教师队伍不断扩大,专业教师基本能了解该专业所对应的职业标准要求。现代专业教师通过各种方式不断提高自身的专业知识、专业技能以及人格魅力,提升自己的职业道德修养。从事高职教育专业核心课程的专任教师基本具有扎实的专业理论知识,能与合作的企业专家相互沟通交流,把企业岗位需要的职业知识带进课堂,传授工作过程中所需的知识技能,基本实现课程内容与职业标准对接。就目前来说,我国高职院校中的大部分教师具有丰富的理论知识,但缺乏一定的企业实践经验,缺乏对各个实际工作岗位工作过程、技能要求的深入了解,工作过程中的职业技能并不能很好地把握,有时达不到预期的教学目标,学生在某种程度上并不能获得相应的专业技能。"双师型"教师队伍建设对接工作过程与职业标准体现在我国许多高职院校中。例如,天津市某高职院校打造优良的"双师型"教师队伍。在课程体系改革中,借助校企合作平台安排12位专业教师在校外实训基地实践。在企业专家指导下,教师学习先进的专业技术,了解企业的生产流程、各部门管理过程,提高实践操作技能,业务能力得到大幅度提高,有利于在课程教学中传授企业实践技能,达到课程内容与工作过程、职业标准对接。又如,西宁某职业技术学校,以"派出去,请进来"为主要方式,加大教师培训力度;把专业带头人、骨干教师、"双师型"教师、青年教师的培养落到实处;从行业企业聘请兼职教师,优化专兼结合的教师团队;从企业吸收专业新知识新技能,引入教学课程,实现课程内容与工作过程、职业标准对接。再如,宁夏某高职院校,实施师资建设"四大工程",即师资轮训工程、名师工程、双师工程和兼职教师工程,建构"双师型"结构教学队伍,逐步推进高职院校专业核心课程与工作过程、职业标准对接进程。

三、改革课程评价体系,对接工作过程与职业标准要求

课程评价反映高职院校教学水平,是提高高职院校课程质量的重要因素。现代高职院校正逐步改变过去的单一评价模式,充分调动企业及社会共同参与课程评价,努力构建一种多元化、多方参与的课程评价体系;逐渐把职业要求的专业技能与职业综合素养融入课程评价体系,整体评价教师和学生,培养具有与职业标准对接的高技能人才。高职院校通过企业调研,了解企业实际工作岗位要求及企业考核标准。通过对企业考核标准和学生在校学习情况的分析,确定学生需要完成的工作任务。把学生在校学习情况与工作任务的完成情况作为课程评价的标准,使校内评价与校外评价相融合,这也是课程内容评价与工作过程与职业标准要求评价对接的体现。现在有的高职院校在学校设立相应的职业资格认证考试课程,把工作中要求的职业技能考核内容引入学校课程内容,调整课程内容结构,为更好地实现课程内容考核与工作过程、职业资格考核对接而努力。改革高职院校课程评价体系,对接职业标准要求,在如今的许多高职院校都能有所体现。比如,湛江某高职院校,根据课程标准与职业标准的要求对学生进行考核,校企双方教师共同对学生的学习情况、技能获得及职业道德等进行评价。实习结束后,根据校企共同考核作出总评价。合格者获得相应学分,优秀者企业可考虑优先录用。又如,山西某高职院校,积极探索课程评价模式,构建了"专业理论知识+实践技能+职业素养"的过程考核模式,建立了综合技能考核与职业资格考核对接的结果考核模式,形成了学生、教师、行业企业专家和社会评价的多元评价体系。再如,甘肃省某职业技术学校,通过校企共同制订实习期间的考核方法,由企业骨干教师及学校专业教师共同确定评价方案,评价方案依据企业的岗位要求来设置,这样既可以保证实践教学任务的完成,又有效地提高了学生的实践能力,最终实现与职业标准要求对接课程评价体系。

四、逐步形成校内外实训基地,对接工作过程与职业标准

现在我国高职院校不仅重视校内实训基地建设,也注重与企业合作的校外实训基地建设。建立"教学做合一"的实训基地是实现高职院校课程内容与工作过程、职业标准对接的有利条件。目前,课程配套基础能力建设机制逐步建立,形成了社会、企业及学校共建实训基地的机制,实训基地的数量逐渐增加,规模不断扩大,质量不断提高,满足了实践性教学的基本要求。高职院校的各专业积极推进校企合作,共建校内外实训基地,对接职业标准。在行业企业专家的指导下,建立校内模拟实训室,使学生在近于真实的环境中了解工作过程与相应的职业岗位能力,体验所要学习的职业知识,并进行有效的实际操作。校外实训基地以校内实训基地为基础,通过校内仿真实训基地的模拟,再通过校外企业真实环境的工作过程与实践操作,体验校内外的差异,让学生更明白应该如何操作。

近年来,"校中厂,厂中校"的新型人才培养模式已悄然进入各大高职院校,全国各高职院校也积极通过多种合作方式,与企业建立校内外实训基地和就业基地,促进了当地经济发展和就业形势的转变,使高职学生能一边在学校学习知识技能,一边在企业顶岗实践,直接了解相应的工作岗位的职业标准要求,培养学生适应工作岗位的能力,促进高职院校人才培

养目标的实现。高职院校实训基地的建设,为推动职业院校的发展起到重要的作用。例如,江苏某食品高职院校为加强校内实训基地建设,对实训生产线进行科学规范化设计,以人才培养目标为出发点,建成"教产一体、研训结合"多功能实训生产线。依据专业发展需要和人才培养要求,与多家相关企业共建实训基地建设方案;实训基地建设注重专业技能的训练和综合技能的培养,并从基础技能到综合训练全过程分层次进行;建成的实训室对外开放,满足学生和企业的需求,通过校内外实训基地建设,对接职业岗位要求。

第五章
高职院校课程改革存在的问题及原因 ▶▶▶▶

第一节　高职院校课程改革存在的问题

一、高职院校专业课程改革的调研

以A职业技术学院、B职业技术学院为研究对象,每个学院涉及2个专业,分别是现代物业管理专业、房地产经营与管理专业,通过"问卷星"向每所高职院校需要调查的每个专业在校学生、毕业生、专业教师和专业带头人、学校教务处、二级学院教务中心、校企合作企业人员发放调查问卷。此次问卷调查共有376人填写了调查问卷,回收有效问卷370份,无效问卷6份,有效问卷的回收率为98.4%;根据问卷数据统计,参与问卷调查的合作企业人员有15人、专业教师33人、教学管理人员27人、在校生203人、毕业生98人。此次问卷调查的对象对本专业情况有着充分的了解,因此调查结果可信且有效。

此次问卷调查共从校企合作课程建设、专业课程内容、专业课程实施、专业课程评价、专业课程师资、专业课程教学效果六个维度了解高职专业课程改革的状况。具体问卷如下。

高职院校专业课程建设调查问卷

您好! 为了解高职院校专业课程的实际情况以及存在的问题,并对高职专业课程改革提供有效策略,邀请您填写此份调查问卷,非常感谢您能抽出宝贵的时间参与本次调查!

(请您在选定的选项上打"√")

1.请问您的身份是?

A.在校生　B.毕业生　C.校企合作企业人员　D.专业教师　E.教学管理人员

2.学校是否与合作企业建立校企合作专业课程? 有没有充分发挥作用?

A.有且课程效果好　B.有,但形同虚设,基本不起作用　C.没建立　D.不清楚

3.学校与合作企业是否定期召开课程建设会议?

A.较多　B.一般　C.较少　D.没有　E.不清楚

4.学校与合作企业是否建立专业教师与企业专家、企业一线人员的双向聘任制度?

A.是　B.否　C.不清楚

5.合作企业是否实质性参与学校专业课程开发?

A.较多　B.较少　C.一般　D.没有　E.不清楚

6.学校专业课程内容依据什么设置?

A.本专业的学科知识体系

B.立足学生的职业发展需求

C.紧跟行业企业的最新发展

D.不清楚

7.学校进行专业课程内容设置时是否随着产业转型升级及时更新与调整高职专业课程内容?

A.能　B.一般　C.不能　D.不清楚

8.学校专业课程是否有企业人员担任兼职教师?

A.较多　B.一般　C.较少　D.没有　E.不清楚

9.在进行学校专业课程实施过程中,企业人员是否能按照教学计划要求完成所教授的课程?

A.能完成　B.一般　C.不能完成　D.不清楚

10.学校是否有教师和企业人员共同担任的课题或研究项目?

A.较多　B.一般　C.较少　D.没有　E.不清楚

11.学校专业教师每年下企业实践时长?

A.1个月　B.2个月　C.3个月以上　D.没有安排　E.不清楚

12.学校专业课程评价人员包括哪些?(多选)

A.学生　B.专业教师　C.第三方评价　D.企业　E.课程专家

13.学校专业课程评价方式是什么?(多选)

A.过程性评价与结果性评价相结合

B.定性评价与定量评价相结合

C.学校内部评价与学校外部评价相结合

14.学校是否与企业共建专业课程评价标准?

A.是　B.否　C.不清楚

15.学校与企业共建专业课程评价内容包括哪些?(多选)

A.职业素养　B.企业元素　C.学生培养质量

16.学校课程教学对学生就业是否有帮助?

A.有帮助,课程教学对接工作岗位

B.有帮助,但作用不大

C.无帮助,课程教学内容与工作毫无关系

17.通过在校课程学习,学生是否能够胜任岗位工作?

A.完全能适应岗位工作

B.能适应岗位工作,但还需要任职培训

C.不能胜任工作岗位要求

二、高职院校专业课程建设调查结果分析

根据调查问卷统计参与调研人员:共有376人填写了调查问卷,回收有效问卷370份,无效问卷6份,有效问卷回收率为98.4%;根据问卷数据统计,参与问卷调查的合作企业人员有15人,专业教师33人,教学管理人员27人,在校生203人,毕业生98人。参与人员情况如图5-1所示。

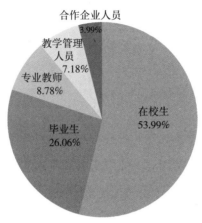

图5-1　课程调研对象统计

从图5-1可知,调研对象中学生参与的比例最高,在校生加毕业生参与比例达80%。因此,学生作为教学产出的对象,其反映的实际情况能更好地指导课程教学改革。

(一)校企合作课程建设问题

在对"学校是否与合作企业建立校企合作专业课程,课程有没有充分发挥作用"的调查中,调研对象中有26.75%的人选择"有,课程效果好",47.23%的人选择"有,但形同虚设,基本不起作用",10.84%的人选择"没建立",15.18%的人选择"不清楚"(图5-2)。

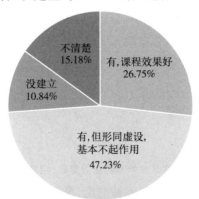

图5-2　学校是否与合作企业建立校企合作专业课程情况

从上述结果可以看出,学校与合作企业建立校企合作专业课程,但基本发挥不出课程作用,从而造成课程资源的浪费,无法通过校企合作课程进行学生有效培养,培养的学生不符

合企业用人需求。

在对"学校与合作企业是否定期召开课程建设会议"调查中,12.13%的人选择"较多",29.19%的人选择"一般",38.25%的人选择"较少",17.84%的人选择"没有",2.59%的人选择"不清楚"(图5-3)。从调查可知,学校与合作企业很少就课程建设问题进行开会协商,不能及时解决校企合作课程建设中的问题,导致课程建设中针对学生岗位适应能力的培养不能符合企业用人需求。

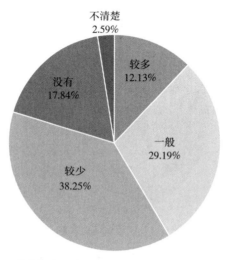

图5-3 学校与合作企业是否定期召开课程建设会议情况

在对"学校与合作企业是否共建专业教师与企业专家、企业一线人员双向聘任制度"的调查中,25.37%的人选择"是",68.72%的人选择"否",5.91%选择"不清楚"(图5-4)。

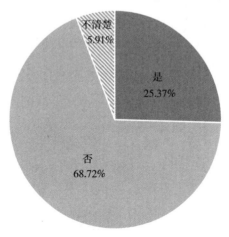

图5-4 学校与合作企业共建专业教师与企业专家、企业一线人员双向聘任制度情况

调查结果显示,校企师资互聘制度不够健全,学校教师缺乏一线企业工作经验,企业能工巧匠无法有效将工作岗位知识技能传递给学生,制约了课程建设对接工作一线岗位,导致学生缺乏职业能力。

在对"合作企业实质性参与学校专业课程开发情况"的调查中,认为企业实质性参与"较多"的总人数占比为17.32%,认为企业实质性参与"较少"的占比为43.27%,认为企业实质性参与课程开发参与度为"一般"的占比为15.61%,认为企业"没有"实质性参与课程开发的占比21.73%,"不清楚"企业是否实质性参与的人数占比为2.07%(图5-5)。

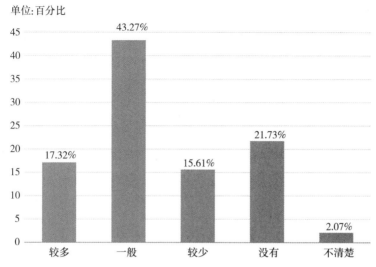

图5-5　合作企业实质性参与学校专业课程开发情况

　　调查对象中绝大多数人认为企业没有实质性地参与高职专业课程建设。课程建设中出现"学校热、企业冷"的尴尬局面,课程建设由学校单方面"闭门造车",不利于课程内容对接工作岗位与职业标准。

　　(二)专业课程内容问题

　　在对"学校专业课程内容设置情况"的调查中,29.25%的人选择"依据本专业的学科知识体系"进行专业课程内容设置,40.83%的人选择"立足学生的职业发展需求"进行专业课程内容设置,23.59%的人选择"紧跟行业企业的最新发展情况"进行高职专业课程内容设置,6.33%的人对专业课程内容设置的依据"不清楚"(图5-6)。

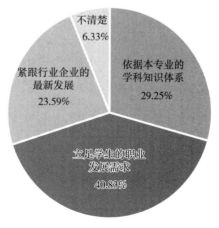

图5-6　学校专业课程内容设置情况

由此可见,高职院校对于高职专业课程内容设置的依据还没有形成一个统一的认识,容易导致课程设置偏差,影响学生对从事岗位工作知识的获取。

在对"学校进行专业课程内容设置时是否随着产业转型升级及时更新与调整高职专业课程内容"的调查中,选择"能"及时更新的总人数占比22.16%,选择"一般"能及时更新的总人数占比30.19%,选择"不能"及时更新的总人数占比42.65%,选择"不清楚"的占比5.00%(图5-7)。

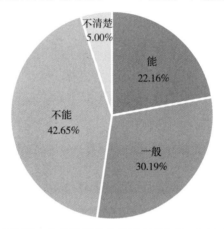

图5-7　学校进行高职专业课程内容设置随着产业转型升级及时更新与调整高职专业课程情况

随着社会经济的发展和产业的升级,如果课程内容不能及时更新,就不能适应行业企业的要求,培养的毕业生质量堪忧,因此在改革课程时,必须重视这个问题。

(三)专业课程实施问题

在对"学校专业课程是否有企业人员担任兼职教师?"这个问题进行调研时,有18.98%的人选择"较多,有20.12%的人选择"一般",有40.91%的人选择"较少",有13.57%的人选择"没有",有6.42%的人选择"不清楚"(图5-8)。由此可见,企业人员担任学校专业课程兼职教师的比例较低,这不利于高职专业课程实施。

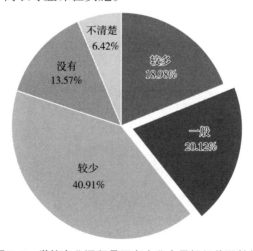

图5-8　学校专业课程是否有企业人员担任兼职教师

随着教育改革的不断深化,高职院校越来越注重实践教学和产教融合。企业人员作为拥有丰富实践经验和行业知识的专家,在学校专业课程教学中担任兼职教师具有一定的潜力和优势,他们不仅可以将自己的实践经验和行业知识带入课堂,使课程内容更加贴近实际,还可以通过分享工作经验和行业动态,帮助学生了解行业的发展趋势和未来方向。同时,企业人员的参与也可以促进学校与企业的沟通和合作,为学生搭建更多的实践平台,提升他们的实践能力和就业竞争力。因此在高职课程改革中,高职院校需要重视企业人员担任课程兼职教师这一资源,充分利用他们的实践经验来优化教学内容,实现高职课程与企业需求的对接,提高高职教育的实用性和针对性,为学生顺利融入职场提供有力保障。

在对"在进行学校专业课程实施过程中,企业人员是否能按照教学计划要求完成所教授的课程?"的问题进行调研时,结果显示,选择"能完成"的总人数占比53.31%,选择"一般"的总人数占比20.19%,选择"不能完成"的总人数占比12.58%,选择"不清楚"的占比13.92%(图5-9)。

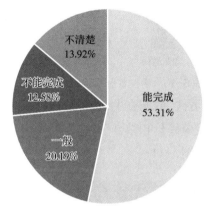

不清楚 13.92%

不能完成 12.58%

能完成 53.31%

一般 20.19%

图5-9　企业人员是否能按照教学计划要求完成所教授的课程

调研结果显示,企业人员在高职专业课程实施过程中的参与程度和教学完成情况呈现出一定的差异。在当前高职教育发展的大背景下,企业人员在高职专业课程实施过程中的角色和地位日益凸显。为了更好发挥企业人员在高职专业课程实施过程中的作用,保证企业人员能按照教学计划要求完成所教授的课程,提高教学质量和效果。在高职专业课程实施过程中,高职院校要加强与企业合作,共同制订和实施教学计划,确保教学目标的实现;提供必要的培训和支持,帮助企业人员提升教学能力和水平,充分发挥其在高职教育中的优势和作用。关注学生的需求和反馈,不断优化教学策略和方法,以满足学生的成长和发展需求;加强监管和指导,确保企业人员能够按照教学计划要求完成所教授的课程;鼓励企业人员积极参与教学改革和创新,为高职教育的发展贡献智慧和力量,为我国培养更多优秀的高技能人才。

(四)专业课程评价问题

在对"学校专业课程评价人员包括哪些"的调查中,55.28%的人选择评价主体为"学生",60.72%的人选择评价主体为"教师",30.12%的人选择评价主体为"第三方评价",

38.36%的人选择评价主体为"企业",25.97%的人选择评价主体为"课程专家"(图5-10)。

由调查结果可知,高职院校课程评价应考虑评价主体多元化,从不同主体完成对课程评价,科学确定不同评价主体所占评价结果的比例,通过课程评价结果,改进课程建设。

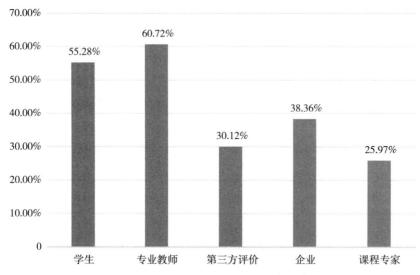

图5-10 学校专业课程评价主体情况

在对"学校专业课程评价方式"的调查中,选择"过程性评价与结果性评价相结合"的人为67.25%,选择"定性评价与定量评价相结合"的人为45.83%,选择"学校内部评价与学校外部评价相结合"的人为51.72%(图5-11)。

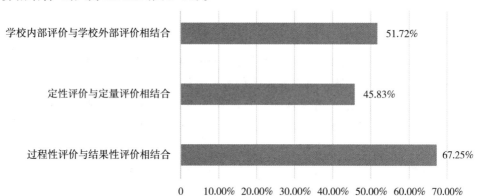

图5-11 学校专业课程评价方式

调查结果显示,高职专业课程评价方式具有片面性和单一性。为了提高高职专业课程评价的有效性,确保高职专业课程评价客观有效,需要探讨更为合理的课程评价方式。

在对"学校与企业共建专业课程评价内容包括什么"的调查中,选择"职业素养"的人占比为82.00%,选择"专业能力"占比为67.23%,选择"学生培养质量"占比为77.84%(图5-12)。

从调查结果来看,高职课程评价指标应合理设置,考虑全面的评价内容,将评价指标进行细化。

图 5-12　课程评价内容

（五）专业课程师资问题

在对"学校是否有教师和企业人员共同担任的课题或研究项目"的调查中,选择"较多"的占比为18.87%;选择"一般"的占比为20.45%;选择"较少"的占比为42.89%;选择"没有"的占比为15.28%;选择"不清楚"的总人数占比为2.51%(图5-13)。

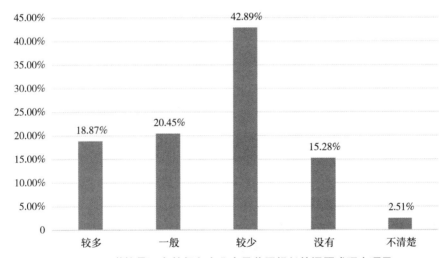

图 5-13　学校是否有教师和企业人员共同担任的课题或研究项目

调查结果显示,高职院校专业教师与企业人员共同担任课题或科研项目不够,不利于实现理论教学与企业实际相关岗位工作的有效结合。

在对"学校专业教师每年下企业实践时长"的调查中,选择"1个月"的人数占比为33.35%,选择"2个月"的人数占比为35.64%,选择"3个月以上"的人数占比为18.38%,选择"不安排"的人数占比为8.25%,选择"不清楚"的人数占比为5.38%(图5-14)。

2019年1月24日国务院印发的"职教20条"中明确提出"职业院校教师每年至少1个月在企业或实训基地进行实训",但是调查结果显示,大约一半的高职院校专业教师达不到国家要求,教师不接触一线企业工作岗位,授课内容传达的知识不能及时更新、与时俱进,将极大影响人才培养的质量。

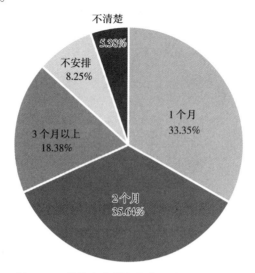

图5-14　学校专业教师每年下企业实践时长

（六）专业课程教学效果

在对"学校课程教学对学生就业是否有帮助"的调查中,选择"有帮助,课程教学对接工作岗位"的占比为37.49%,选择"有帮助,但作用不大"的占比为48.82%",选择"无帮助,课程教学内容与工作毫无关系"的占比为13.69%（图5-15）。

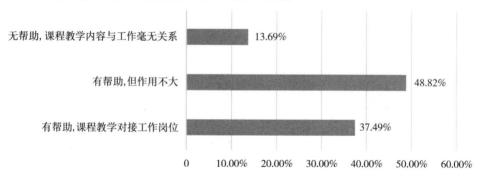

图5-15　学校课程教学对学生就业起到的作用情况

调查结果显示,高职课程教学效果不够明显,对学生就业帮助作用不明显,在课程改革中需要特别重视此问题。

在对"通过在校课程学习学生是否能够胜任岗位工作"的调查中,有28.98%的人选择"完全能适应岗位工作",40.12%的人选择"能适应岗位工作,但还需要任职培训",30.9%选择"不能胜任工作岗位要求"（图5-16）。

调查结果显示,高职院校课程建设还达不到应有效果,须在课程建设中,高度重视学生岗位胜任力的培养,创造工作情境,让学生在真实的工作情境中学习就业岗位需要的知识和技能。

图5-16　通过在校课程学习学生胜任岗位工作情况

三、目前我国高职院校课程建设存在的问题

(一)课程目标定位不准确,存在盲目性

从调查结果来看,通过课程学习学生仍然没有完全达到岗位要求,学生岗位胜任力不强,证明课程目标定位不准确,存在盲目性。课程目标定位要有可操作性和可检测性,课程目标对课程内容、课程结构、课程实施、课程评价等具有重要的指导意义和实践意义。我国高等职业教育课程目标存在定位不明确、盲目等缺陷,主要体现在以下几个方面。

(1)没有深入了解我国高等职业教育的培养目标,对高等职业教育的地位与作用没有充分认识。我国对高等职业教育培养目标的定位,关注最多的是高等性,但是忽略了职业性。比如,在具体的教学过程中,往往侧重按照"1+X"证书的要求,把学生培养成为工程师、设计师等,偏离了高等职业教育对学生就业岗位能力和职业素养的培养。

(2)人才培养方向没有兼顾社会经济发展和人才市场变化的需求,毕业生数量与市场需求相脱节,存在结构性的矛盾。很多高职院校根本不考虑社会的需求,而是遵循本科生的教育模式,为了完成高职教学计划,采取压缩某些课程的做法,脱离了高职教育的培养目标,使高职毕业生在专业技能方面与本科生没有差异,丧失了自身特色。在课程目标方面,注重的是科学性和课程知识体系的完整性,对学生的素质拓展、学习能力的培养和个性的发展关注不够。

(3)专业课程结构设置与人才培养目标不匹配。专业课程结构设置是决定人才培养目标能否顺利实现的关键环节之一。目前,行业企业所需要的是通过掌握不同专业的知识与能力,能够应对当前新技术迅猛发展下产业转型升级对于行业企业职业岗位不断变化所带来的各种挑战的技术、技能人才。从调查结果中可知,高职院校采用单一进程的学科体系,从而导致培养的人才不能满足当今行业企业的发展对人才的需求。为了使高职院校培养的学生满足行业企业的发展对人才的需求,只有将高职专业课程结构由单一进程向组合型、多进程转变,才能使高职教育培养出的学生与行业企业的人才需求实现零距离对接。

(二)课程结构缺乏合理性,满足社会需求的实用性不高

由于缺乏深入的市场调研,我国高职院校课程结构缺乏合理性,满足社会需求的实用性不高,主要体现在以下几个方面:课程结构在同类学科和专业设置中,课程门类不齐全,针对市场需求和人才培养需要应该开设的课程,没有体现在课程结构中,一些理论烦琐、实用性不强的课程又没有进行及时调整。另外,课程之间的结构比例也不合理,开设的课程门类多、不分主次,围绕学生职业能力培养的专业课程安排少,一些基础课程、人文素养课程安排较多,有些课程还存在课程重复开设的现象,缺乏宏观统筹,造成教学资源浪费。所开设的学科和专业课程之间联系性不强,学生不能进行选修和跨修活动,缺乏灵活性和选择性。课程结构一般分为公共基础课程、专业课程。公共基础课程包括思想政治与人文素质、通用技能,专业课程包括专业基础课、专业核心课程、专业拓展课程和专业实践课程。如此划分使专业理论课和实践课之间的联系不紧密。学习专业理论课时,都是基础知识,如果不同时进行实践操作训练,理论和实践"两张皮",不能激发学生的学习热情。学生学习完专业理论课,进行实践操作时,因为理论课掌握得不扎实,又不知道从何入手,造成操作性不强、动手能力差。课程结构不合理,课程内容也不实用,课程与社会、企业需求相脱节,课程结构和课程内容不能及时反映社会需求。教学计划的修订,也是换汤不换药。因为课程结构是课程实施活动的重要环节,它促使课程目标转化为教学成果。课程结构是课程中非常重要的部分,是课程体系的骨架,体现了课程理念和课程设置的价值取向。课程结构要根据社会需求进行课程设置,满足社会需要。所以,这样的课程结构会使理论课和实践课之间严重脱节,培养出来的学生理论性强,但实际操作能力弱,这是目前我国高等职业教育面临的重要问题,急需改革。

(三)课程内容滞后,缺乏与时俱进

课程目标具体体现在课程内容上,课程内容包括知识、技能、价值等教学要素,是课程结构中的主要成分,我国高职院校课程内容滞后缺乏与时俱进,主要体现在以下几个方面。

1.课程内容落后于经济社会与技术发展

现在很多高职院校开设的课程还是注重传授知识,没有研究行业企业的新技术、新工艺,没有把行业新技术、新工艺等内容纳入教学内容。培养出来的学生在理论知识方面不如普通高校的学生,实践操作方面又没有达到规定的能力要求。还有一些高职院校课程教材内容陈旧,跟不上时代发展。根据教育部发布的《职业院校教材管理办法》,编写相关专业教材应当面向学生就业创业,符合相关标准,反映现代社会、现代技术等,能够对接与市场,并采用新技术、新工艺、新材料等。一些高职院校在教材改革中虽然能积极融入教学标准和专业标准要求,根据专业任务要求,设计工作与实训相结合的特色教材。但是,教学标准和专业标准的建立属于不同行政主管部门,建设工作进度和范围滞后于产业技术的更新和提高,这导致职业教育教材内容不能及时更新,教材反映企业实际工作中新知识、新技术、新工艺

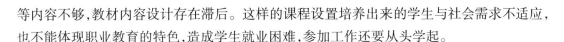

等内容不够,教材内容设计存在滞后。这样的课程设置培养出来的学生与社会需求不适应,也不能体现职业教育的特色,造成学生就业困难,参加工作还要从头学起。

2.课程内容迁移性不足

迁移性就是课程内容在原理与方法方面,尤其是在思维方法方面与课程内容存在联系性、转换性与促进性。这就意味着通过一门课的学习可以促进另一门课的学习。一门课是否具有迁移性,主要是看课程内容是否具有典型性与代表性,这决定了学生学习以后能否举一反三、触类旁通。现阶段,高职院校开设的课程内容与生活联系得不紧密,缺乏典型性与代表性。

3.专业课程内容与职业岗位能力要求对接度不高

目前,行业企业所需要的是通过掌握不同专业的知识与能力,能够应对当前新技术迅猛发展下产业转型升级对于行业企业职业岗位不断变化所带来的各种挑战的技术技能人才,这一培养目标决定了高职院校在进行人才培养的全过程中与行业企业进行沟通是关键环节。因此在建设高职专业课程时,行业企业专家以及技术骨干人员从行业企业实际职业岗位能力要求出发,与高职专业教师一同参与专业课程开发的每个阶段;在设置专业课程内容时,能随着技术更新迭代和产业转型升级及时地更新与调整,确保专业课程内容与时俱进,从而使高职教育培养出的学生与行业企业的人才需求实现零距离对接。从调查结果中可知,当前高职专业课程建设不能跟随信息技术发展和产业升级作出调整,归根结底就是没有将行业企业元素融入高职专业课程中,导致高职专业课程落后于信息技术发展与产业升级的步伐,课程内容没有考虑到学生的需求与特点,课程内容单一,不适合学生的个性化发展;课程教学方法沿用传统的教学方式,没有考虑到学生的学习特点等。在教学中,没有考虑到学生的主体地位;在设置课程时,没有考虑到学生的实际情况;在学习过程中,学生只能适应课程。当前,高职教育课程设置中所设置的选修课只占全部课程的20%,有的高职院校可能更少。在课程内容安排和编辑方式方面形式单一,缺乏新颖性。高职院校的课程安排还是以理论课为主,越来越严峻的就业形势也让高职院校在思想上认识到实践课程的重要性,能够实现双赢,但是又缺乏实践的勇气。在制订教学计划时,安排的实践课占总课时的30%～40%,但是在具体实施过程中,并没有落到实处,对人才质量的提高没有意义。高职院校由于资金投入不够,实训条件存在不足,缺少带领学生完成实训任务的师资队伍,因此,只能在教学方面下功夫。但是在教学过程中,没有突出学生的主体地位,课程理念也没有体现出学生的主体性;在教学内容方面枯燥无味,缺少实际案例,激不起学生的学习兴趣;在实训方面,没有与企业的需求相接轨,企业对人才的需求越来越高,但是又不知道如何让学生在校期间就能掌握必备的知识与技能,只能埋怨学校培养的人无用。

4.教学内容和企业岗位的实际需要脱节

随着产业升级、技术进步,相关高职院校课程体系建设中,要求其具有一定的系统性、完整性、严密性、岗位适应性,但是目前高职院校课程体系建设实际操作性不足,相关知识技能培养的系统性不强,教学内容和企业岗位需求之间很难实现有效对接。

5."供与需"无法有效对接

教师下企业实践不够,对于一线工作的熟悉度不足,使学校课程相关教学内容、任务难度、流程和操作、规范等和企业工作实际存在较大偏差,导致培养的学生毕业后进入工作岗位,还需要花费时间来适应,进行二次学习。

(四)课程开发存在不足

课程开发在高等职业教育中占有重要地位,在高等职业教育改革中,课程开发的重要性更为突出。高等职业教育的特色能否凸显出来、能否提高教学质量,都和课程开发能否有效进行存在密切联系。从目前来看,在课程开发方面,我国高职院校还存在一些不足,急需改进。

1.课程开发参与主体单一

我国高职院校课程开发缺乏有效的方法,课程开发主要根据学科体系来定,主要的精力集中在教学大纲、教学计划以及教科书的编写方面,课程开发的参与主体主要是教师,行业的专家学者或技术人员参与职业教育课程开发的机会很少,学生作为受教育者,更没有机会参与课程开发中。高职院校课程开发主要注重的是学科体系的完整性,较少考虑学生是否感兴趣或者社会行业是否需要等,这样就导致很多学生对所学课程不感兴趣,学习动力不足。并且,课程开发时既没有考虑到社会行业的实际需求,也没有吸引企业、行业人士的参与,很难保证开发课程的实用性。专业课程教师与行业企业技术骨干人员不能深度合作。在课程理念指导下高职专业课程实施就是将教学计划付诸行动。在进行课程实施过程中,仅靠某个教师的一己之力是不可能完成的,需要建立结构化的专业教师团队。因为教师是保障高职专业课程改革顺利实施的关键。但是从调查中可知,在产教融合背景下校企双方没有形成一支结构化专业教师团队,企业技术骨干与职业院校教师缺乏实质性融合,不能开展实质性的合作,不利于提高高职院校专业教师队伍科研能力、创新能力及实践操作能力。

2.课程开发注重研究成果而轻应用

高职教育课程研究是以就业为导向进行专业设置和课程设置的,但是高职教育培养的人才与市场需求方面存在差异,高职教育没有紧跟实际培养人才市场急需的人才,培养的人才不能满足市场所需。这种重视研究成果而轻视实践的做法使高职教育课程目标存在盲目性,教研成果成了高职教育追求的目标之一,教学实践被抛在了一边,高职教育的目标被模糊化,忽视了人才培养定位。高职院校对高素质技术技能型人才培养的定位认识并不清楚,在实际培养中存在一定的模糊性,缺乏明确定位,没有体现技能应用主导,也没有体现人才培养和市场的对接。专业人才培养模式难以突破学科教育体系。在高职专业核心课程建设中,相关专业人才培养模式中包含的课程设置、教学设计及教学方法等应用几乎多年未变,整体学科体系烙印比较鲜明,教师在教学中片面关注学生基础知识学习,只关注遵循知识系统的衔接性。一些高职院校虽然应用模块式教学,但只是简单地将不同课程拼凑起来,教学作用不明显。

现阶段,我国高职课程开发主要是围绕学科体系展开的,以国家制订的培养目标和有关的教育理论为基础,开发出来的课程过于重视学科知识的系统性与整体上的完整性,侧重理论知识,课程内容过于深奥,没有充分重视学生所学知识与实际行业需求之间的联系,在此模式下走出来的学生,大部分容易偏向高分低能型,理论知识扎实但动手能力弱,很难满足社会的实际需求。课程开发历时较长,难以及时反映社会需求。编写教材需要大量的时间,具有比较浓厚的学术色彩,但是对社会的需求反应较为迟缓,课程内容与生产实际需求相脱节,不能快速、及时地反映出最新需求。这样开发出来的教材不能满足实际需求,与生产实际相脱节,导致课程开发注重研究成果而轻实践应用。

3.课程设置存在不足

课程设置未能很好地体现出高职教育的特色。随着社会经济的发展,从劳动力市场对技能型人才的需求来看,高等职业教育在我国发挥着举足轻重的作用。高职教育不同于普通高校教育,在课程设置方面,高职教育要凸显自身特色,有别于普通高校教育。目前,我国高职教育课程设置主要脱胎于普通高校课程设置,受其影响较深,对就业和工作岗位的实践能力与职业技能训练的课程开设得较少,过多地注重理论课。一些高职院校为了扩大生源,盲目地开设课程。有的高职院校也响应时代需求,开设了实践课,但是受实践场地以及教学时间、师资力量等方面的限制,这些实践课都流于形式,没有真正落实到位。有的高职院校开设了实践课,也投入了一定的师资力量和场地,但是开设的实践课和具体行业的需求联系不紧密、针对性不强、实践操作能力弱,即使胜任了某一岗位需求,但是综合素质和学习能力达不到要求,缺少可持续发展的动力。更有甚者,有些高职院校把理论知识的学习直接代替了实践课的训练,难以形成高职教育课程设置的特色。课程设置不合理,学生就业难。高职教育课程设置没有反映出实际需求,授课知识远远落后于时代的发展,跟不上时代发展的步伐,与高职教育的培养目标相左。高职教育是要培养掌握先进生产技能的高素质技能型人才,而这种人才的培养就要有相应的实训场所与基地,这对课程设置提出了较高要求,课程设置时就要考虑这些需求。但是受资金投入、场地、观念等多种因素的影响,我国高职院校大多存在实践场地不足、实训人员短缺等情况。现阶段,大部分高职院校是根据自己学校的情况来开设专业的,并不是按照社会的需求来开设专业的,这样会使学生与社会需求相脱节,造成学生就业困难,大部分学生找的工作与自己的专业不符,满足不了社会发展的需求。而且在教学方法上,大多数高职院校还是沿袭学科化的教学方法,一些学校的课程设置多年不变。一些高职教育者也知道这样的课程结构不合理、课程内容不实用,但是却无能为力或者不知道如何做才好。因此,对接工作过程与职业标准的高职院校专业核心课程建设,在课程设置中可在教学方法、教学手段和课程管理方面作出创新,增强课程的特色,突出学生的主体地位,促使人才培养与市场需求紧密联系。

4.学生缺少对完整工作过程和任务的认识

课程的开展要参考实际的职业岗位,遵循学生职业技能成长及认知学习发展的规律,以工作过程的系统逻辑为核心。传统的学科体系课程结构较难给高职院校学生呈现完整的工作流程。要使学生在有限的课时内对专业知识进行全面的掌握是较为困难的,学生要认清课堂上学习的技能处于企业生产的哪个具体岗位。学校要利用企业的先进技术,运用现有资源,让学生在课程中尽可能地了解企业真实的生产状况。教师要培养学生处理工作任务的逻辑性和有序性,这是基于工作过程为导向的课程指导思想。目前,我国多数高职院校专业核心课程建设依然以传统班级授课制教学模式为主,专业教学工作和市场之间不存在联系。这导致课程内容和专业技术更新和发展之间存在一定差距,教学中很难反映新的应用技术和内容,项目教学内容不足,导致学生在具体工作中处理问题的能力不足。

(五)课程评价不合理

在高职人才培养中,应将学生解决问题能力的培养,提升学生职业道德水平,规范学生职业行为等作为职业教育人才培养的重要目标。现阶段高职院校对于学生考评采取的形式比较单一,片面关注学生知识掌握的情况,这种考核模式下,教师的教学重点也以书本知识为主,忽视实践教学。专业课程评价的意义不仅局限于专业课程建设,还对人才培养全过程也具有诊断的作用。从调查结果中可知,高职院校专业课程评价主体没有形成和谐共享的高职专业课程评价文化,专业课程评价方式单一以及专业课程评价体系忽视职业素质、企业元素等,不利于高职专业课程改革优化。

第二节　高职院校课程改革存在问题的原因分析

高职院校课程改革存在的问题,其原因主要有:一是高职课程没有做到以学生为中心;二是高职课程建设脱离了实际的社会需求;三是高职课程缺乏产业文化;四是课程开发者缺乏企业工作经验。具体如下。

一、高职课程没有做到以学生为中心

高等职业教育培养的是既离不开社会又服务社会发展的社会人,因而也必然要遵循"以人为中心"的规律,尤其是以高职学生为中心的规律。目前的高职课程还无法做到"以学生为中心"。例如,有些高职院校的教材仍旧是以普通本科教材为蓝本甚至直接拿来使用,没有考虑到高职学生的学习能力与学习特点;部分课程的设置没有经过纯熟地思考与科学地论证,即便是对高职学生没有太大的作用也照开不误;有些高职教师在课程实施过程中只考虑如何把东西教给学生却没有考虑到学生能否主动地将这些知识进行转化;等等。所有这些行为都从根本上违背了高等职业教育应该以学生为中心的规律,因此高职课程改革出现

上述问题是无法避免的。

二、高职课程建设脱离了实际的社会需求

现代课程理论的奠基人R.W.泰勒(R.W.Tyler)认为:"我们如果要系统地、理智地研究某一课程时,首先必须确定所要达到的各种教育目标。"他在1949年出版的《课程与教学的基本原理》一书中提出了以"目标"为核心的"泰勒原理",课程的其他环节围绕确立的课程目标而展开。课程目标明确了课程与教育目的、培养目标之间的关联,并且它的确立源于对学生、社会需求以及学科发展的研究。2006年,教育部在《关于全面提高高等职业教育教学质量的若干意见》的文件中,把高职教育培养的"高技能人才"明确定义为"高素质技能型专门人才",并且要求"加强素质教育,强化职业道德,明确培养目标",对高职教育人才培养进行了宏观指导,确立了"育人"的目标。如今,高职人才培养目标强调"技术技能型人才",这一目标更加明晰和具体。然而,高职课程目标还未能及时更新,现行课程显然无法及时反映学生与行业企业需求。

三、高职课程缺失产业文化

高等职业教育因隶属职业教育,处于职业教育这一类型教育中的一端,故应具备职业教育的类型特色。在高职院校,职业教育的类型特色主要体现在高职院校的文化建设上。从文化角度来看,我国高职院校文化建设中产业文化的融入仍旧薄弱。一方面,我国高职院校的建设与发展还不够成熟,还处于"去本科化"的阶段。另一方面,产业文化的提出与引进也是最近几年才出现的,人们过去更为关注企业效益而不是更具有长远意义的企业文化。这些因素必然导致高职课程中产业文化的缺失,使高职课程与产业脱离,与社会现实需求脱节。

四、课程开发者缺乏企业工作经验

虽然我国高职院校课程建设存在许多问题,涉及观念、体制、机制等方面,其主要原因在于思想认识方面,又涉及体制和机制上的缺陷,使高职教育的课程问题更为突出。更为深层的问题在于我国高职教育课程开发的参与者多是学校教师、专家学者和其他教育机构,这些教育机构成员缺乏企业工作经验,缺少与社会的沟通,也不了解社会需求,根据学科体系来办高职教育,而不是根据企业和社会需求来办高职教育。

通过上述高职课程改革问题的探究和原因分析,不难发现,现行的高职课程已经很难满足企业对人才的需求,高职院校培养的学生在就业竞争中优势不明显,高等职业教育未能够最大限度地发挥其对社会经济发展应有的作用。因此立足现有的实际,努力寻求对接工作过程与职业标准的高职院校专业核心课程建设路径十分重要。

第六章
对接工作过程与职业标准的高职院校专业核心课程建设的必要性、原则与思路 ▶▶▶▶

第一节　对接工作过程与职业标准的高职院校专业核心课程建设的必要性

　　当今社会，人们除了重视劳动者的专业技能，更加重视其方法能力和个性特征等方面素质。学科系统化课程已经不符合现实工作的要求，打破学科系统化课程体系已经成为必然趋势。在高等职业教育中，学生不再简单地学习那些独立的、需要死记硬背的学科知识，而是通过新的学习方案获取相互关联的职业知识。以工作为导向的课程更加注重社会市场的需求，根据工作过程任务进行课程结构的设计，工作过程所需的知识、技能和素质已经纳入所学内容，在课程教学中也更加注重情境化学习，提倡依据职业标准在真实或仿真的情境中提高学生的创新能力和动手能力，有利于将抽象的理论知识转化为具体的工作任务，让学生在完成工作任务的过程中学习到职业知识和能力。因此，只有通过符合职业教育发展规律的对接工作过程和职业标准的专业核心课程建设方能促进学生职业能力的全面发展，高职院校开展对接工作过程与职业标准的专业核心课程建设，其必要性体现在以下几个方面。

　　一、产教融合、校企合作的现实需求

　　2022年5月1日，新修订的《中华人民共和国职业教育法》正式实施，明确"职业教育是与普通教育具有同等重要地位的教育类型，是国民教育体系和人力资源开发的重要组成部分，是培养多样化人才、传承技术技能、促进就业创业的重要途径"，标志着现代职业教育体系建设进入新的法治化进程，也意味着职业教育"类型"地位在法律上得到保障。职业教育是与当今经济社会发展联系最密切的教育，在服务区域经济发展中发挥着重要作用，产教融合是促进职业教育发挥国家产业发展的重要途径。

　　2014年教育部印发的《关于学习贯彻习近平总书记重要指示和全国职业教育工作会议精神的通知》(教职成〔2014〕6号)明确指出，"深化产教融合、校企合作，深化专业、课程和教材改革，提高人才培养针对性、实效性"。2015年教育部发布的《关于深化职业教育教学改革全面提高人才培养质量的若干意见》(教职成〔2015〕6号)也指出，"坚持产教融合、校企合作，推动教育教学改革与产业转型升级衔接配套"。2017年的《国务院办公厅关于深化产教融合的若干意见》明确提出"引导企业积极通过多种方式参与学校教材开发、课程设置、实习实训、教学设计"的措施。2019年2月国务院印发的《国家职业教育改革实施方案》提出,"促进职业院校加强专业建设、深化课程改革"。2019年9月,由国家发改委、教育部等六部门联合印发的《国家产教融合建设试点实施方案》明确提出,"把深化产教融合改革作为推进人力人才资源供给侧结构性改革的战略性任务"。产业转型升级以及各项政策的出台都对高职专业课程设置提出了更高的要求,传统的以学科逻辑为主的课程不再适应当前政策以及人才培养目标的要求。深化产教融合,进一步将产业先进技术和发展需求融入高职专业课程中,深入推进产业界、教育界的有机衔接,从而保障高职院校的可持续发展。为了使高职教育培养出的学生与行业企业人才需求相适应,高职院校开展对接工作与职业标准的专业核心课程建设显得尤为重要。

2022年教育部发布的《中国职业教育发展报告》指出,中国把产教融合、校企合作作为重要的产业政策与教育政策,融入经济转型升级各环节,贯穿职业教育人才开发全过程,以产教融合为发展职业教育的基本路径。各级政府同步规划职业教育与经济社会发展,将教育优先、人才先行融入各项政策。统筹职业教育和人力资源开发的规模、结构和层次,面向产业和区域发展需求,优化职业教育资源布局,加快人才培养结构调整,促进教育和产业联动发展。强化政策引导,以城市为节点、行业为支点、企业为重点,建设了一批产教融合试点城市,打造了一批引领产教融合的标杆行业,培育了一批行业领先的产教融合型企业,促进教育链、人才链与产业链、创新链有效衔接。

以校企合作为办学的基本方式。在招生就业、人才培养方案制订、师资队伍建设、专业规划、课程设置、教材开发、教学设计、教学实施、质量评价、科学研究、技术服务、科技成果转化,以及技术技能创新平台、专业化技术转移机构、实习实训基地建设等方面,相关行业组织、企业、事业单位与职业学校等建立了合作机制。专业设置与产业需求对接、课程内容与职业标准对接、教学过程与生产过程对接,企业深度参与人才培养全过程。通过引企驻校、引校进企、校企一体,企业与职业学校可以共建共享生产性实训基地。各行业组织参与制定职业教育专业目录和相关职业教育标准,开展人才需求预测、职业生涯发展研究及信息咨询,促进人才培养信息对称、供需对接。这说明了对接工作过程与职业标准的高职院校专业核心课程建设十分有必要。

二、人才培养是对接产业转型升级的必然要求

据教育部统计数据:2021年,全国设置高等职业学校1 518所(含32所职业本科学校),招生556.72万人,在校生1 603.03万人。职业本专科招生人数和在校生总数分别占全国本专科高校招生数的55.60%和在校生总数的45.85%。虽然高等职业教育得到迅速发展,但是发展过程中也面临各种挑战。伴随工业信息化、智能化转型,我国产业转型升级不断加快,使产业发展过程变得极为复杂,因此对人才提出更高要求,要求学生既要掌握实际职业岗位所需要的技术技能,知晓其背后的理论知识,又要具备职业岗位任务的策划与执行能力。因此,职业院校的人才培养应该紧跟产业发展步伐,进行课程改革,不断增强人才培养对岗位要求的适应性,从而使高职教育所培养出的学生与行业企业的人才需求实现无缝对接。目

前,大量沿用学科逻辑的课程结构所培养的人才不再满足当前行业企业发展所需要的人才的要求。为此,高职院校专业课程需要进行改革,进行对接工作与职业标准的专业核心课程建设在教学内容设计上要注重社会市场的需求,增强职业岗位针对性。加强高职教育与工作岗位的联系,使学生所学知识更能很好地应用于实践中;在课程实施中,注重情境化学习,让学生在真实的工作环境中学习到知识、提高能力,提倡合作学习,为学生提供尝试探究的机会,以此加强学生的沟通协作能力;在课程评价中,改变过去试卷成绩决定一切的评价方式,采用多元化的评价体系,自评与他评相结合,除了总结性评价,也更加关注过程性评价,让学生在探索反馈的过程中不断修正自己工作上的不足,增进对职业工作方法和技巧的掌握。此种课程的学习很好地完成了专业学习和实际工作的衔接,使学生在完成具体的工作任务中熟悉工作环境、了解工作流程、学到专业知识、提高实践能力,在将来步入社会,从事实际工作时能更好地适应工作岗位要求,从而满足社会对高技术技能型实用性人才的需要,开展高职院校对接工作过程与职业标准的专业核心课程建设,既有助于实现高职教育的培养目标,又有助于逐步消除职业教育与产业行业的供给侧结构性矛盾,提高学生的培养质量,为人的多样化发展提供通道。

三、优化高职教育课程体系的现实需要

对接工作过程与职业标准的专业核心课程建设在本质上更加倾向工作导向知识观和职业标准。职业教育课程改革很重要的一点是摆脱学科本位课程的桎梏,形成具有职业教育类型特色的、与实际紧密联系的现代职业教育课程体系。学科本位课程由传统的学科组成,课程内容与现实生活相脱节,且在授课过程中重视理论知识而忽略实践知识,理实不能够很好地结合起来,导致课程内容不能反映社会的要求、行业与企业的要求,与职业教育课程所应具备的实践性与应用性特征相矛盾。职业学校的学生是企业行业的一线工作人员,而高职学生更是直接参与企业发展的一线高级工作人员,他们所习得的知识应该是与工作内容相关的工作知识。学科知识是静态的、有学科逻辑的,而工作知识是动态的,是以工作和职业逻辑进行组织的,它来自企业工作一线,与产业现场的工作流程、工艺技术等相关联。与学科知识相比,对接工作过程与职业标准的专业核心课程建设更能反映出职业教育课程的实践性。因为职业标准是对从业人员知识、技能、态度等的规范性要求,它来源于岗位工作分析的结果,每项表述都与真实的工作环境相符合,并且从内容上来看,某一个具体职业的国家职业标准均包含相应岗位的工作原理与流程、工作方法、工艺、工具材料等知识,强调从业人员应具备工作岗位所要求的知识、技能与态度等。工作知识大部分情况下是隐性知识,并且工作知识最初指向的是工作经验较为丰富的技术工人而不是来自职业院校的学生。因此,要将职业标准这种工作知识从隐性知识转化为显性知识、可以为高职学生所接受的知识,就有必要对其进行科学划分并通过一定的途径进行转化,进而形成紧密联系企业实际需求、适合高职学生的课程。高等职业教育面向生产一线培养技术技能型人才,这一现实诉求说明高职课程必须贴近社会实际、紧密联系行业产业变化。但是,学科本位课程秉持的知识观有悖于高等职业教育人才培养目标。高等职业教育所需要的知识是工作导向的知识,是

以高职学生就业为引领的,对知识的不同理解导致高等职业教育人才培养与企业行业的人才需求规格不匹配。高职课程改革很重要的一个任务就是增强人们对知识的认知,尤其是对与高等职业教育密切相关的工作知识的认知,对接工作过程与职业标准的专业核心课程建设,可以为陷入瓶颈状态的高职课程改革提供一些新的思路。

对接工作过程与职业标准的专业核心课程建设摆脱了学科课程体系的束缚,在课程设计中以学生将来所要从事的工作任务为参照,根据职业活动的典型工作任务和工作程序来设计课程内容,构建课程体系。课程内容不再过分地强调那些独立的、死记硬背的学科知识,而是立足动态的工作过程,让学生在真实的工作情境中进行自我探索、自我反省、自我修正,获取工作过程知识、提高职业工作能力、增强学习成就感。对接工作过程与职业标准的专业核心课程建设是在获得"够用"的知识的前提下重新排序学科知识,使其更加适应职业工作岗位的要求,实现职业知识和技能的整合,体现高职教育课程体系的职业性和实用性特点,促进高职教育课程体系的优化。

四、个人职业生涯发展的应然要求

对接工作过程与职业标准的专业核心课程建设是个人职业生涯发展的应然要求,随着高等教育不断地普及、覆盖面不断地扩大,越来越多的人将对个人职业生涯发展的需求提到更高的层次上来,而高等职业教育恰恰属于职业教育的高层次,更应积极应对个人职业生涯发展的这一要求。对接工作过程与职业标准的专业核心课程建设将从业人员所掌握的技能列为企业、行业用人的重要参照标准,改善人员聘用中存在的陋习,这为普通从业人员更高层次职业理想和个人理想的实现创造了一个民主与平等的平台。

职业标准中的工作要求可以划分为五个等级,分别是初级、中级、高级、技师、高级技师。根据与现代国家职业标准相对应的职业资格和职业技能鉴定要求在中、高职业院校中的体现,并结合"双证"制度的相关规定,高职学生毕业时需要获得中级职业资格证书,而部分学生可以获取高级职业资格证书。对接工作过程与职业标准的专业核心课程建设是高职课程的桥梁,有助于服务现代职业教育体系的构建,这是因为对接工作过程与职业标准的专业核心课程建设,在内容结构上,根据学生认知规律和职业成长规律,按照由简单到复杂、由易到难的顺序来组织,有益于学生对所学知识的逐步汲取、消化、应用。在课程实施中,注重情境化教学,让学生在真实的情境中获取工作过程知识,提高实践能力,依据学生从初学者到专家的发展规律,促进学生职业能力由低级阶段向高级阶段的发展,不仅使学生轻松完成从学校到工作岗位的过渡,而且缩短了其与实际工作的距离,能更好地适应将来实际工作角色。工作过程导向课程不仅可以使学生掌握一技之长,还可以提高其职业竞争力,令其在今后工作中,无论面对何种岗位,都能保持自身优势,有利于促进学生职业生涯的发展。

五、实践性学习的重要支撑

实践性学习是对接工作过程与职业标准的专业核心课程建设的重要依据。近年来,英国、德国、美国、澳大利亚等众多职业教育发达国家开始了学习方式的改革,提出高等职业教育应该采取学习与工作相结合的学习方式。这一改革强调寓学习于实践,美国的工作本位学习(Work-based Learning)就是比较成熟的学习方式,在现实或者仿真的工作环境中进行学习,通过完成工作任务实现知识和技能的培养,强调"学"的重要性。我国也有工作本位学习的模式,如半工半读、工学结合等,这些都是实践性学习的方式。实践性学习将学习与工作结合起来,强调学生在做中学,将理论与实践相结合,学习和工作之间的界限变得更加模糊;同时,实践性学习属于整体式学习,既包含认知和技能学习,还包含心理和社会方面的学习,对学生独立意识的形成、独立决策能力的培养和责任心的形成都有积极的促进作用。对接工作过程与职业标准的专业核心课程建设,所选内容都来自典型的工作任务,学生可以根据自己的兴趣选择工作范围,在完成工作任务中充分发挥学生学习的积极主动性。在课程教学中,整个工作任务几乎都由学生自己来完成,作为完成任务的主要角色,学生由被动的知识吸收者转变为主动的知识探索者。在这一过程中,学生不断探索、反思、修正,在克服各种困难后最终完成工作任务,让其在完成工作任务的过程中不仅获取工作过程知识、提高职业技能,更加体会到学习的乐趣和成就感,增加其继续探索学习的积极性,充分发挥创造性。

第二节　对接工作过程与职业标准的高职院校专业核心课程建设原则

高职院校对接工作过程与职业标准的专业核心课程建设最终目标是要实现高职课程培养的人才能够适应职业的需求。该目标的实现是由许许多多的步骤和环节组成的,这些步骤和环节不是随机拼凑起来的,更不是盲无目的地展开的,而是遵循一定的规律、秉承一定的原则。

一、理论知识与工作实践相结合原则

高职院校对接工作过程与职业标准的专业核心课程建设要遵循理论知识与工作实践相结合原则。理论适度够用,应该增加实践在高职课程中的比重。教育部在2000年发布的《关于加强高职高专教育人才培养工作的意见》中提出,要以理论够用为度量标准。理论课和实践课是高职课程体系的重要组成部分,高职课程存在的很大一个问题就是理论课与实践课比例不平衡,理论课与实践课之间比例的争论一直都存在,也是高职院校对接工作过程与职业标准的专业核心课程建设需要正视的重要问题。理论是否适度,既影响高职教育的类型特色能否体现出来,也关系着高职院校的自身发展和人才培养的特色与质量。如果理论课比例高于实践课,那么高职的职业性与实践性会被削弱,培养出的人才技能方面就会不尽如人意,无法适应岗位工作;相反,理论课所占比例小于实践课,则会造成学生人文素养的欠缺和思维能力的低下等问题。在具体实施中,强调学生在完成工作任务的过程中获取需要的工作过程知识和操作技能,要求其在真实的情境中真切地参与体验知识、技能、行为方

式的形成过程。以工作任务为中心,依据工作过程的要求设计课程内容,将理论知识与工作实践结合起来。在实践教学中把职业标准知识贯穿其中,让学生在完成工作任务的过程中,既能很好地将所学理论知识应用于实践,又能在实践中获取工作过程知识,提高实践能力,理论知识与实践工作的有机整合,有效地促进学生工作能力的提高,以及知识与实践技能的迁移。

二、育人和育才相统一原则

人无德不立,育人的根本在于立德。中华民族历来崇尚道德修为,认为"德者,才之帅",重视人的品德塑造。职业教育继承和发扬中华民族崇德向善的传统,高职院校对接工作过程与职业标准的专业核心课程建设,关注学生全面成长成才,将社会主义核心价值观培养融入人才培养全过程。深入推进课程思政,推动专业核心课程与思政课同向同行,传授基础知识与培养专业能力并驾齐驱,理论与实践并重,技术与人文融通,使学生实现德智体美劳的全面发展。

三、符合职业发展规律原则

德莱夫斯认为人的职业能力的发展需要经过从门外汉到专家的过程,整个过程要经过五个阶段,即初学者、高级初学者、有能力者、熟练者和专家。由此可见,学生职业能力的发展是循序渐进的过程,并非一蹴而就,高职院校对接工作过程与职业标准的专业核心课程建设应该遵循由简单到复杂、由易到难、由形象到抽象、由具体到概括的规律。结合学生个性发展要求,根据其不同阶段的能力发展要求来确定相应的典型工作任务,并对所学内容进行系统化处理,最终帮助其获取工作过程知识,提高工作能力,促进其职业发展。高职院校对接工作过程与职业标准的专业核心课程建设要遵循符合职业发展规律的原则。根据行业企业的发展变化,不断调整课程内容和课程结构,适应社会经济发展变化和职业发展规律,既要吸取国外成功的经验,也要遵循高职课程的现实需求。同时,要增强与企业、行业的沟通与交流、兼收并蓄,避免闭门造车的狭隘思路。

四、情境性课程设计原则

职业能力的获得须借助一定的职业情境,而情境教学可以帮助学生的认知从抽象模糊到形象具体过渡,为获取职业能力做准备。以对接工作过程与职业标准为导向进行课程建设,在课程实施过程中,课程学习情境的设计要接近真实的工作任务。教师着力为学生提供真实的或仿真的工作环境,使其置身于真实的工作场所中进行学习,只有如此所学知识与技能才能与真实工作过程相接近,较好地完成知识与技能的迁移,从而提高职业能力和职业素质。此外,根据不同的"工作过程"为学习者创设不同的工作环境由易到难、由低级到高级,这符合学生的认知规律和职业能力的形成规律,让学生在完成不同工作任务过程中,反复训练、不断学习,逐步提高能力和素质,为学生将来就业做准备。

五、就业导向原则

高职院校对接工作过程与职业标准的专业核心课程建设要遵循就业导向原则。高职教育以就业为导向凸显了职业教育的类型特色，也是其与普通教育相区别的特征之一。之所以就业是高职课程改革应该遵循的原则，是因为就业对课程改革既能起到评价、验收的作用，也具有定位与调控优化的功能，更有特色引领的功能。首先，就业具有评价与验收高职课程改革成效的功能。就业率是衡量高职院校办学质量好坏的重要指标，人们往往通过就业率了解一所高职院校的办学情况并决定是否选择就读，因此很多高职院校将帮助学生更好地就业作为学校生存发展的根本。高职院校办学质量落脚于高职课程。就业率高间接说明高职院校课程是合理的，人才培养符合社会和企业需求。就业对高职课程改革成效进行评价与验收，评测高职课程改革是否真正有效。其次，就业具有定位导向功能。高职课程改革的目标就是让高职学生更好地就业，通过提高教学质量实现技术技能型人才培养的目标，并最终实现就业率的不断提高。因此，就业对高职课程改革具有定位导向的功能，高职院校对接工作过程与职业标准的专业核心课程建设以就业为导向，采用科学合理的方式进行改革，以促进学生更好就业。再次，就业具有调控、优化高职课程改革的功能。高职课程改革不是一蹴而就的，在此过程中需要不断地调整，以确保不偏离改革的方向。就业是高职院校追求的目标，因此可以通过评估就业状况对高职课程改革进行调控与优化。最后，就业具有引领高职课程改革的功能。就业的特色引领功能实际上是要根据职业和具体岗位对人才需求的规格进行高职课程改革，使改革后的课程能够满足职业和岗位的需求，突出高等职业教育的类型特色，培养合格的技术技能型人才，提高高职学生就业率。

六、职业精神与技术技能培养相融合原则

国家大力弘扬工匠精神，着眼学生未来的职业发展以及社会和企业对职业人的素质要求，在高职院校对接工作过程与职业标准的专业核心课程建设中融入职业精神培养要求，以能力的养成为根本，学生在学校里习得的技能和形成的素养能够帮助他们更好地适应岗位工作。高职院校对接工作过程与职业标准的专业核心课程建设应当遵循能力本位的思想，将学生职业能力培养放在重要的位置，注重学生职业能力的培养与提高，把职业能力作为学生就业的有力支撑。增强学生的职业认同感、自豪感，让每个学生掌握技术技能的同时，树立正确的劳动观点和劳动态度，养成爱岗敬业、诚实守信、勤勉尽责、精益求精、追求卓越、敢于创新等道德素养和工匠精神，为实现学生更好就业和提高高职院校办学质量而努力。

高职院校对接工作过程与职业标准的专业核心课程建设只有紧密遵循上述原则，才能保证各项活动和各个环节指向同一个目标，确保人力、物力、资源分配与整合等都达到最优效果，在一定准绳的引领与约束下实现高职课程的新发展与新突破。

第三节　对接工作过程与职业标准的高职院校专业核心课程建设思路

高职院校对接工作过程与职业标准的专业核心课程建设,要重合作、重科研、重实践,强调通过校企双方的深度融合,以合作促改革;高职课程改革是一项科研活动,通过科学研究,及时掌握科学前沿信息和行业最新动态,以科研促改革;高职课程改革是一项实践活动,通过实践验证改革的成效,以实践促改革。

一、高职院校对接工作过程与职业标准的专业核心课程建设要做到"四对接"

高职院校对接工作过程与职业标准的专业核心课程建设要做到"四对接",即课程设置紧密对接市场需求、课程标准紧密对接职业标准、教学内容紧密对接就业岗位、教学过程紧密对接工作过程。具体如下。

(一)课程设置紧密对接市场需求

课程设置紧密对接市场需求,顾名思义,是指课程设置要依据市场需求,即产业发展和岗位需求的变化不断进行调整,从结构上实现两者对接。合理的课程设置有利于人才的培养,有利于高职办学质量的提高,进而提高高职院校服务经济建设和社会发展的水平。产业结构决定着人才需求的结构,也间接影响着高等职业教育人才培养。经济结构变化与经济政策调整必然会带动产业结构的调整与改变,而产业结构的调整与改变会引起市场需求的变化,从而影响高等职业教育课程设置的调整。因此,市场需求与高职课程设置之间存在因果联系,高职院校进行课程建设时要以市场需求为参照依据,指导高职院校课程构建与动态调整,实现与市场需求对接。随着经济社会的快速发展、时代的变革,产业结构升级是必然的,高耗能产业将会不断被淘汰,而以第三产业为主的新兴产业将会迅速崛起。要想促进产业结构的转型升级,其基础和前提则是不断地提高从业人员的综合素质,尤其是以能够适应高新技术产业迅速发展和产业结构转型升级所需要的高素质、高技能等各类人才为强有力的支撑。因此,高职院校课程设置调整和人才培养计划要满足经济发展,特别是区域经济发展需要,针对就业市场对人才供给变化,强化课程设置与产业发展动态对接、同频共振。推动高职的课程设置与市场需求相对接,从而为区域产业结构转型升级提供人力资源保障。

(二)课程标准紧密对接职业标准

课程标准紧密对接职业标准,是指在课程标准、课程内容的设计与实施等过程中,将国家职业标准融入其中。高职课程标准是对高职学生的学习结果及认知、情感与动作技能等的描述说明。与教学大纲不同,它是在一定层面上制定出来的,对课程进行规范、指导、评价和组织。课程标准的制定,既要充分地反映社会、经济及学生自身发展的诉求,确保学生能够掌握一定的知识,为实现终身教育奠定基础,体现出高职教育的"高等性",同时也要充分体现高职教育的"职业性",遵循高职教育发展规律和学生职业素养的培养规律,使学生拥有担负岗位职责的职业能力。一方面,职业标准会影响课程标准的制订。经济转型升级、产业结构调整的背景下,企业、单位用人的规格也将随之产生变化,对从业人员的职业能力要求会不同于以往。职业标准是在职业分析的基础上,经过科学、严密的研究制订出来的。随着职业能力的改变,职业标准也相应地改变。社会对人才的需求变化完全体现在职业标准中,而课程标准是规定高职院校的课程如何更有效地培养出社会所需要的人才。因此,职业标准与课程标准以社会需要的人才为平台,职业标准提供社会对人才的要求,课程标准将人才的要求反馈到高职课程中。另一方面,课程标准与职业标准有所不同,课程标准内容较之职业标准更为丰富。课程标准的制订并不是将职业标准简单地复制而已,这是因为课程标准不仅关注某一具体岗位的能力要求,更加关心高职学生的可持续发展。因此,在汲取职业标准精华的基础上,课程标准中还包含了人生观、价值观、社会责任感等终身教育所需要的基本知识与能力。因此,课程标准要与职业标准紧密对接才能有效助推高职院校对接工作过程与职业标准的专业核心课程建设取得成效。

(三)教学内容紧密对接就业岗位

教学内容紧密对接就业岗位,是指高职院校课程内容要对接新经济、新业态、新职业,及时将新技术、新工艺、新规范等产业先进元素纳入教学标准和教学内容。瞄准技术变革和产业优化升级的方向,准确定位人才培养规格,科学制订、严格实施人才培养方案,培养适应高端产业和产业高端需要的高素质技术技能人才,服务中国产业走向全球产业中高端。高职院校对接工作过程与职业标准的专业核心课程建设,将教学内容与就业岗位无缝衔接,推动培养对象更加充分、更高质量就业。

(四)教学过程紧密对接工作过程

教学过程紧密对接工作过程,是指强化工学结合,将工作过程搬到教学过程中,加大实习实训的力度,培养能够满足企业发展需求的人才。教学过程与工作过程的结合,是职业教育课程实施的一大特色。教学过程是学校职能中的一项,工作过程是企业职能中的一项,两者得以融合是源于职业教育人才培养既需要学校的教学行为将知识与技能等传授给学生,同时也需要企业的真实工作环境来指导与协助教学的有效实施。一方面,教学过程与工作过程相辅相成。教学过程工作的"产品"实际上是高职学生,高职学生在生产实际产品的生产过程中作为另一种"产品"被生产出来,既达到了学习岗位技能、产品工艺、熟悉企业文化等教学过程中所要求掌握的知识与能力的目标,同时也完成了对工作过程的实践认知。另一方面,教学过程与工作过程是不同的两个过程。教学过程是系统化的一个完整过程,而工作过程是由许多个不同任务片段组成的一个完整流程。高职学生在学校里接受完整的教学过程是很容易实现的,而完整的工作过程是很难实现的。高职学生所经历的实际上是完整的教学过程与片段的工作过程的结合。因此,教学过程与工作过程的对接,必须解决教学过

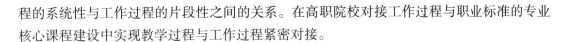

程的系统性与工作过程的片段性之间的关系。在高职院校对接工作过程与职业标准的专业核心课程建设中实现教学过程与工作过程紧密对接。

二、高职院校对接工作过程与职业标准的专业核心课程建设要实现校企深度融合

校企深度融合是校企合作的进一步深化与拓展,也是高职院校对接工作过程与职业标准的专业核心课程建设的必然选择。《国家中长期教育改革和发展规划纲要》对校企合作提出了更高的要求,从规模上扩大社会合作,从合作程度上鼓励高职院校与行业、企业进行合作模式共建,从合作主体上纳入包括科研院所和社会团体在内的更多利益相关者进行合作,要求建立协调合作的有效机制,从而提高高职技术技能型人才培养质量,增强高职院校服务经济建设、社会发展的能力。高职院校对接工作过程与职业标准的专业核心课程建设要实现校企深度融合,需要从以下几个方面进行实施。

(一)专业产业化

专业产业化是指高职院校根据学校专业设置情况,引进与专业匹配程度较高的企业参与学校实践教学。建立实训教学基地,高职院校提供专门的实训场地、企业为实训教学提供配套设备并给予技术支持,将企业的生产车间变身为高职院校的实训场所,在实训场所中进行正常的企业生产活动,把高职学生作为企业员工进行工作安排与技术指导,在生产车间同时完成生产与教学两项活动,并鼓励高职学生进行技术创新,将有价值的技术专利转化为科研成果并直接进行实践应用,实现产业与教学、科研密切结合,发挥高职院校人才培养、科学研究、科技服务的作用,形成学校与企业的深度融合。高职院校通过专业产业化实现专业与产业的对接,做好专业立体维护。在纵向上,高职院校专业对接产业链的延伸,形成专业链条,并进行延伸。在横向上,高职院校专业的设置对接产业分工细化,将相应专业细化派生,形成专业针对性较强的"专业群",使专业的分类与产业的分工更为贴合。在高度上,高职院校专业对接产业发展中对高层次人才的用工需求,综合利用学校已有专业资源,举办各种类型的培训班,形成"专业块"。将生产、产品销售等工序设计成不同的任务项目,让学生通过任务项目进行学习,使实训更加有计划性,提高实训的效率。教师根据教学分工负责安排实践教学,学生组成的责任小组则以员工的形式完成各个项目。专业产业化是专业与产业对接的途径,它把产学研用融为一体,在专业建设过程中融入产业内容,以产业推动专业发展,寻求高职院校专业的教学效益、经济效益和社会效益,将高职院校的专业发展成具有更高价值的"产业"。通过专业产业化,高职院校可以形成教学、科研、产业融合的良好氛围,同时以产业促进教学和专业发展。

(二)课程职业标准化

将课程标准与职业标准较好地融合起来,通过课程职业标准化,高职院校实现校企深度融合。课程职业标准化主要包括与现代国家标准相融合的课程标准的制定和对接工作过程

与职业标准的专业核心课程活页式教材的开发两个方面。

1.制定和对接工作过程与职业标准相融合的课程标准

高职院校对接工作过程与职业标准的专业核心课程建设通过科学分析职业和岗位,以准确规范的文字对从业人员的职业进行描述,给出从事某一职业所应该具备的职业能力,既反映了企业的用人要求,也反映了职业与行业产业之间的关联。因此,要使课程标准与国家职业标准相对接,其设计可以参照以下的步骤:首先,通过企业调研并结合相应的职业标准确定工作岗位;其次,通过岗位具体分析对典型工作任务进行描述,接着根据典型工作任务要求制订学习目标;最后,根据学习目标要求进行学习单元设计、教学模式设计、课程评价体系设计等。

2.开发对接工作过程与职业标准的专业核心课程活页式教材

活页式教材是指有活页属性的教材,虽然与普通教材一样,是学生课堂学习和实训中的教学用书,具有工具性、科学性、规范性等特点,但从形式上来讲,活页式教材和普通教材不同,普通教材采用的是骑马钉、胶订等形式,将纸页粘连在一起,活页式教材的纸页则是分开的,学生可自行拆分,也可以根据某时间段的学习需要携带部分活页参与学习。由此可见,活页式教材主要是从装订形式的角度进行定义的,但这并不能表示所有纸页分开的就是活页式教材,主要还是由教学内容本身及教学需要决定的。首先,活页式教材是基于人才培养方案及对应的岗位群开发的教材,在教材设计上和传统的教材分章节和系统性的讲解不同,活页式教材是抽取典型工作任务中的理论知识,对完成任务需要的实践技能加以强化,并重视职业素养的设计。其次,活页式教材在设计中以学习成果为导向、以学生岗位技能和专业知识为起点,课程教材应与职业岗位要求相符、与工作过程国家职业标准衔接在一起。将知识点和技能点从培养目标中剥离出来,并依照技能要求整合成基本的任务单元,进而通过基本任务单元的完成一步一步实现教学目标。每个工作任务单元由提出工作任务、工作任务分析、相关知识、任务实施及任务测评等环节组成。引导学生学习深层次理论知识,熟练掌握专业所需的技能,尤其是新型活页式教材,具有丰富的数字化资源,确保重点教学资源和重难点突出且可视化,并实现场景模拟这对于学生实操有明显优势。最后,活页式教材设计中强调学生分析和处理问题的能力,强调学习中知识内化能力,鼓励激发学生的创新思维和创业素质。

职业教育教材的类型和普通本科院校的教材类型不同,除教材编写的方式外,在教材内容的职业性和实用性等方面也存在差异。活页式教材的建设和开发中,首先要整合职业新体系。单一的概念和原理等理论知识组成的教材内容,理论性较强,难以适应职业教育教材的要求,缺乏职业性和实用性。但单纯地以职业能力为导向的教材,又过度强调职业技能和技术,忽视了基础理论知识的学习,与立德树人的理念不相符合。因此,职业教育的教材建设必须处理好专业知识和职业能力之间的关系问题。要明确教材的基本单元。强调将基础理论知识与技术技能等知识有效结合,更大程度地发挥职业教材的优势,并重视教材组织体例的变化,在对学科知识与职业能力整合的同时,将教材转变成为项目、任务和能力等形式组织的体例,更加体现职业教育教学的特点。此外,在教材组织逻辑方面,要在分析现代职业教育特点的同时,重视德育和技能,确保活页式教材的逻辑与职业教育课堂相匹配。

　　活页式教材建设要重视与行业新动态融合。职业教育的重要特征是面向职业和岗位。因此,活页式教材建设要反映社会产业、行业和企业的新标准和新技术,确保教材内容能体现最新的发展动态。首先,需要教师和企业深入合作,共同组成教材编写团队,深入了解企业的新技术和标准,从而确保教材内容的实用性和创新性,企业的具体技术和标准不能直接转化为教材内容,还需要专业教师进行处理和设计,将具体的标准和技术转化为操作性、适用性强的教学案例,并确保教材内容符合教学的发展规律。其次,将教材建设与"1+X"证书考核内容相结合。X证书内容主要是有代表性的行业组织、企业及学校共同开发的相对全面的岗位知识,能更好地适应产业转型升级发展的要求,持续性地提升学生的岗位和就业能力。最后,教材中要适当地引入企业和行业的评价,确保评价体系的科学性和完整性,提前了解学生的职业能力,从而让院校和教师能及时地调整教学和教材内容,确保学生的岗位适应能力得到社会和企业的认可。

(三)教学过程生产化

　　高职院校对接工作过程与职业标准的专业核心课程建设要通过教学过程与生产过程的对接,使教学过程与生产过程融合,而教学过程生产化的实训教学是一种有益的尝试。实训教学是整个教学过程的一个重要环节,实践性是高等职业教育区别于普通高等教育最重要的特征之一,也是教学过程与生产过程完美对接的重要体现。其中,"教学做一体化"是教学过程生产化的实训教学里面成效较为突出的一种模式。"教学做一体化"的教学模式是教学过程与生产过程对接最形象的体现,它把教学直接在实训室工作中展开,教师和学生互相交流,教师在讲课、演示的同时对学生存有疑惑的地方进行现场解析;而学生在实训环境中理解和吸收理论知识,对不明白的地方直接向教师发出提问。这一教学模式分散式地进行理论知识部分的教学,而实践教学则多采用集中式的,它实现了课堂理论教学与实践技能培养融合,将直观工作内容和抽象理论知识融汇在一起,以实际的工作经验、产学研的成果为教学案例,通过案例和项目的贯穿联结教学内容,突出培养学生的实践能力和专业技能,调动和激发学生学习的兴趣。而这一模式的考试主要是采用形成性考核的方式,减少理论知识考试的成分,加大职业能力与职业素养考核的比重,考试的标准也是采用生产技术标准,通过考试引导学生重视职业能力的提高。

第七章
对接工作过程与职业标准的高职院校
专业核心课程建设路径 ▶▶▶▶

对接工作过程与职业标准的高职院校专业核心课程建设路径要从课程定位、课程目标、课程内容、课程资源、课程实施(校企共同制定课程标准、校企共同开发课程内容、创新教学与学习方法、建设"双师型"教师队伍)方面进行课程建设,形成教师、学生、企业、社会共同参与的开放性多元主体教学评价机制,归纳总结高职院校专业核心课程对接工作过程与职业标准课程建设成效,探索出系统的、完整的对接工作过程与职业标准的高职院校专业核心课程建设路径,为高职院校同类课程建设、教学改革提供参考,提高人才培养质量。

第一节　对接工作过程与职业标准的高职
院校专业核心课程定位

高职教育旨在培养具有创新潜能的高素质技术技能型人才,将职业性、教育性和应用性融为一体。此类人才的培养具有明显的职业针对性,学生的就业定向性强。高职院校专业核心课程建设应为培养应用型技术技能人才服务,在给学生传授够用的专业理论知识的同时,重视学生专业实践能力的培养,突出学生对应用型知识的学习,关注学生个性的发展,提高其职业能力与职业素养。因此,课程应突出职业性的定位。此外,高职教育旨在为地方或行业经济的发展服务,对接工作过程与职业标准的高职院校专业核心课程定位方面要对接产业需求,以国家职业标准和"1+X"证书考证等职业等级需求为导向开展专业核心课程建设,帮助学生拓展在校阶段的应用实践能力,并具备行业认可的相关资质,提升人才培养的对接效果,聚焦区域经济发展服务。对接工作过程与职业标准的高职院校专业核心课程建设不能照搬普通本科标准,知识灌输有余,而能力培养不足,导致培养的人只会动口,不会动手。对接工作过程与职业标准的高职院校专业核心课程定位应在传授学生够用的专业理论知识的基础上,提高专业实践能力,树立学生的创新意识,在人才培养过程中开发其创新潜能,提高其职业素养,注重传授学生一技之长和创新能力的培养,实现学生职业能力和职业素养的全面发展。

第二节　对接工作过程与职业标准的高职
院校专业核心课程目标

课程是学校实现人才培养目标的关键,是支撑学校教学活动的重要载体。课程目标承担着实现教育价值的重任,课程目标是课程价值的指向。对接工作过程与职业标准的专业核心课程目标的价值指向,是促进学习者向工作者的过渡。而这一价值取向的实现是从提高学生岗位胜任力、满足学生发展需求和以就业为导向培养高质量技能人才等维度展开的。

(一)提高学生岗位胜任力

课程的目标建构是围绕着要"培养什么样的人"而展开的。企业需要什么样的人才,工作岗位需要的员工应具备哪些素质,都是专业核心课程目标建构需要考虑在内的。对接工作过程与职业标准的专业核心课程开发团队对企业岗位所需核心能力要素进行细分,提炼出几大核心能力,成为专业核心课程目标的重要来源。但无论岗位核心技能如何分解,专业核心课程目标都具备清楚的定位,即提高学生的岗位胜任力,满足企业对技术技能型人才的需求。

(二)满足学生发展需求

专业核心课程虽然强调实践实训和技术技能掌握,但出色的职业技能也需要已经内化为个性品质和行为习惯的职业素养作为支撑。因此,对接工作过程与职业标准的专业核心课程建设,培养的应当是全面发展的学生。而专业核心课程的目标,也应从能力本位走向核心素养,重点培养学生的终身学习能力、适应能力、转岗能力和就业能力,为学生的可持续发展奠定良好基础。对接工作过程与职业标准的专业核心课程目标的建构要综合考量学生的未来就业、可持续发展以及终身学习的需要。

(三)以就业为导向培养高质量技能人才

对接工作过程与职业标准的专业核心课程目标,应注重学生在技术技能、职业素养等方面的培养。应当培养出综合职业能力更强的高质量技能人才,要以就业为导向,为社会培养从事一线生产、管理、服务的应用型人才,对接工作过程与职业标准的专业核心课程目标要定位于特定的职业或职业群,课程目标的确立要依托职业领域,具有明显的职业领域定向性。另外,每个区域的生产力水平、资源状况、行业技术水平都不相同,在同一职业领域内,各区域对人才培养的规格也有所不同,因此,与之对应的课程目标也应具有地区和行业的定向性,以就业为导向培养高质量技能人才。

第三节　对接工作过程与职业标准的高职
院校专业核心课程内容

课程内容是符合课程目标要求的一系列规范的知识体系、活动体系、经验体系。对接工作过程与职业标准的高职院校专业核心课程内容开发,首先要解决的是课程内容的选择取向问题。对接工作过程与职业标准的课程内容要实现职业知识和职业能力的横向构建;将职业活动的工作过程融入整个教学活动;实现从学习到实际工作从学校到企业现场的过渡,真正达到与就业岗位零距离。

课程内容针对典型工作任务,学生能够做到独立完成或以小组团队形式完成,并在完成过程中发现问题、解决问题,提高能力。高职教育要求学生学以致用、学以谋生、学以发展,高校为国家和社会培养从事生产、建设、管理和服务第一线工作的高素质技术人才,此类人才在毕业后基本能直接上岗,而这些学生之所以能够在其毕业后直接进入工作岗位,是因为学校课程的实用性。高职课程内容的选取,在传授够用的理论知识基础上注重直接经验的获取,强调学生就业所需的相应岗位技能和知识的传授,强调规范、价值和事实的指导作用。因此,在选择和组织对接工作过程与职业标准的高职院校专业核心课程内容时,要紧扣典型工作任务,根据学生的认知规律将工作过程知识有序地展开,使课程内容与实际工作岗位任务紧密联系,这样才能使课程内容更加实用。为了实现这些目标,对接工作过程与职业标准专业核心课程在对内容进行筛选时,就必须达到如下要求。

一、课程内容紧密联系岗位能力需求

课程内容要紧密联系岗位,无论是岗位理论知识还是实践知识,都必须是完成这些工作过程实际需要的。而与工作任务联系不大的知识,可以删除或减少。课程内容紧密联系工作任务,学生就会把更多的时间和精力放在工作任务上而不是知识上,通过对课程内容的学习让他们逐步意识到,掌握的知识只是手段,要把所学的知识与工作任务紧密联系起来,最终的目的是要有效地完成工作任务。只有这样,对接工作过程与职业标准专业核心课程内容才能与岗位能力要求紧密地匹配起来。进行有针对性的教学,突出与就业岗位相关的课程内容,使教育目标更加明确、教学效果更好。

二、课程内容紧密对接工作过程与职业标准

课程内容要紧密对接工作过程与职业标准,创造仿真的工作环境,让学生置身于工作场景中进行学习,以学生的兴趣培养为前提,从学生感兴趣的事情开始学习、开始做起,将职业标准与工作任务融合在一起。学生通过完成工作任务来获取知识并认清知识的现实价值,从而使知识不再是枯燥单调的东西,而成为学生在不断分析、探索、创新中获得的果实。学生在学习过程中把理论知识、实践技能、应用环境融为一体,以生产产品或完成服务为最终目标来进行学习。学生在学习过程中体验工作过程的严密性、前后工序的衔接性、操作环节的严肃性,在学习过程中培养职业意识,培养严谨认真的工作态度,并在工作过程中通过发现问题、分析问题、解决问题,经过反复思考、反复训练,使知识和技能转化为能力。这不但激发了学生的学习兴趣,发挥了学生的主观能动性,还可以提升教学效果。

第四节 对接工作过程与职业标准的高职院校专业核心课程资源

对接工作过程与职业标准的高职院校专业核心课程资源整合与使用,应从以下三个层面入手。

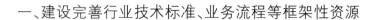

一、建设完善行业技术标准、业务流程等框架性资源

对接工作过程与职业标准的高职院校专业核心课程资源建设,需要体现校企联合、工学结合的特色。在课程资源建设方面与企业合作,引企入校,吸收引进优质资源,建立校企联合实践基地,满足职场化的教学需要。具体而言,在实际操作中可以联合兄弟院校共同开发校本课程教材,教材内容坚持以工作过程、职业标准为依据,紧扣行业标准需求,力求使课程内容与行业标准达到一致,并设计相关配套辅导书,提高教学质量。在校外实践基地的建设方面,建立与企业优势互补、互惠互利的实践基地,满足学生的企业体验实习、专业实训、顶岗实习、就业、教师下企业锻炼及技术开发服务等实践需要。学校教师与企业兼职教师共同修订教学内容与编写教材、共同设计教学项目、共同授课、联合摄制操作视频、共同命题与评价学生、共同搜集典型案例,以提高教和学的效率。

二、完善课程网站建设,形成辅助教学资源

建设专业核心课程网站并更新教学课件、学生作业、PPT课件、参考资料、参考答案、教学视频、随堂测验、课堂讨论、单元测验及单元作业、考试等相关资料。高职院校还可以通过自主开发平台,建设特色教学资源。此类资源包含精品课程网站、微读书、短视频、移动图书馆等多位一体的课程资源库、合作企业工作案例库,利用虚拟现实、人工智能技术等为高职院校专业核心课程资源建设和开发提供技术支持。

三、深度挖掘校内外教学资源

随着区域经济的发展,行业企业对高职人才质量提出了更高的要求,对接工作过程与职业标准的高职院校专业核心课程资源建设与行业企业教学资源有机结合,充分利用校内外的教学资源,结合校企合作、产教融合,加强校内外实验、实训、实习基地建设,使实验教学资源成为课程标准实施的有力保障。学校借助教学资源的实践过程,满足课程资源对学生实践的指导提升作用,使高职学生在实验实训和实习中,感受理论知识与实践的结合,利用行业企业教学资源不断提高自身职业能力和职业素养。充分利用校内外的教学资源,教师在实施课程标准的过程中,教学与实践得到结合,不断提高教学质量,使学生在运用教学资源的实践过程中提高职业能力。

高职院校从利于专业核心课程资源发挥更多作用的角度出发,主动为行业企业服务。增加教师和学生参与实践的机会,将学校的专业(群)建设、课程标准实施与行业企业新技术、新设备新流程对接并引入实训基地建设,邀请行业企业技术人员、专家参与学校实训基地的建设与教学管理,校企合作开发教学、科研项目,共建校企合作人才培养平台,共同完成职业岗位技能人才培养的目标。同时,对校企合作实验实训平台满足不了学校开发新课程、新技术的,可以与其他学校或者社会实训实验基地建立合作关系,从而实现产学结合,最大限度地整合、利用校内外各类实训实验基地教学资源,更好地为课程建设服务。

第五节 对接工作过程与职业标准的高职院校专业核心课程教学实施

课程实施是对职业活动进行演示、模仿,在这一动态的学习过程中,对接工作过程与职业标准的高职院校专业核心课程教学实施从校企共同制定课程标准、校企共同开发课程内容、创新教学与学习方法、建设"双师型"教师队伍四个方面进行实施,并不断修正、完善、提高,从而通过课程实施全面提高学生的职业能力。

一、校企共同制定课程标准

通过编制课程标准,进行课程内容的系统化设计,由专业骨干教师、行业专家、课程专家根据行业企业发展特点、用人单位观念、学生的教育层次等情况,制定教学建议、评价建议、教材编写建议、课程资源建设建议等方面的课程标准,多方互动提高课程标准实施的效率。

校企合作是推动高职院校课程标准实施的根本保证,有助于高职教育教学水平的提升,更好地促进学生在"实战"模式下提高职业岗位技能水平。企业可以通过提供立体教学资源、实训场地和设备,把产业和教学紧密地联系在一起,充分利用校企合作、产教融合的优势,促进高职院校专业核心课程建设与企业对接,培养高技能人才,发挥校企合作在课程标准建设和实施中的重要作用。

在课程标准实施上,高职院校与企业双方发挥各自教学和实践的优势,取长补短,提高学生从理论到实践的认知度,使学生的理论在实践操作的指引下得到升华,进而形成具有实践特征的岗位职业技能。在校企合作的教学实践中,学生可以直接进入职业岗位的角色,切身体验企业员工工作程序、工作标准和技术要求,实行严格的企业工作纪律和企业的规章制度等,使学生真正融入企业文化、团队建设、职业技能的实际操作中,实现理论学习与企业实际工作岗位对接,提高学生职业岗位技能水平和实际操作能力。对此,课程标准制定应遵循以下要求。

(一)具有前瞻性

高职院校的课程建设必须以行业企业发展及产业结构调整为主导,在遵循高职人才培养一般规律的基础上,紧跟行业企业发展的步伐,加强对行业企业及产业结构的研究,及时掌握行业企业发展动态和产业结构调整方向,将具有体现其前瞻性和引领性的技术进步、产业升级、知识增长等核心要素,融合到对接工作过程与职业标准的高职院校专业核心课程标准建设中,使课程标准建设与行业企业发展及产业结构调整形成紧密对接。这就要求课程标准建设目标定位和设计、目标及内容要求等都要贴近新技术、新知识的前沿,将产业结构的变化涵盖在课程标准之中,使课程标准真正成为指导和培养学生获取最新的专业知识、前沿技术方法,提高学生的职业能力和专业素养的有力工具,为新时代行业企业技术发展和产业结构调整升级做好人才储备。

(二)紧跟产业结构变化

近年来,有些高职院校课程标准建设中存在人才培养与行业企业需要脱节、与职业岗位要求脱节、学生职业能力不强等问题。其根本症结在于课程标准中的课程定位、课程内容、课程实施等与行业企业的新知识、新技术、新设备、新方法没有实现同步发展,高职课程标准建设没有与行业企业进行很好的融合,学生岗位知识、技能素养不能满足行业企业的需要,人才培养目标出现偏差。因此,课程标准建设必须随着区域社会经济的发展、产业结构调整升级对标完善、调整和补充新内容。高职院校在课程标准建设上必须摸准区域经济社会发展脉搏,紧盯产业发展新趋势、国家培育的未来主导产业,做好课程标准建设,使新设计的课程内容既符合国家产业发展方向,又满足企业对人才的需要。在课程标准建设上既要注重教学内容的针对性和实用性,又要体现课程专业交叉、渗透与横向结合的特点,做到实践环节与生产过程的对接,使课程标准建设和教学内容的整合更符合产业转型升级需要。

(三)服务区域经济发展

对接工作过程与职业标准的高职院校专业核心课程标准建设与区域经济发展密切关联,要结合区域经济发展和企业实际需要来制订人才培养目标,建设有特色的、具有差异化的课程标准,课程标准要具有校本特点。做到“人无我有,人有我优,人优我特”的课程标准建设特色。同时,整合教学资源促进专业(群)建设,避免课程标准出现同质化。高职院校要紧盯区域产业发展变化,按照岗位职业需求及时调整、补充和完善与之相对应的课程标准,开发建设与其岗位职业需求相符的特色专业课程,使高职教育人才培养目标与区域经济新产业、新技术、新装备对高质量技术技能人才需求相对接,实现高职教育人才资源结构调整,引导高质量人才资源向主导产业和关键领域集中,助力区域经济发展。

二、校企共同开发课程内容

(一)课程内容要以产业为主导

高职课程建设是为区域产业服务的,高职课程内容建设离不开区域产业的导引。随着区域产业的不断升级,新经济、新技术的不断发展,新兴产业的人才培养目标也发生了改变,传统人才培养目标模式已经不适应新兴产业发展对高素质技术技能人才的需求。区域产业升级的核心动力是拥有高质量的技术技能人才,面对产业升级对人才的新需求,高职课程内容必须随之“升级”;否则,高职课程内容不能与区域产业同步发展,会被产业所淘汰。目前,高职院校在产业升级大背景下专业(群)建设、课程建设发生了深刻的变化,建立突出职业能力培养的课程体系,规范高职院校课程教学的基本要求,提高课程教学质量,培养适应产业发展的高素质人才,已经成为高职课程建设的主要任务。高职课程内容建设在立足传统产业的同时,摸准区域经济发展以及行业企业对高质量人才需求方向,将高职院校课程建设与区域产业发展相链接,科学设计课程、优化原有课程体系,以工学结合的课程教学模式构建课程内容,以课程内容促进高职教学质量提升,为行业企业培养更多合格人才。

(二)课程内容建设要以职业能力为目标

职业能力是一个人从事某一个专业所具备的各种能力的综合,是完成工作过程、工作方法及工作任务的能力。职业能力包括学生对社会的感知能力、实践能力、竞争意识及创新意识等。高职院校以培养高素质技术技能人才为目的,而高素质人才的一个重要标志是具备职业能力,职业能力作为高职院校培养高质量人才所必须具备的自身素质,融入高职课程内容建设。

1.将职业能力融入课程内容

职业能力培养的前提是高职院校与企业建立良好的合作关系,共同实现对人才职业能力的培养。在制订课程内容时,专业教师与行业企业专家、技术人员一起对相关专业(群)所对应的行业企业岗位(群)进行深入分析研究,归纳、总结岗位(群)的工作(任务)目标、工作(任务)要求、工作(任务)流程以及岗位(群)对学生应该具备的知识结构、知识储备、能力水平等,将完成岗位(群)的工作(任务)提炼成岗位标准、生产标准和任务标准以及与之对应的职业能力,专业教师据此形成以职业能力为目标的人才培养方案,建立以生产过程、工作实践为导向的职业标准和课程内容,使高职课程内容与职业能力人才培养目标相对接。

2.以课程内容促进职业能力提高

首先,高职教师和行业企业技术人员要对实现人才培养所需的基本要素进行分析,将职业岗位所需的专业知识、专业技能、工作态度有机结合起来,通过分析将行业企业岗位目标与专业对接,制订人才培养目标。将这些要素融入课程内容,建立形成支撑职业能力养成和培育的课程及课程体系,研究制订教学方案和教学方式方法,通过理实结合、校企合作等学习方式,按照设定的课程教学内容实现人才培养目标。其次,在进行课程选择和课程体系建设的过程中,把增强学生一般职业能力、基本能力、专业能力、关键能力、创新能力的培养作为课程、课程体系建设的目标和方向。课程内容设计要坚持以学生为主体的教学理念,注重在实践过程中增强对学生职业能力的培养,增加学生进行实践、实训和顶岗实习的机会,将理论和实践结合起来,通过学生工作过程的实践提高职业能力。最后,将学生实习、实训和实践纳入课程内容建设,通过对教学资源整合,按照课程标准建设要求,建立与企业职业岗位相对接的课程内容,设定有针对性的教学方式方法,促进学生职业能力的提高。

三、创新教学方式与学习方法

(一)注重发挥第一课堂、第二课堂的作用

第二课堂的实践与学习是对第一课堂教学的延伸和拓展。要注重发挥第一课堂、第二课堂的作用,实现教学目标。学生通过参加职业院校技能大赛、"互联网+"大学生创新创业大赛、校内技能竞赛、课堂竞赛等实现以赛促学、以赛促教。为适应新时代、新经济、新技术

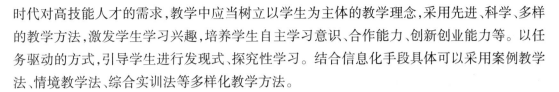

时代对高技能人才的需求,教学中应当树立以学生为主体的教学理念,采用先进、科学、多样的教学方法,激发学生学习兴趣,培养学生自主学习意识、合作能力、创新创业能力等。以任务驱动的方式,引导学生进行发现式、探究性学习。结合信息化手段具体可以采用案例教学法、情境教学法、综合实训法等多样化教学方法。

1.案例教学法

案例教学法是将与知识点相关的真实案例融入教学过程,通过教师引导,学生探讨、撰写案例分析报告,最后教师评讲总结的教学方法,是一种具有启发性并且能够让学生适应实际工作需求的良好教学方法。首先,案例选取需要篇幅短小精悍,并且在结合教学知识点的基础上紧扣时事热点,能够引起学生兴趣;其次,将案例分析分解为一个个小的任务,由浅入深,符合学生的认知规律。

2.情境教学法

情境教学法根据教学内容及教学目标,在教学过程中人为地创设一种具有情境色彩、学生具有情感体验的场景,将教学内容、学生角色及场景融合成"仿真"教学情境。在教学过程中,教师可以让学生进行组内岗位角色扮演,最后各小组进行评比,教师总结。在整个教学过程中,教师鼓励学生独立思考、组内探讨、分工合作,通过调动学生学习积极性,提高学生分析问题及解决问题的能力,并培养学生创建合作共赢的意识,最终实现教学目标。

3.综合实训法

综合实训法是将企业搬进课堂,理论与实践相结合的体验式教学方法。通过跟岗实训、岗位职责、岗位工作内容体验,不仅将理论知识转化为实际运用,提高实践能力,还能培养学生的责任心及团队意识,提高学生的综合素养。

对接工作过程与职业标准的高职院校专业核心课程课堂的教学方法创新应以职业为导向,培养学生对于课堂学习的目的性,增强学生在学习过程中的积极性、主动性。在教学方法的运用中教师应转变以自己为主的课堂设置,充分尊重高职学生的个体差异,掌握当前课堂教学需求以及学生对课堂的深层次需求。应用多元化的教学方法引导学生主动参与课堂,降低学生在课堂中对教师的依赖。教师在教学过程中要融合多种教学思维,应用不同的教学方法和技术,增强学生的课堂体验感,让学生通过课堂参与加深学习目的性,促使学生在学习过程中形成对课堂活动和安排的主动思考,打破僵化的课堂氛围,为教学注入新的活力。

(二)教学手段现代化

网络信息技术的发展能够丰富传统的教学手段,改变枯燥单调的黑板教学,优化教学进度,使学生积极、主动地置身于多媒体所创设的直观、立体的教学环境中去感知与学习。在传统教学手段运用的基础上,对接工作过程与职业标准的高职院校专业核心课程课堂教学应融入多媒体手段,首先,将书本知识通过多媒体设备简化成直观、丰富多彩的教学课件使用。其次,在适用的时长上,要根据教学时间合理安排多媒体的使用时间。如视频的切入时间、播放时长都要合适,避免课堂转变成电影院,学生的角色转变成影迷。最后,在适用的恰当性问题上,删除与教学无关的图片、音频等信息,同时注意课件容量适当性,保证学生跟得上,找得到教学重难点。另外,还可以积极利用网络信息资源开展课程教学。现代化网络信息技术的发展让教学活动能够高效地运行,打破时间、地域的限制,使优秀的课程资源能够实现共享。因此,积极利用网络信息资源开展课程教学,可以将课程资源采用"微课"视频等形式上传至网络学习平台供学生学习,也可以借助微信学习群、超星学习通课程平台等新型网络媒介进行课程教学的线上互动。最终,学生对该课程的学习实现由被动学习向主动学习的转变,使对接工作过程与职业标准的高职院校专业核心课程教学更加灵活、有效。

(三)课堂氛围互动化

1.结合工作岗位创设问题情境

问题情境是学生在原有知识水平的基础上遇到一些新的、超过其本身认知水平的疑难问题,急需寻求解决的心理状态。而创设问题情境,就是在了解学生认知的基础上,根据教学内容有选择地创造出一种贴近工作的情境,把问题隐藏于情境中,使学生在以自身的认知水平解决不了当前问题的情形下,能够主动去探索与学习,打破"填鸭式"的教学方式,使学生置身于活跃的学习情境与氛围之中。同时需注意问题情境的创设不能随性而为,而要针对学生的实际情况、教学目标和教学内容来创设。具体到对接工作过程与职业标准的高职院校专业核心课程课堂中,问题情境需要结合学生未来职业岗位、工作过程、职业标准选取适合的问题来创设,这些问题可包括一些与学习技能、实践技能等相关的问题。最终,让学生积极思考,主动参与课堂讨论。

2.采取多种互动形式打破课堂沉默

传统课堂的师生互动是一种简单意义上一问一答的形式互动。这种互动是在教师的单向输出上加入了学生回答一项,虽然能营造一种互动的表象,但这种互动并不能有效地增强课堂互动效果,提高教学质量。因此,需要将这种形式互动转化为实质互动。对接工作过程与职业标准的高职院校专业核心课程教学中,要注意师生之间互动方式的多样化,除了单向的提问形式,还可以通过游戏、角色扮演、头脑风暴、问题抢答、选人回答等形式来增进师生互动。在互动形式上还可有效增加生生互动的形式,生生互动可通过小组互动形式体现。小组互动是一种有效的互动形式,也是促进师生、生生之间对话与交流的一种互动模式。在小组互动中,通过分组任务,各小组之间与自己的小组成员,就问题进行协商和解决,最后共同提出解决办法。在整个小组互动过程中,各成员之间实现了对话与沟通,表达了自己的想法,同时获得了合作学习、沟通交流、自主学习等相关的实用技能。在改进互动形式方面可增加学生与企业导师的互动,当学生在完成工作任务时,在教师的协助下,可在线联系企业导师线上指导,并验证任务完成的效果,使学生通过课堂互动加深对岗位工作任务的了解,锻炼学生职业能力。因此,在对接工作过程与职业标准的高职院校专业核心课程课堂上可以选用多种互动形式进行教学内容的探究与交流,增强学生的表达沟通能力、团队协作能力,从而营造课堂互动氛围。

3.建立平等师生关系增强互动效果

有效的课堂互动是在充分沟通交流中进行的,因此对接工作过程与职业标准的高职院校专业核心课程课堂教学要注重互动的全面性,即互动应该处于教学的全过程,同时能够涵盖全体师生。建立民主平等的师生关系,使师生之间能够自由地进行思维、观点的碰撞与表达。在互动中,教师要善于倾听、宽容地对待学生的不同想法与见解。教师要注重情感的关怀,多引用赞扬的话语,适量减少批评,能够从不同角度肯定和表扬学生,鼓励他们积极地参与互动。教学过程中除了单纯的讲授,还可以适当地把课堂交给学生。在师生关系平等的基础上,就问题进行探讨与交流,在探讨与交流中,教师要善于倾听学生的不同见解,从不同角度对学生予以肯定和支持,同时纠正他们的错误,指导他们更好地学习。

四、建设"双师型"教师队伍

近年来,国家高端化、智能化发展趋势明显,对高素质技术技能人才的需求不断扩大,产业的升级促使高职教育加快推进产教融合,具体任务落在了教师队伍身上。实施职业院校教师素质提高计划,多措并举打造"双师型"教师队伍,是高职院校适应经济社会转型发展,结合产业发展需求,培养企业所需人才的重要力量。因此,对接工作过程与职业标准的高职院校专业核心课程建设要从以下几个方面重视"双师型"教师队伍建设。

(一)加大"双师型"人才引进力度

"职教20条"提出,从2019年起,职业院校、应用型本科高校相关专业教师原则上从具有3年以上企业工作经历并具有高职以上学历的人员中公开招聘,特殊高技能人才(含具有高级工以上职业资格人员)可适当放宽学历要求,2020年起高职院校基本不再从应届毕业生中招聘教师。这意味着高职院校今后引进的人才绝大部分应具有"双师型"素养,高职院校严格落实"职教20条"的这项规定,"双师型"教师数量将会有大量增加。同时,除专职教师外,还应尽量扩充兼职教师队伍以充实学校的"双师型"人才库。职业教育发展比较成熟的国家都有较高比例的兼职教师队伍,兼职教师承担着教育教学、实践指导等重要任务。对接工作过程与职业标准的高职院校专业核心课程建设意味着学校的课程设置须契合产业需求,教学过程须贴近生产过程。聘任具有丰富企业生产经验的技术人才任院校兼职教师,保障培养的技能人才符合企业需求。高职院校要充分利用与产业集群内企业密切合作的优势,通过聘用企业导师、人才派遣、顾问指导等柔性的人才引进方式,引进企业的优秀技术骨干来校工作,扩充"双师型"人才队伍。

(二)拓宽"双师型"人才引进路径

从高职院校专任教师招聘渠道来看,目前主要分为三种:第一种是通过参加人力资源和社会保障厅或各高校组织实施的事业单位工作人员公开招聘考试,取得事业编制身份进入学校。第二种是各高校在事业编制数量有限但教师人数严重缺乏的情况下,依据学校发展需要进行招聘,以人事代理的方式与劳动者签订用工合同后进入学校。第三种是招聘高层次人才、高级职称或者博士担任专任教师,由学校组织考核,考核合格后直接引进。这三种招聘方式,前两种方式通常事先通过官方网站及人才招聘网站发布招聘公告,然后组织考试,考试以理论考试与面试试讲为主,对应聘者的实践操作能力考核不够。聘用人员入职后在理论教学方面与实践操作教学方面会存在脱节现象,难以满足高职教育与产业需求的有效衔接。第三种招聘教师的渠道虽然能招聘到符合学校进一步发展需要的人才,但是就建设"双师型"教师队伍而言还是存在不足,因为他们中绝大数人理论研究功底较强但欠缺实践工作经验。所以,对接工作过程与职业标准的高职院校专业核心课程建设必然要拓宽"双师型"人才引进路径。一是在招聘方式上,应加大对应用型人才的倾斜力度。在考试中,理论试讲与实践操作应具有相同比例,甚至偏向实操。二是在招聘对象方面,各高职院校要求招聘对象获得硕士及以上学历的招聘方式虽然在一定程度上实现了教师队伍的整体高学历,但也使一部分具有丰富企业、行业实践经验但学历不高的技术人才失去面试机会。基于此,高职院校在招聘过程中可分别面向学历高、实践经验缺乏的人才和学历不高、实践经验丰富的人才设立不同的招聘标准及后期的培养模式。对于学历不高、实践经验丰富的人才,注重对其专业实践能力的考查,适当降低学历要求,确保高技能人才引进后,鼓励其采用在职进修等方式提升学历水平。三是从招聘途径来看,除了在网站发布招聘公告,还可主动与各高校进行合作,通过定向培养等方式,选拔品学兼优且对职业教育感兴趣的学生,利用寒暑假时间为其安排企业实践锻炼学习,为教师队伍储备人才。高职院校还可以与合作企业进行人才互聘,共享人才资源。

(三)完善"双师型"教师培养体系

打造"双师型"教师队伍需建构一套目标明确、模式清晰、方式可行、内容具体的培养体系。采取不同措施、分层次进行培养,在培训方式上,高职院校需坚持校企培训结合、理论与实践结合的方式。在充分挖掘学校现有培训资源的同时,加强与企业合作。国家通过对产教融合型企业采取一系列鼓励措施的办法,已在很大程度上调动了企业的积极性,如"职教20条"指出,在开展国家产教融合建设试点基础上,建立产教融合型企业认证制度,对进入目录的产教融合型企业给予"金融+财政+土地+信用"的组合式激励,并按规定落实相关税收政策。这为校企合作提供了良好的契机。"双师型"教师队伍的培养可以抓住机会,如通过聘请合作企业管理人员来校举办讲座,采取有效措施吸引企业专业技术人员参与校企合作技术交流活动,聘请企业专业技术人员担任实训课教师,对校内教师进行指导、选派教师进企业学习等方式,发挥企业在教师培训中的重要作用。在培训内容上,应坚持多样性与实效性兼顾的原则,分析高职院校各专业教师应具备的复合型能力要求,研究人才培养目标,对接"1+X"证书和职业技能培训标准,从实际出发,由校内外专家、提供培训的企业及教师代表共同协商、制订培训内容,构建分类分层的培训课程体系。同时,为保障培训质量,学校要严格落实评价制度,定期对"双师型"教师的教学、实践能力进行综合考评,以此推动"双师型"教师准确把握行业前沿信息并积极学习新技术,提高实践操作能力。

（四）建立完善"双师型"教师考核激励机制

建设"双师型"教师队伍除需要有科学合理的认定标准外,更要有考核激励机制保障教师队伍的建设。考核激励机制的目的是激励,关键是考核。目前来看,一是高职院校的考核还未突出高职特色,依然偏向学术性。二是具体考核细则难以支撑各项激励措施。为引导教师有针对性地发挥自己的长处,补齐短板,提高各项能力以促进专业发展,一方面高职院校要构建具有引导性的"双师型"教师考核评价指标体系(该指标体系除了考核教师的教育教学能力,更应侧重对教师实践指导能力、新技术开发与应用能力等的考核,该指标体系与其他类型教师考核最大的区别在于淡化学术科研标准,突出"双师"特征),另一方面高职院校要丰富考核形式和方法(可采用自评与他评、单项考核与全面考核相结合等多种形式),形成评价主体多样化、考核方式科学化的评价,增加考核结果的客观性。为保证考核结果能真正发挥作用,可将"双师型"教师考核结果与教师奖励性绩效工资、专业技术职务聘任、职称晋升挂钩等,建立以能力和业绩为导向的"双师型"教师考核激励机制。

第六节　对接工作过程与职业标准的高职院校专业核心课程教学评价

在课程考核与评价方面,评价主体多元化,以课程定位、课程目标、课程内容的选择和组织、课堂教学、学业评价、课程大纲、课程标准、课程资源、课堂教学等元素和课程设计、课程管理、课程实施等课程运行过程为评价对象,以学生知识、能力、素质的全面发展及其情感态度、实践能力、创新能力的改善与提高为评价目标和主体内容,强调评价的激励性功能,评语应采用激励性的语言,客观地描述学生的进步、潜能以及不足,帮助学生认识自我、树立自信,制订明确、简要的改进计划。

对接工作过程与职业标准的高职院校专业核心课程建设教学评价,首先是对课程、课程体系的评价。对课程、课程体系的评价是课程标准评价的基础,不管用什么方法和途径,都无法回避对课程的定位、课程设计、课程目标、课程内容与要求及课程实施作出的价值评判过程。同时在对接工作过程与职业标准的高职院校专业核心课程评价过程中也必须将国家政策导向摆在首要位置,把职业素养、职业能力、就业创业能力等作为课程的评价内容。

一、建立多元主体课程评价机制

我国非常重视高职教育教学质量问题,提出要建立完善政府、行业、企业、高职院校共同参与的质量评价机制。积极支持第三方机构开展评估。这种多方参与的评价机制主要考虑的就是高职教育评价的多样性和复杂性。首先,建立完善对接工作过程与职业标准的高职院校专业核心课程评价政策法规体系,加大国家政策法规实施力度,确保国家现有政策法规得以全面贯彻实施。制定出台课程评价配套政策,完善法律法规体系,出台高职专业核心课程评价的指导意见,建立由教育行政主管部门为主导,行业协会、职教专家、行业企业专家组成的高职课程评价领导机构,统筹高职专业核心课程评价工作。其次,规范和监督各级各部门贯彻落实国家课程评价的政策和法律法规执行情况,健全监督检查评价机制,创新高职课程评价方式方法,按照全面评价和重点评价、经常评价和专项评价相结合的方法,对各级各部门贯彻实施高职专业核心课程的情况进行督促检查,对各级各部门开展专业核心课程建设情况进行监督、检查、指导和评价,全面促进高职院校专业核心课程评价体系建设,引进第三方社会评价机构参与高职院校课程建设评价,促进高职教育教学质量全面提高,满足行业企业对高质量技术技能人才的需求。

二、重视发挥学生在课程评价中的作用

高职院校传统评价方式是以专业课教师为主导进行的,这种评价方式存在片面性,忽视了学生在课程建设中的作用,对课程是否与企业职业目标相吻合,学生在学校学到的岗位技能是否与实际对接,存在一定的局限性。假如学校是一个工厂,学生就是工厂的产品,教师则是"学生"这个产品的生产者。对于"学生"这个产品质量的好坏不是由教师这个生产者来评价的,而是由市场消费者,也就是"学生"这个产品的使用者来评价的。因此,学生培养质量是检验课程建设成效最好的评价标准,是评价高职教育质量水平最直接的标准。以学生为主体评价高职院校课程的方式是最直观的,这种评价方式注重学生在学校的职业能力和职业素养的培养。这种培养是综合的,既包括职业能力,也包括职业道德、思想品质方面的培养,把"以学习者的职业道德、技术技能水平和就业质量"作为对高职院校教学质量的评价标准,把学生职业岗位技能掌握是否与行业企业需求相对接、能否满足行业企业需要作为课程评价的重要指标。这种评价方式不仅考核学生在校学习期间对职业技能、岗位能力的掌握情况,还要考核学生毕业后满足社会行业企业职业需求情况。这种以学生职业岗位走向为主体的评价方式虽然相对复杂,因为涉及学生毕业后职业岗位需求的适配性,以及职业生涯中行业企业采用新技术、新工艺、新方法后对职业岗位技能的适应性,重视发挥学生在课程评价中的作用能够从实践角度真实地、客观地评价学生就业和发展状态,是长期进行课程评价的最有效方式。

三、评价方式多元化

(一)教考分离的课程评价

高职院校实施教考分离评价方式,是高职院校深化教学改革,提高教学质量,促使教师严格按照课程标准开展教学的重要举措。实行教考分离改变了传统教考合一模式下,教师受课程约束少,教师不严格执行课程教学任务,教学质量难以保证的情况。在教考分离的背景下,学校从题库里抽取的试卷是按照课程标准来命题的,覆盖了课程大部分的内容,这就

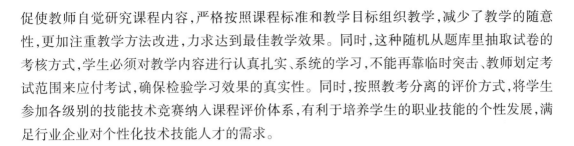

促使教师自觉研究课程内容,严格按照课程标准和教学目标组织教学,减少了教学的随意性,更加注重教学方法改进,力求达到最佳教学效果。同时,这种随机从题库里抽取试卷的考核方式,学生必须对教学内容进行认真扎实、系统的学习,不能再靠临时突击、教师划定考试范围来应付考试,确保检验学习效果的真实性。同时,按照教考分离的评价方式,将学生参加各级别的技能技术竞赛纳入课程评价体系,有利于培养学生的职业技能的个性发展,满足行业企业对个性化技术技能人才的需求。

（二）全过程综合评价

在教学评价中,要运用科学的评价标准对教师教学和学生学习的全过程进行综合评价。在对教师教学评价上,应将教师教学进度、学生成绩、教学观念、研究专业知识领域前沿问题的科研能力、运用基础理论知识指导教学实践的教学能力、课堂教学活动的开展等综合方面都纳入评价标准体系。在对学生学习评价上,要求教学评价标准与三维教学目标紧密结合。教学过程中要摆脱教师单一的自评方式,应当采取两种以上的评价方式,如同行听课、举办学生座谈会、教师座谈会、问卷调查及借助互联网教学工具等,对教师的教学全过程进行综合性的评价,在对学生学习效果评价上,要摆脱将单一的成绩测验作为最终评价学生学习效果的终结性评价方式,淡化以成绩衡量好坏的标准,视情况加入平时考核+期末考核、实践考核、学生自评方式、学生互评方式;在实践教学中,可以借助互联网教学工具,如"学习通"教学工具等,通过"学习通"网络教学工具在对教师教学的全程监控和对学生学习过程的全程记录中,使这些评价方式具备有效性和可行性,有效解决教学评价方式单一化的问题,使教学评价更加科学,从而改进教师的教学。

（三）过程评价与结果评价相结合

高职教育的一个特点就是通过学习专业技能来满足职业需求,学习过程是一个动态的实践过程,这个过程是通过采取工学交替来完成工作任务过程以及理实一体、课堂与实验、实训、实习场所一体的教学模式。对过程评价可以更加全面和客观地考查学生的阶段性学习效果和教师教学水平,并在此基础上对学生进行个性化指导,满足学生的个性化学习需求,并对学生反馈评价结果,便于学生更好地实现课程预设的教学目标、培养目标。在课程评价中,对教师教学和学生学习的过程是主要的评价内容,是对课程实施的一个检验,对课程内容是否能真实反映教与学结果的一个真实的依据,通过对教师教学行为和学生学习的分析、判断和调查、测试等方式,获取信息,判定课程实施效果、特点和不足,为修改和完善课程标准提供必要的依据和参考。结果式评价是以考试成绩来评定学生学习能力和教师教学质量,以考分的形式量化评价结果,这对于以动态的过程学习模式为主的高职教育而言,虽然不能代表整体的评价结果,但符合高职教育的理论与实践结合教学要求。因此,高职院校应建立过程评价与结果评价相结合的课程评价方式,不仅有利于促进学生自主学习能力,而且有利于促进教师教学水平的提高。

(四)校内评价与校外评价相结合

对接工作过程与职业标准的高职院校专业核心课程评价注重校内评价与校外评价相结合。校内评价主要由高职院校教务部门、督导教师、系部、专业教师和学生组成,分层次开展教学质量评价工作。校内评价一般分为学校评价、督导评价、院系评价、学生评价。学校评价由学校教务部门组织定期和不定期的检查、抽查,对教师教学和学生学习情况进行评价。督导评价由学校的督导部门组织开展,对检查、督查、听课等形式进行评价。院系评价是指院系内领导和优秀教师通过对课程评查、听课、交流等形式开展的评价,使教师能够发现自身发现不到的问题,进行自我反思与调整,从而更好地改进自身的教学。学生评价是指学校通过组织召开座谈会、网评、问卷等形式对学习效果、教学效果展开的评价,鼓励学生之间自评、互评。并根据评价内容来调整各评价主体所占的份额权重,通过评价了解学生知识点的掌握程度,从而弥补学生知识点掌握的不足。通过校内多主体的共同评价,检验课程定位和课程设计、课程目标、课程内容与要求、课程实施、课程资源利用与开发等课程建设情况,了解对接工作过程与职业标准的高职院校专业核心课程建设还存在哪些方面的不足,从而进行调整和完善,最终促进学生全面的进步与发展。

校外评价一般由主管部门、校企、学生三个层面对学校教学质量进行评价。主管部门的评价主要是由教育主管部门来主导的,由教育主管部门组织行业专家、企业专家、优秀教师组成评价组织,通过听学校和企业汇报、实地调研、听课、召开座谈会的形式,对学校整个课程建设过程教学条件、学生学习效果、专业教师教学、教学资源利用等进行专业的评价。校企评价采取以企业为主、学校教师辅助形式开展评价,行业企业教师按照校企共同制定课程标准对学生在企业实验、实训、实习基地等实践过程中,职业岗位技能掌握情况、职业道德情况、实习纪律等指标进行评价。学生评价则是通过对学生实践课程的评价结果来分析课程建设情况,及时调整不符合岗位技能的课程评价指标,进一步完善课程建设。课程评价结束后,评价组织单位应及时将评价信息反馈给学校和企业,便于学校和企业及时了解对接工作过程与职业标准的高职院校专业核心课程建设存在的问题,对提出的问题进行整改,对不足的地方进行补充和完善。校内评价、校外评价相结合的动态评价方式充分发挥评价的督导作用,有利于课程建设不断得到改进和提高。

第八章
对接工作过程与职业标准的高职院校专业核心课程建设与实践
——以现代物业管理专业为例 ▶▶▶▶

第一节　实践案例基本情况及背景

A职业技术学院是由某市人民政府举办的一所全日制综合性高等职业院校,A职业技术学院现代物业管理专业是广西壮族自治区就业竞争力领先专业,在就业率、就业质量和就业起薪等方面远高于大中专毕业生的平均水平。专业依托广西壮族自治区级现代学徒制试点项目,与六家物业行业龙头企业建立校企合作关系,并搭建了"现代师徒训练中心",形成了完善的"三进三出"(企业专家、工作任务、工作标准进课堂,外出参观实训、外出参加企业培训、外出跟岗训练)实践教学体系,提升人才培养效能。A职业技术学院采用学校和企业双主体教学,同时引入企业岗位知识、技能培训。学生在校期间,除了学习专业知识,还到校企合作的上市公司或大型央企深入实际项目跟岗学习。现代物业管理专业30%以上的课程由企业高管或高级技术人员任教,学生30%的时间是在企业轮岗培训或跟岗实践。这使学生理论知识学习和岗位技能培训同步进行,实现了学生入学和就业的无缝对接。

一、培养目标

现代物业管理专业培养目标为:培养政治理想信念坚定、践行新时代中国特色社会主义核心价值观与建设壮美广西、适应区域现代服务业发展对人才的需求。面向物业管理岗、物业空间维护与营造、设施设备运维、物业拓展经营等岗位,掌握扎实的物业管理专业知识及创新创业能力,能够从事数字城市、智慧社区与现代物业服务管理工作,同时能够成为项目或企业行政管理岗位人员。学生毕业3~5年后,经过工作经验积累可晋升为项目经理或专业线经理。

二、毕业要求

(一)学分要求

学生须在2~6年修足规定学分且思想品德考核合格方准予毕业。毕业学分包括课程学习学分与毕业资格必备学分两部分,三年制总学分170学分,其中课程学习学分150学分,属收费学分。毕业资格必备学分为20学分,属不收费学分,包括创新研发与应用项目课程学分,职业资格证书、创新创业实践等转换及互认学分,"第二课程成绩单"。毕业学分具体要求详见表8-1。

表8-1　毕业资格要求

项目		要求
课程学习学分 (属收费学分150学分)	1.必修学分	129学分
	2.选修学分	21学分
毕业资格必备学分(属不收费学分,20学分)	1.创新研发与应用项目课程学分	每位学生在校期间需进行创新研发与应用课程项目的修读并考核合格取得2学分
	2.职业资格证书、创新创业实践等转换及互认学分	根据学校相关管理办法认定
	3."第二课堂成绩单"	包括思想素养、创新创业、实践实习、志愿公益、体育锻炼、文化素养、职业素养、劳动活动、阅读素养等,根据A职业技术学院第二课堂成绩单评分标准认定与换算
职业资格	职业资格证书、职业技能等级证书	取得与专业相关的"1+X"技能证书或职业资格证书
思想品德考核		合格

(二)毕业资格要求

1.思想素质

坚定拥护中国共产党领导和我国社会主义制度,在习近平新时代中国特色社会主义思想指引下,践行社会主义核心价值观,具有深厚的爱国情感和中华民族自豪感,崇尚宪法、遵法守纪、崇德向善、诚实守信、尊重生命、热爱劳动,履行道德准则和行为规范,具有社会责任感和社会参与意识。

2.专业知识

学生按照培养方案的课程计划,完成相应的课程学习,掌握本专业所需的科学文化基础知识,具有一定的计算机应用、网络技术、办公自动化等信息技术等通用知识,以及物业管理法律法规、物业经营管理、物业设施设备运维等专业知识。

3.基本技能

具备物业管理客服管家、设施设备运维、物业空间营造与维护等专业岗位人员的基本技能,能够将专业知识应用于解决物业管理的常见问题。

4.技术应用与创新

能根据专业领域的需要,借助媒介,采集整理信息。运用一定的专业化计算方法,对专业问题进行简单的分析、预测和判断,能够在运营方案设计环节中体现创新意识,并考虑社会、健康、安全、法律、文化、环境等因素。

5.物业管理与社会责任

能够基于现代物业管理相关背景知识进行合理分析,评价物业管理实践和较复杂物业及社区治理问题解决方案对社会、健康、安全、法律以及文化的影响,并理解应承担的责任。

6.职业规范

具有人文社会科学素养和社会责任感,能够在工作实践中理解并遵守物业管理职业道德和规范,履行责任。

7.沟通协调

能够就物业管理问题与业主、政府主管部门和社会公众进行有效沟通和交流,包括撰写报告和方案文稿、陈述发言、清晰表达或回应指令等。并具备一定的国际视野,能够在跨文化背景下进行沟通和交流。

8.团队精神

在解决物业管理的复杂问题时,能够在跨文化组成的团队中承担个体、团队成员以及负责人的角色。能够在团队中承担个体、团队成员以及负责人的角色。

9.创新创业

了解物业管理行业发展前沿动态和认知物业行业发展的新模式、采用的新技术,具备创新创业思维、创新创业能力。

10.终身学习

具有自主学习和终身学习的意识,有不断学习和适应发展的能力。

以上毕业要求对培养规格的支撑度见表8-2。

表8-2 毕业要求对培养规格的支撑度

培养规格	毕业要求									
	毕业要求1:思想素质	毕业要求2:专业知识	毕业要求3:基本技能	毕业要求4:技术应用与创新	毕业要求5:物业管理与社会	毕业要求6:职业规范	毕业要求7:沟通协调	毕业要求8:团队精神	毕业要求9:创新创业	毕业要求10:终身学习
1-1	H			M	M		L	L		L
1-2	H			M	M		L	L		M
1-3	H			H	M		L	L		M
1-4	H			L	M		L	L		
2-1		H	M	M	H	H	M			L
2-2		H	M	M	M	L	M			M
2-3		H	M	M	M	H		M	M	

续表

培养规格	毕业要求									
	毕业要求1:思想素质	毕业要求2:专业知识	毕业要求3:基本技能	毕业要求4:技术应用与创新	毕业要求5:物业管理与社会	毕业要求6:职业规范	毕业要求7:沟通协调	毕业要求8:团队精神	毕业要求9:创新创业	毕业要求10:终身学习
2-4		H	M	M	M	M	M	M	M	
2-5		H	M	H	H	H			H	H
3-1		H	H	M	H	H	M	M		
3-2		H	H	M	M	M				H
3-3		H	H	M	L	M			M	L
3-4		H	H	M	M	M	M	M	H	
3-5		H	H	H	M	H	H		H	H

注:用H、M、L分别表示毕业要求对培养规格支撑强度的高、中、低。支撑强度是指该课程覆盖毕业要求指标点的多寡,H至少覆盖80%的毕业要求点,M至少覆盖50%的毕业要求点,L至少覆盖30%的毕业要求点。

三、课程设置及要求

(一)课程结构体系表(表8-3)

表8-3　现代物业管理专业课程结构体系表

课程平台	课程模块	课程类别	学分		占总学分比例/%		学时			占总学时比例/%
			理论	实验实践	理论	实验实践	讲授	实验实践	小计	
职业素质课程平台	思政教育	公共必修	8	1	5.33	0.67	152	24	176	6
		公共限选	1		0.63		16		16	0.63
	人文素质	公共限选	2		1.3		36		36	1.3
		公共任选	4		2.67		72		72	2.67
	通用技能	公共必修	27		18		590		590	18
职业技能课程平台	专业基础课程	专业必修	16	16.5	11	11	240	262	502	22
	专业核心课程	专业必修	17	19	11.3	12.6	220	228	448	23.9
	专业选修课程	专业选修	7	8	4.7	5.3	111	174	285	10
	集中实践教学	专业必修	2.5	21	1.5	14	20	655	675	15.5
小计			84.5	65.5	56.43	43.67	1 457	1 343	2 800	100

(二)教学进程总体安排(表8-4)

表8-4　教学进程总体安排

课程平台	课程类别	课程模块	课程性质	课程名称	学时	学分	开设学期	考核方式
职业素质课程平台	公共基础课程	思想政治与人文素质	必修	思想道德与法治	42	2.5	1	考试
			必修	毛泽东思想和中国特色社会主义理论体系概论	30	2	2	考试
			必修	习近平新时代中国特色社会主义思想概论	40	2.5	3	考试
			必修	形势与政策	40	1	1—6	考查
			必修	思想政治理论课实践	24	1	2—3	考查
			限选	思政课选择性必修课	16	1	1—2	考查
			选修	人文选修课	108	6	1—4	考查
			必修	大学生心理健康教育	36	2	1—2	考试
		通用技能	必修	公共卫生安全教育	36	2	1—2	考查
			必修	体育与健康	108	3	1—4	考试
			必修	创业基础	32	2	2	考查
			必修	创新思维	18	1	1—3	考查
			必修	就业指导	18	1	5	考查
			必修	劳动教育理论专题	16	1	1—4	考查
			必修	军事理论	36	2	2—3	考试
			必修	军事技能	112	2	1	考试
			必修	高职英语	128	8	1—2	考试
			必修	信息技术	50	3	1	考试
职业技能课程平台	专业课程	群共享	必修	建筑制图与CAD	60	4	2	考试
			必修	建筑识图与构造	60	4	3	考试
		专业基础	必修	物业管理概论	52	3.5	1	考试
			必修	现代企业管理学	55	3.5	1	考试
			必修	房地产开发与经营	55	3.5	1	考试
			必修	物业管理统计学	55	3.5	2	考试
			必修	物业管理公文写作	55	3.5	2	考试

续表

课程平台	课程类别	课程模块	课程性质	课程名称	学时	学分	开设学期	考核方式
职业技能课程平台	专业课程	专业基础	必修	社区文化与建设	55	3.5	3	考试
			必修	物业管理心理学	55	3.5	4	考试
			必修	企业课程及实训（一）	37	2.5	1	考查
			必修	企业课程及实训（二）（含劳动项目）	37	2.5	2	考查
			必修	企业课程及实训（三）（含劳动项目）	37	2.5	3	考查
			必修	企业课程及实训（四）（含劳动项目）	37	2.5	4	考查
			必修	企业课程及实训（五）（含劳动项目）	37	2.5	5	考查
		专业核心	必修	物业管家实务	56	4.5	2	考试
			必修	物业企业人力资源管理	56	4.5	2	考试
			必修	建筑消防（课证融合）	56	4.5	3	考试
			必修	物业管理法律法规（思政课）	56	4.5	3	考试
			必修	物业设备设施应用及管理	56	4.5	4	考试
			必修	物业经营管理	56	4.5	4	考试
			必修	物业服务质量管理	56	4.5	4	考试
			必修	物业服务风险防范管理	56	4.5	5	考试
		专业拓展	必修	创新研发与应用项目	45	2	创新研发与应用项目为必修，此外须再选修6门职业拓展课，修满15学分	考查
			选修	商务礼仪与职业形象	40	2.5		考查
			选修	摄影	40	2.5		考查
			选修	建材应用与市场调查	40	2.5		考查
			选修	物业空间维护与营造管理	40	2.5		考查
			选修	市场营销学	40	2.5		考查
			选修	房地产经纪	40	2.5		考查
			选修	高等数学	40	2.5		考查
			选修	产权产籍管理	40	2.5		考查
		实践教学	必修	毕业设计	90	5	5	考查
			必修	顶岗实习	400	6	6	考查

第二节 对接工作过程与职业标准的现代物业管理专业课程建设实践

一、物业服务行业发展分析

我国物业服务行业经过40多年的发展,势头更强劲、前景广阔。下面从国家政策、物业服务市场、物业服务拓展三个方面分析物业服务发展现状。

(一)国家对物业管理的政策导向

2020年以来,国家相关部委密集出台支持物业服务行业发展的政策,如鼓励电商和快递与物业合作、老旧小区改造、推动物业管理全覆盖、物业服务线上线下融合、搭建智慧物业平台、鼓励物业服务企业参与社区养老服务的政策等,并对物业管理行业的不当行为加大整治规范力度,为行业的发展营造良好的政策环境。随着多项支持政策发布,物业服务行业发展良好,物业管理成为政府开展基层社会治理的重要抓手。一方面,中央层面和各地方政府层面均提出要加强行业服务范围的广泛化和规范化,扎实推进物业管理的全覆盖,并重视老旧小区的治理和服务,鼓励社区成立业委会,以保障居民生活,增加居民的话语权。另一方面,利好政策将支持从加大行业的市场化、推动灵活物业费标准的制定、鼓励增值服务的开展和智慧化科技的应用等多方面入手,支持物业管理服务水平提升,推动发展多元化服务业,重视智慧科技在行业中的应用,实现提质增效。

2023年,一系列政策信号接连释放,发展成为首要任务。经济复苏正在路上,物业服务行业发展的新转折点已经到来。房地产市场发生根本性变化,因城施策支持刚性和改善性住房需求,促进房地产软着陆。党的二十大提出"加快建立多主体供给、多渠道保障、租购并举的住房制度",大力推进保障性住房。物业管理从增量市场向存量市场转化,新增渠道多元化。中央经济工作会议召开,居住、养老等消费被多次提及。"双碳"引领时代发展,行业更加关注节能绿色低碳。

1.鼓励物业服务企业参与基层社区治理

仅2022年,国家基层治理政策加速落地。社区服务体系发展规划升级,完整居住社区指南发布并开展试点,各地推进社区治理模式创新。2022年1月21日,国务院办公厅印发《"十四五"城乡社区服务体系建设规划》,首次将城乡社区服务体系建设规划列为"十四五"时期重点专项规划之一。到2025年末,党建引领社区服务体系建设更加完善,服务主体和服务业态更加丰富,线上线下服务机制更加融合,精准化、精细化、智能化水平持续提升,社区吸纳就业能力不断增强,基本公共服务均等化水平明显提升。2022年3月10日,国家发展改革委印发《2022年新型城镇化和城乡融合发展重点任务》的通知提及加强基层社会治理,推动社区居民委员会设立环境和物业管理委员会,促进提高物业管理覆盖率和群众满意度。

2022年10月，住房和城乡建设部与民政部办公厅发布《关于开展完整社区建设试点工作的通知》，从社区服务设施、宜居生活环境、智能化服务、社区治理机制4个方面探索可复制可推广经验。从国家深化基层社区治理的政策出台可以看出，物业服务企业成为基层治理"三驾马车"的重要力量之一，物业服务价值得到政策重视，发展得到鼓励支持。

2.支持物业服务企业开展居家养老服务

2021年1月5日，住房和城乡建设部、中央文明办等10部门联合印发《关于加强和改进住宅物业管理工作的通知》，从融入基层社会治理体系、健全业主委员会治理结构、提升物业管理服务水平、推动发展生活服务业、规范维修资金使用和管理、强化物业服务监督管理等6个方面对提升住宅物业管理水平和效能提出要求。在社区服务业方面，鼓励有条件的物业服务企业向养老、托幼、家政、文化、健康、房屋经纪、快递收发等领域延伸，探索"物业服务+生活服务"模式，满足居民多样化多层次居住生活需求。2022年2月，国务院印发《"十四五"国家老龄事业发展和养老服务体系规划的通知》，提到"十四五"时期，国家积极应对人口老龄化国家战略的制度框架基本建立，居家社区机构相协调、医养康养相结合的养老服务体系和健康支撑体系加快健全，全社会积极应对人口老龄化的格局初步形成。支持物业企业与社区养老服务机构合作提供居家养老服务；引导物业企业将保洁服务范围由公共区域向老年人家庭延伸；组织和引导物业企业、零售服务商、社会工作服务机构等拓展为老服务。2022年9月，十三部门印发《养老托育服务业纾困扶持若干政策措施》，通过免租金、免费或低价提供场地、按50%税额顶格减征"六税两费"等方式支持养老服务业。各地密集发布养老相关扶持政策，落实中央应对老龄化战略。

(二)物业服务市场

《2022—2023年度中国物业管理行业发展白皮书》发布的数据显示：2022年物业管理行业保持了快速的发展态势，物业行业管理总规模达353亿平方米，其中住宅物业管理规模为210.6亿平方米。综合城镇人口增量、地产开发增量以及人均住房面积提升、物业覆盖率提高等因素，经测算，预计2025年物业管理行业总规模有望实现388亿平方米(图8-1)，2021—2025年年复合增长率为3.2%。

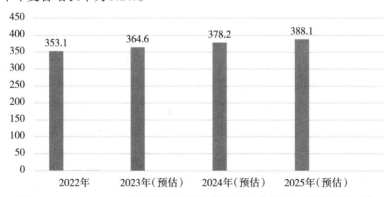

图8-1 2022—2025年(预估)全国物业管理行业管理规模(亿平方米)

1. 非住宅业态物业管理规模

随着机关及事业单位后勤服务社会化改革不断推进,非住宅业态规模快速增长,《2022—2023年度中国物业管理行业发展白皮书》发布的数据显示:2022年非住宅业态物业管理总规模142.5亿平方米,其中商业物业管理规模19.1亿平方米,办公物业管理规模34.7亿平方米,医院物业管理规模6.9亿平方米,学校物业管理规模21.5亿平方米,园区物业管理规模24.0亿平方米,公众及其他物业管理规模36.4亿平方米(表8-5)。

表8-5　2022年全国非住宅业态物业管理总规模

非住宅业态	规模/亿平方米
商业物业管理	19.1
办公物业管理	34.7
医院物业管理	6.9
学校物业管理	21.5
园区物业管理	24.0
公众及其他物业管理	36.4
合计	142.5

2. 物业管理营业收入

《2022—2023年度中国物业管理行业发展白皮书》发布的数据显示:2022年物业管理行业营业收入为12 437.2亿元,同比增长4.5%。随着物业管理行业规模的不断扩大、经营业态的不断丰富,物业管理行业的营业收入同步增加。经测算,预计到2025年,物业管理行业营业收入有望达到14 074.1亿元。

(三)物业管理行业对人才的基本素质要求

2023年3月,教育部召开新闻发布会介绍2022年全国教育事业发展基本情况数据,目前我国已建成全球规模最大的高等教育体系。2022年,全国普通、职业本专科共招生1 014.54万人,比2021年增长6.11%;全国共招收研究生124.25万人,比2021年增长5.61%。要让每个毕业生在求职路上更加顺利,就必须正视就业需求,高校要在学生培养质量上下功夫,重视差异化人才培养。而提升培养质量,意味着高校要在课程建设上打造特色、出精品。

物业服务作为劳动密集型行业,人才建设一直是其发展的关键点和核心。一方面,随着物业管理行业的扩容、规模扩大以及行业的转型升级和科技的应用,物业管理行业急需一批专业的复合型人才与之相匹配。另一方面,商业物业的服务范围不断扩大,开展的业务多元,企业对多种经营服务、品质服务等专业人才的需求迫切。由于对高素质、复合型人才的需求增多,对于行业来说,加强技术技能培训至关重要;物业服务企业可通过校企合作或招聘会的方式吸纳更多人才,建立健全的人才培养体系,重视人才的培养。

为了更好地了解物业服务企业人才需求,我们对13家物业服务企业进行了调研。这13家物业服务企业包括上市物业公司5家、知名物业企业5家、本土物业企业3家。问卷调查采取网络发放的方式,共回收147份问卷,有效问卷143份,问卷有效率为97.27%。

问卷结果显示,将被调查者认为的用人单位录用时看重的因素按照从高到低进行排序,其中选择知识结构与专业技能因素的占75.84%,学历因素的占45.28%,组织沟通能力因素的占69.22%,毕业院校声誉因素的占41.39%,社会实践经历因素的占50.57%(图8-2)。

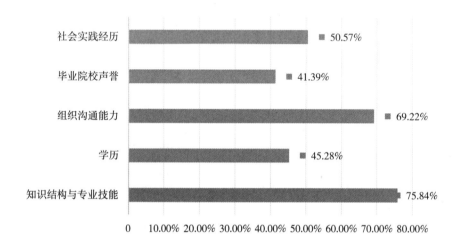

图8-2　用人单位录用时看重的因素

调查结果为对接工作过程与职业标准的高职院校现代物业管理专业课程建设提供了依据,应在课程建设中加强对学生知识结构与专业技能的培养,注重创造多种条件训练学生组织沟通能力和提升学生社会实践能力。

另外,通过对多家物业服务企业中高层管理人员与一线普通员工线下访谈了解到,约有79%的用人单位认为高职院校现代物业管理专业毕业生具有较扎实、较全面的专业理论知识,这表明目前高职现代物业管理专业培养出来的毕业生在理论知识方面基本能够符合物业企业的要求。在其实践能力方面,约有65%的用人单位表明,高职院校现代物业管理专业毕业生缺乏实践能力,动手能力不强,这在一定程度上说明在目前的高职院校现代物业管理专业课程体系下培养出来的物业人才实践能力不足,这些学生在其正式步入工作岗位前,还需经过用人单位一定程度上的培训才能满足实际工作的需要,不能实现迅速转岗的要求。许多企业反映高职院校现代物业管理专业毕业生在社交沟通能力、组织管理能力等方面较弱,在课程建设中应着重提高这些能力的训练。此外,在知识需求方面,高职院校现代物业管理专业学生在校期间应加强物业专业知识、物业管理法律法规等知识的学习,满足物业企业实际工作的需要。

被访谈物业企业普遍认为,现代物业管理专业毕业生存在眼高手低的现象,高职院校现代物业管理专业应适当调整人才培养举措,改进课程体系,在传授够用知识的基础上,着重加强学生专业实践能力的培养,特别是职业素养的训练。应在课程教学中多让学生对就业形势及行业情况进行全面了解,引导学生发展个人职业规划,鼓励其多实践、多实操,摆正好自身就业心态,正确评估自身能力和水平,从基层做起,再谋求向上发展。从易到难,根据自己的能力和经验一步一个脚印踏实工作,切勿盲目攀比。

企业反映可以招到满足当前物业管理工作需求的基层员工,但很难招到适合物业企业未来发展需求的储备人才。求职人员流动性过高,特别是流失率过高的基层员工,有时直接影响项目日常管理运行,基层员工个人期望与企业发展平台不对称,后备人才储备不足等成为困扰企业突出问题。物业服务企业对物业管理专业人才的总体要求为:爱岗敬业、具有吃苦耐劳精神、有良好的沟通表达能力和团队合作能力、具有一定的文字功底、具备扎实的物业管理专业知识和对突发事件处理的能力等,具体细化见表8-6。

表8-6　毕业生职业能力细化表

类别		能力内容
物业管理业务技能	物业管理与服务	1.能够进行物业管理早期介入项目策划并组织实施; 2.能够对物业管理服务方案进行整体设计与优化; 3.能够组织实施物业承接查验工作,在承接查验的过程中发现问题并跟踪整改; 4.能够进行入住方案设计并组织实施,综合运用相关技术手段和法律法规解决入住与装饰装修过程中的实际问题; 5.能够进行满意度调查问卷设计、调查结果分析及问题解决,进行客户关系维护及公共事务关系维护; 6.能够组织制订房屋及配套设施设备运维计划,制订房屋及配套设施设备运维管理中的安全防范方案,组织制订房屋及设施设备修缮及改造实施方案并组织实施; 7.能够制订物业管理区域内公共秩序维护方案,制订消防安全管理制度,对物业管理区域内公共秩序维护与消防安全管理进行持续改善; 8.能够制订环境管理方案,对物业管理区域内环境营造与管理进行优化; 9.能够设置项目组织架构、岗位人员配置,实施绩效考核,组织实施团队建设; 10.能够编制物业管理项目预算,进行成本分析与控制,编制财务报表; 11.能够编制物业管理现场作业指导书,组织实施物业管理区域内质量评价,对物业管理现场质量管理进行优化与提升; 12.能够组织编制招标文件,组织招标、评标,进行合格供应商评审; 13.能够组织策划社区文化活动,监督指导社区服务; 14.能够组织制订物业管理区域内突发事件的应急预案,组织实施风险规避、控制工作; 15.能够在物业管理中应用相关知识提升项目管理水平
	物业资产管理	1.能够进行租户谈判与签约、租金收取,编制租赁合同,进行租户关系管理; 2.能够确定各类物业经营项目并组织实施; 3.能够进行两种业态的物业经营管理

续表

类别		能力内容
物业管理业务技能	信息系统及应用	1.能够组织实施互联网、物联网和智能工具在项目管理上的应用； 2.能够组织应用智慧社区系统对物业进行综合管理
	绿色物业管理	能够组织制订绿色物业管理方案
社会能力		1.职业适应能力； 2.团队协作能力； 3.交际沟通能力
发展能力		1.行业发展能力； 2.开拓创新能力

被调查企业对应聘者的要求相对一致，工作经验、专业技能、仪表、谈吐与礼仪、学历、技能证书都有涉及，企业希望学校教学增设实际操作环节，加强技能的训练，尤其是对学生关键能力的培养，具体细化见表8-7。

表8-7 毕业生关键能力细化表

分类关键能力	能力内容
基础能力	1.物业管理岗位服务能力； 2.物业管理应用文书写作能力； 3.服务礼仪运用能力； 4.物业档案管理能力
专项能力	1.资料统计分析能力； 2.物业项目服务能力
管理能力	1.物业项目管理能力； 2.客户心理知识运用能力

问卷设置了企业对学校开设的专业课程是否能与企业实际工作中的岗位要求相匹配的问题，以此作为今后学校现代物业管理专业人才培养方案修改的依据。完全认可学校专业教学的企业只占受访企业的30%，其余大部分企业均认为学校的教学应当进行适当调整，以便毕业生能更好地适应市场要求。

从对现代物业管理专业毕业生访谈的角度来看，绝大部分学生还是认为学校开设的课程或多或少对工作是有帮助的。从调查走访得知，学校设置的课程通常以理论为主，在工作时理论和实际的结合不够紧密，显示出实训内容不够，还需要加强。

从目前物业管理行业的发展现状来看，行业细分的条件还未成熟，因此在人才选择上企业更注重应聘者的综合技能。但是从长远来看，随着物业管理行业越来越成熟、社会分工越来越细化，物业管理行业的运营模式也悄然变化，物业服务企业的专业服务外在化进程不断加快，物业服务企业正在从传统的服务提供者向资源整合提供者过渡。

因此,要满足不断变化的市场要求,让学生既精通实际业务,又善于处理工作难题,发挥监督和协调职能。所以,建立在岗位要求和职业能力上的对接工作过程和职业标准专业核心课程建设,对学生进行有针对性的培养,将会是解决目前物业管理行业供需矛盾的途径之一。

二、现代物业管理专业核心课程介绍

根据现代物业管理专业人才培养目标,现代物业管理专业课程设置中,课程类型共有三类,即A类(纯理论课)、B类(理论+实践课)、C类(纯实践课)。课程模块有专业基础课程、专业核心课程、职业拓展课程、实践应用课程,课程性质分别为专业必修课、公共必修课、专业选修课,具体见表8-8。

表8-8　现代物业管理专业课程设置

课程平台	课程类别	课程模块	课程性质	课程类型	课程名称	学时	学分	开设学期	考核方式
职业技能课程平台	专业课程	群共享课	必修	B	建筑制图与CAD	60	4	2	考试
			必修	B	建筑识图与构造	60	4	3	考试
		专业基础课	必修	A	物业管理概论	52	3.5	1	考试
			必修	A	现代企业管理学	55	3.5	1	考试
			必修	B	房地产开发与经营	55	3.5	1	考试
			必修	B	物业管理统计学	55	3.5	2	考试
			必修	B	物业管理公文写作	55	3.5	2	考试
			必修	B	社区文化与建设	55	3.5	3	考试
			必修	A	物业管理心理学	55	3.5	4	考试
			必修	C	企业课程及实训(一)	37	2.5	1	考查
			必修	C	企业课程及实训(二)(含劳动项目)	37	2.5	2	考查
			必修	C	企业课程及实训(三)(含劳动项目)	37	2.5	3	考查
			必修	C	企业课程及实训(四)(含劳动项目)	37	2.5	4	考查
			必修	C	企业课程及实训(五)(含劳动项目)	37	2.5	5	考查
		专业核心课	必修	B	物业管家实务	56	4.5	2	考试
			必修	B	物业企业人力资源管理	56	4.5	2	考试
			必修	B	建筑消防(课证融合)	56	4.5	3	考试

续表

课程平台	课程类别	课程模块	课程性质	课程类型	课程名称	学时	学分	开设学期	考核方式
职业技能课程平台	专业课程	专业核心课	必修	B	物业管理法律法规(思政课)	56	4.5	3	考试
			必修	B	物业设备设施应用及管理	56	4.5	4	考试
			必修	B	物业经营管理	56	4.5	4	考试
			必修	B	物业服务质量管理	56	4.5	4	考试
			必修	B	物业服务风险防范管理	56	4.5	5	考试
		专业拓展课	必修	B	创新研发与应用项目	45	2	1	考查
			选修	B	商务礼仪与职业形象	40	2.5	1	考查
			选修	B	摄影	40	2.5	2	考查
			选修	B	建材应用与市场调查	40	2.5	4	考查
			选修	B	物业空间维护与营造管理	40	2.5	4	考查
			选修	B	市场营销学	40	2.5	3	考查
			选修	B	房地产经纪	40	2.5	5	考查
			选修	A	高等数学	40	2.5	4	考查
			选修	B	产权产籍管理	40	2.5	3	考查
		实践教学	必修	B	毕业设计	90	5	5	考查
			必修	C	顶岗实习	400	6	6	考查

从表8-8中统计得出物业管理专业核心课程共8门,即物业管家实务、物业企业人力资源管理、建筑消防、物业管理法律法规、物业设备设施应用及管理、物业经营管理、物业服务质量管理、物业服务风险防范。

通过课程学习,学生应具备较强的职业核心能力,其中包括:能够很快适应并熟悉各类物业管理信息系统的结构、功能、流程和操作要领,能够较快地独立承担物业作业流程中的某些阶段性或节点工作任务,能够逐步承担物业管家服务、物业服务质量管理、物业服务消防管理、物业服务多种经营、物业设施设备管理、物业管理方案设计等管理工作,具备一定的职业拓展能力,能够初步具备参与进行物业管理方案设计和物业管理风险识别与防范能力等。

三、现代物业管理专业的典型工作任务及职业能力分析

现代物业管理专业以服务区域经济发展为宗旨,以满足学生就业与创业发展需求为导向。通过学校和企业双主体育人的培养模式,培养思想政治坚定、德技并修、全面发展,具有一定理论知识和专业技能,懂管理、精业务、有创新、守道德的物业管理领域高素质技术技能

型人才。职业面向岗位见表8-9。

表8-9 现代物业管理专业主要职业面向岗位

就业面向岗位	岗位工作内容	职业能力与素质要求	职业证书
物业客服（管家）岗	1.物业早期介入和前期管理,收楼与入伙管理服务; 2.物业装修管理与服务; 3.物业常规服务	1.熟悉物业早期介入和前期物业以及常规物业工作内容和工作流程; 2.具备和物业服务相关的责任主体沟通协调以及客诉处理的能力; 3.熟悉物业管理相关法律法规,有相应的实际运用能力; 4.能够开展物业管理早期介入工作,在物业管理早期介入中发现问题、提出合理建议并跟踪解决; 5.能够制定物业管理服务标准,编制物业管理服务方案; 6.能够进行财务、人员交接工作; 7.能够跟踪解决入住过程中的问题,对装饰装修过程进行管理; 8.能够建立客户服务体系,进行物业服务过程监督与客户关系维护,组织满意度调查; 9.能够组织和落实房屋及配套设施设备运维计划,对房屋及配套设施设备运维计划的实施进行监督; 10.能够根据物业管理现场作业指导书进行培训,组织实施物业管理现场质量管理	物业管理师
物业空间维护与营造岗	1.物业项目秩序维护; 2.物业项目保洁和绿化管理; 3.文化活动策划与执行	1.具有现场环境秩序管理能力,了解突发事件处理流程; 2.具备物业项目保洁管理能力、了解植物栽培与养护工作相关知识; 3.具备中小型文体活动方案编写和执行能力; 4.能够组织实施物业管理区域内环境管理工作,对物业管理区域内环境管理进行监管	"1+X"社区治理
设施设备运维岗	1.建筑物日常巡检和养护; 2.物业设备日常巡检和养护; 3.物业设施设备运维方案编制和成本预算	1.熟悉物业设施设备功能和工作原理,具备进行日常养护与巡检的能力; 2.熟悉房屋建筑基础知识,具备建构筑物日常养护和维修预算的能力; 3.熟悉房屋设备管理、消防管理的内容和法规制度	电工证、建构筑物消防操作员"1+X"建筑工程识图

续表

就业面向岗位	岗位工作内容	职业能力与素质要求	职业证书
物业拓展经营岗	1.物业服务方案编写及物业服务费的测算； 2.不同类型物业项目经营管理以及项目资源经营	1.了解物业项目运营管理工作流程和服务品质管控能力； 2.能够进行物业服务费测算，进行专项维修资金的使用、分摊、续筹，进行公共收益管理； 3.具有业务拓展，编制招投标书和开展多种经营的能力； 4.有一定的投资、绩效、风险分析和管理能力	"1+X"新居住数字化经纪服务（中级）

四、现代物业管理专业的毕业生职业成长分析

通过调研分析，物业企业工作岗位按照递进方式大致可以分为以下等级（表8-10）。

表8-10　物业管理工作人员岗位设置表

工作岗位（按资历要求递进设置）
物业管家（物业管理员）、主管、项目经理、区域总监、总经理助理、总经理

职业成长是按照从新手到专家，从完成简单工作任务到复杂工作任务的能力成长过程。在物业企业，从基层做起并逐步发展自身的职业能力是物业管理工作人员成长的特点。高职院校现代物业管理专业毕业生绝大多数最开始从事技能服务类工作即物业管家或者物业管理员工作，较少部分毕业生从事行政管理工作，待在基层经过一段时间的锻炼，积累了一定的工作经验后，才能进入高一层次的管理工作岗位。在物业行业，一般情况下，会沿着"物业管家（物业管理员）—部门主管—项目经理—区域总监—总经理助理—总经理"的职业发展规律逐步获得职业的发展；通过调研分析，不同的工作岗位在素质、能力及资格等方面的要求也各不相同，大致情况如下。

1. 物业管家（物业管理员）

无论是商业物业还是住宅物业，岗位需求量都大。在物业行业，一般要求大专及以上学历即可，在工作经验方面，一般无特殊要求。领头羊物业服务企业、上市物业服务企业等对所招聘的人员设置的最低学历要求是本科学历层次，在工作经验方面，一般也无要求。

2. 部门主管

需求量居中，大专及以上学历，2～5年行业工作经验，需要具备较强的组织管理能力、沟通协调能力，以及突发事件应变能力等。

3. 项目经理

需求量较小，大专或以上学历，5年以上行业工作经验，3年以上行业管理工作经验。

4.区域总监

需求量很小,大专及以上学历,5年以上行业工作管理经验,职业能力较强,工作业绩突出。

5.总经理

需求量很小,大专及以上学历,8年以上行业工作管理经验,职业能力较强,工作业绩突出。

根据现代物业管理专业毕业生职业岗位发展历程,以及物业服务企业对其从事物业管理工作岗位所具备的学历、知识、工作经验、能力等方面的要求,现代物业管理人才培养目标定位见表8-11。

表8-11　高职院校现代物业管理人才培养目标定位

定位	基层操作型(为上升为管理型人才做准备)
证书要求	电工证、物业管理(员)师
培养目标	培养拥护党的领导,具备较好的职业道德和职业素养,掌握本专业较扎实的专业理论知识,具备较强的专业实践能力和社交能力,具有创新意识,能够胜任物业服务企业工作的高素质应用性技术技能型人才
就业方向	商业物业、住宅物业、政府物业等
就业岗位	物业管家(物业管理员)、社区文化专员、秩序维护员、工程维修员

第三节　对接工作过程与职业标准的高职院校现代物业管理专业核心课程建设策略

对接工作过程与职业标准的高职院校现代物业管理专业核心课程建设,需制订一套立足物业管理企业人才需求,根据高职人才培养目标提出的课程建设方案。课程建设方案在课程目标确定、内容选取、组织实施、课程评价等方面跳出学科体系的樊篱,促进教学质量及学生学习的积极性与创造性的提高,满足物业企业实际工作岗位的需要。在对接工作过程与职业标准的课程建设理念指导下,课程建设方案将从课程定位、课程目标、课程内容、课程资源、课程实施、课程评价等方面进行探讨,力争为高职院校现代物业管理专业课程建设提供一些参考策略。

一、对接工作过程与职业标准的高职院校现代物业管理专业核心课程定位

对接工作过程与职业标准的高职院校现代物业管理专业核心课程定位,要根据现代物业管理专业人才培养计划,依托专业核心课程,培养理想信念坚定,德、智、体、美、劳全面发展,具有一定的科学文化水平,良好的人文素养、职业道德和创新意识,精益求精的工匠精

神,较强的就业能力和可持续发展的能力,能从事物业客服管理岗、物业空间维护与营造岗、物业拓展经营岗、设施设备运维岗等工作的高素质人才。

二、对接工作过程与职业标准的高职院校现代物业管理专业核心课程目标

对接工作过程与职业标准的高职院校现代物业管理专业核心课程目标:以现代物业管理专业建设为抓手,以学校校园物业管理服务项目为载体,与物业行业知名企业进行深度合作,通过物业管理服务与专业建设和教学过程互融、共建共进、创新服务教学一体的人才培养模式,建设一支校企共建、校企一体、校企互通,教学能力强、实践能力强、科研与科技服务能力强、行业影响力较大的高水平"双师型"教师团队。构建与岗位职业标准紧密对接的课程体系,创建物业管理行业运行标准和职业标准,实现基地、教学、科研、培训、就业的"五位一体",整合社会和教学资源,开展物业服务技能培训和职业资格考证培训;为行业企业提供物业管理技术服务。开展科技研究,提升专业建设和社会服务内涵和品质,提升人才培养质量。课程目标见表8-12。

表8-12 对接工作过程与职业标准的高职院校现代物业管理专业核心课程目标

类别	目标内容
素质目标	1.坚定拥护中国共产党领导和我国社会主义制度,在习近平新时代中国特色社会主义思想指引下,践行社会主义核心价值观,具有深厚的爱国情感和中华民族自豪感。崇尚宪法、遵法守纪、崇德向善、诚实守信、尊重生命、热爱劳动,履行道德准则和行为规范,具有社会责任感和社会参与意识; 2.具备良好的职业道德,具有爱岗敬业的职业精神,勇于奋斗、乐观向上,具有自我管理能力、职业生涯规划的意识,有较强的集体意识和团队合作精神; 3.具有健康的体魄、心理和健全的人格,掌握基本运动知识和1~2项运动技能,养成良好的健身与卫生习惯,以及良好的行为习惯; 4.具有一定的审美和人文素养,能够形成1~2项艺术特长或爱好
知识目标	1.系统掌握现代物业管理和企业运营管理的基础理论,熟练掌握与物业管理专业相关的物业法律法规和物业行业常见的法律纠纷问题; 2.掌握物业客服管理以及物业管家工作流程和工作技能培训相关知识,熟悉物业设施设备运维和物业空间维护与营造相关的专业知识; 3.掌握物业资产经营及物业管理信息技术等相关专业知识,了解房地产经营与开发、建筑设备管理等相关学科知识
能力目标	1.具备较强的职业社会能力,包括较强的自我学习能力、信息处理能力及实践动手能力,具有探究学习、终身学习的能力;具备良好的利用现代化信息渠道获取有用知识的能力,具有较强的自学能力; 2.对外部条件、环境变化的社会适应能力,与他人交流、沟通、合作的能力,发现问题、提出问题,并创造性解决问题的能力; 3.能够较快地独立承担物业服务作业流程中的某些阶段性或节点性工作任务,能够逐步承担物业市场调研、物业谈判、作业组织、物业管理方案设计等基础管理工作。具备初步参与物业空间环境维护和物业设施设备运维方案编制、参与执行的能力;

续表

类别	目标内容
能力目标	4.具备参与进行物业管理方案设计、参与进行物业管理招投标等领域相关工作的基本能力,具备初步参与物业企业内部制度的制定等相关工作基本能力; 5.有创新创业思维,积极参加各类创新创业大赛,通过实训、实践课程接触、了解企业项目实际运营的机会

通过现代物业管理专业核心课程目标确定了工作岗位所需的职业技能。为了使课程内容的选择能符合职业标准要求,A职业技术学院现代物业管理专业所学知识和技能应与职业能力要求相适应。通过对职业知识和职业技能的学习,提升学生岗位适应力。

三、对接工作过程与职业标准的现代物业管理专业核心课程内容

对接工作过程与职业标准的现代物业管理专业核心课程内容应以实际岗位工作任务为引导,在传授学生"够用"的专业知识的基础上,重视学生实践动手能力以及社会沟通和交往能力的培养,使其具备较强的解决实际工作问题的能力,实现理论知识和实践能力的有效整合。在住宅物业管理方向,主要从物业管理员、社区文化专员、秩序维护员、工程维修员四个岗位来确定各自的典型工作任务、行动领域及学习领域。在商业物业管理方向,主要从前台服务、秩序维护、工程维修三个领域来确定各自的典型工作任务、行动领域及学习领域。以上专业核心课程学习领域的确立,主要立足物业企业实际工作岗位的要求,增强了课程的实用性,提高了课程内容与实际工作任务的关联度。

针对课程内容与实际工作任务关联度低、课程内容重复设置、学生动手能力弱等弊端,基于工作过程与职业标准导向,从住宅和商业物业两个方向入手,最后确立了现代物业管理专业核心课程的具体目标、对接毕业生能力要求、课程内容和教学要求,并根据职业行动需求对学习领域进行了重点划分。现代物业管理专业核心课程学习领域见表8-13。

表8-13　现代物业管理专业核心课程学习领域

课程模块	课程名称	课程目标	对接毕业生能力要求	主要内容	教学要求
专业核心课程	物业管家实务	1.素质:具有健康的心理承受能力、勇于承担责任,有进取意识;有良好的语言表达能力、处理纠纷的技巧和能力,具备成功经理人应该具备的特质和能力。 2.知识:熟悉紧急事件处理的基本程序;能够针对物业服务项目的实际情况编制典型的紧急事件处理预案。	1.了解本行业发展的历史及相关概念; 2.熟悉本行业的实践的专业技能; 3.知道如何运用相关知识; 4.熟悉物业日常管理;	1.物业管理前期介入,验收接管工作流程,业主入伙流程和日常管理; 2.收费服务、物业安全管理,正确处理人、车、路的关系;	教学条件:多媒体音像设备、课件、教材、实训任务书及指导书; 教学环境:多媒体教室

续表

课程模块	课程名称	课程目标	对接毕业生能力要求	主要内容	教学要求
专业核心课程	物业管家实务	3.能力:掌握物业入住的工作流程、房屋装修管理的措施,熟悉物业入住的准备工作、物业入住服务的管理内容	5.有系统的理解能力和专业创造力	3.处理突发事件、物业管理延伸服务及经营、物业管理考评与创优标准及现场准备; 4.业主投诉处理的工作流程	
	物业企业人力资源管理	1.素质:在岗位分析过程中,培养团队精神与沟通能力,在招聘实施过程中,形成公正公平的做事风格,处理劳动争议过程中,培养忍耐、冷静、平易近人的性格。 2.知识:掌握物业管理企业人力资源管理的主要内容及基本原理;掌握物业管理企业招聘和录用的程序知识,了解物业管理企业劳动合同签订、社保购买等相关知识。 3能力:掌握工作说明书、员工手册、人员需求计划表、招聘广告、应聘申请表、培训需求调查表等的编写方法,能够进行员工劳动合同的订立、续订、变更、解除、终止手续;掌握一般劳动争议处理方法	1.熟悉物业管理人力资源管理的主要内容及基本原理; 2.掌握物业管理企业的组织结构和岗位设定; 3.掌握物业管理企业招聘流程; 4.熟悉物业管理企业员工培训流程和开发方法; 5.熟悉物业管理企业员工绩效管理	1.物业管理企业人力资源管理的主要内容、人力资源的规划、企业人员的配置; 2.物业管理企业招聘的原则、招聘流程、人员选拔方法和技术; 3.物业管理企业员工培训的主要方法、流程和企业员工的开发; 4.物业管理职业经理人的含义和分类; 5.物业管理企业员工绩效考评内容、方法; 6.物业管理人力资源的经营; 7.物业管理企业文化的构成	教学条件:多媒体音像设备、课件、教材、实训任务书及指导书; 教学环境:多媒体教室
	建筑消防(课证融合课程)	1.素质:胜任消防员岗位能力及其岗位具备的消防基本知识。 2.知识:能够了解建筑各种设备、部件的类型、特点、适用条件及安装维修方法。 3.能力:具备消防系统的故障及功能分析,进行消防系统的日常维护和管理	1.培训消防相关理论知识和消防法规; 2.胜任消防监控室日常管理和工作; 3.消防栓和自动喷灭火系统等消防设施的控制和管理	1.学习消防相关理论知识和消防法规; 2.学习建筑防火区平面图布置、安全疏散; 3.学习消防栓和自动喷灭火系统的使用; 4.学习防烟排烟技术消防电气、火灾自动报警与消防联动	教学条件:多媒体音像设备、课件、教材、实训任务书及指导书; 教学环境:多媒体教室、消防实训室

续表

课程模块	课程名称	课程目标	对接毕业生能力要求	主要内容	教学要求
专业核心课程	物业管理法律法规（"课程思政"）	1.素质:熟悉物业管理法规知识,以及在物业管理中的地位、任务、作用。 2.知识:熟悉民法典等常用的政策法规的相关知识。 3.能力:熟悉物业日常管理的法律	1.能运用法律知识,处理纠纷和防范风险; 2.通过情、理、法三原则将物业管理法律法规应用到具体的工作之中,学法、懂法、用法	1.《物业管理条例》的立法及基础法规知识介绍。 2.民法典部分知识;行政法部分知识等;物业管理法规基础。 3.前期物业管理阶段管理法规;物业日常综合管理法规、收费管理等法规。 4.物业管理法律责任追究	教学条件:多媒体音像设备、课件、教材、实训任务书及指导书; 教学环境:多媒体教室
	物业设备设施应用及管理	1.素质:了解物业设备设施及其管理的基本概念;物业设施设备相关理论知识。 2.知识:理解物业供配电过程及主要设备设施的工作原理、构造及维护保养方法。 3.能力:胜任物业工程部对物业设施设备日常管理和维护工作,能承担物业设备设施设备检修和保养	1.掌握物业(物业小区)中各种给排水系统的工作原理、运行特点、常见故障及处理方法; 2.对热水供应、供暖系统及燃气供应系统的工作原理、常用类型与规格有一个清楚的认识; 3.熟悉通风与空调系统的工作原理、特点和运行管理	1.物业给排水系统维护与管理; 2.采暖系统的运行管理与维护; 3.空调、通风系统的维护与管理; 4.物业电气系统的维护与管理	教学条件:多媒体音像设备、课件、教材、实训任务书及指导书; 教学环境:多媒体教室、实训室
	物业经营管理	1.素质:具有良好的职业道德和服务管理意识,较强的团队合作精神。 2.知识:掌握物业经营管理的基本理论、知识和方法,熟悉物业经营管理相关的方针、政策及法规。 3.能力:设计接管项目资金的筹措与使用方案,能够灵活运用成本控制方法;能够分析不	1.能够运用物业经营管理的相关知识解决实际工作面临的问题,具备一定的专业技术能力; 2.把握物业经营管理的发展趋势与要求,具有较强的社会适应与服务能力	1.物业经营管理的内容; 2.物业服务企业战略管理各阶段工作重点; 3.物业经营项目的资金筹措与使用、成本分析和控制; 4.物业经营管理的方案编制及实施;	教学条件:多媒体音像设备、课件、教材、实训任务书及指导书; 教学环境:多媒体教室

续表

课程模块	课程名称	课程目标	对接毕业生能力要求	主要内容	教学要求
专业核心课程	物业经营管理	同类型物业项目管理的特点、经营管理模式,策划不同类型物业项目经营管理内容	3.处理突发事件、物业管理延伸服务及经营、物业管理考评与创优标准及现场准备; 4.业主投诉处理的工作流程	5.写字楼和商场物业等业态的经营管理模式; 6.物业公司多种经营模式与运营管理	教学条件:多媒体音像设备、课件、教材、实训任务书及指导书; 教学环境:多媒体教室
	物业服务质量管理	1.素质:爱岗敬业、较强的责任心和服务意识; 2.知识:掌握质量管理的基本概念、质量管理体系术语、质量管理体系认证的程序; 3.能力:信息收集和筛选能力、质量管控能力	1.爱岗敬业、具有较强的责任心和服务意识,掌握质量管理的基本概念、质量管理体系术语、质量管理体系认证的程序; 2.具备信息收集和筛选能力、质量管控能力	1.掌握服务的概念与特性,掌握服务管理的内涵; 2.熟悉质量管理的发展历程;掌握质量管理的相关理论、质量管理的七大原则; 3.掌握物业服务质量相关内容; 4.掌握质量管理体系的层次和内容	教学条件:多媒体音像设备、课件、教材、实训任务书及指导书; 教学环境:多媒体教室、现场勘察、记录、制定管理方案(实训、实践)
	物业服务风险防范	1.素质:把握风险防范的基本规律,养成风险防范的科学思路,选择行之有效的风险防范手段和措施; 2.知识:了解风险和风险防范管理的基本知识,掌握风险防范管理的思路与方法; 3.能力:能准确客观地分析风险防范案例,提出有针对性的解决方案,在实践中能够精准地预判风险隐患,采取经济且合理的手段控制风险、化解风险	1.具备物业法律职业素养敬业、守职;承受各种挫折和压力,吃苦耐劳,百折不挠,勇往直前; 2.较扎实的物业管理风险防范理论知识;较强的沟通协调能力; 3.良好的团队协作意识;果断、灵活的工作应变能力,能够运用法律规范物业管理行为并能进行风险防范	1.风险和风险防范管理的基本知识、风险防范管理的思路与方法; 2.物业管理法律风险防范管理、物业服务合同风险防范管理、前期物业管理风险防范管理、物业管理活动风险防范管理、物业管理财务管理风险防范管理、人力资源管理风险防范管理等	教学条件:多媒体音像设备、课件、教材、实训任务书及指导书; 教学环境:多媒体教室

四、对接工作过程与职业标准的现代物业管理专业核心课程资源

(一)课程平台建设

利用"超星学习通"建立线上资源,包括建立现代物业管理专业核心课程教案、电子课件、微课视频、试题库、习题库、教学大纲、教学计划等,建设完善的网络学习资源库,并搭建完善的课程网络学习资源教学平台。通过网络课程平台,课前布置预习。课中通过网络课程平台开展考勤、互动、提问、测试,课后布置作业,进一步拓展学生学习课程的时间和空间。全面开展线上线下混合式教学,推进教法改革。通过学校的智慧监控,智慧职教教学数据监测,建立课堂实时教学"自画像",形成课堂教学的过程性诊改。深化课程改革,从优化课程结构、课程效果、课程考核、课程拓展等手段提高课程质量。

(二)教学环境资源建设

现代物业管理专业核心课程教学配备有多媒体智慧教室、物业信息化实训室(图8-3),实训场地有校企合作实训基地、现代学徒制训练中心、学院民族建筑博物馆、智能家居实训室、学院智慧城市技术研发中心等丰富的校内外实训场地资源,满足学生线上线下混合式教学需求。

图8-3　多媒体教室、物业信息化实训

依据专业建设特点和学校物业管理项目的实际,创建真实可行的实习实训环境。建立完善校企一体、共建共管、独立运行的实训基地及其管理运行体系。强化校企双主体育人、服务育人,开发建设校内外实习实训体系。依托学校校企合作实训基地、合作企业在管物业项目,构建以真实性、生产性服务性为主,仿真性、模拟性为辅的校内外实习实训基地,成立

以"企业化管理,市场化运作"为指导思想,"企业参与,自主管理,独立运营"物业服务中心,将优秀的物业管理企业文化和管理制度,植入物业服务中心管理和运营,使学生在生产性学习和实训过程中,感受优秀的企业文化和职业精神。满足学生实践能力和职业精神培养的需要,从而实现"双主体育人、服务育人、实践育人"。

(三)为自治区现代学徒制试点专业保驾护航、聚合校企优质资源

A职业技术学院现代物业管理专业2019年被评为广西壮族自治区现代学徒制试点专业,现代物业管理专业核心课程教学依托本专业现代学徒制实施,与7家物业服务企业开展学徒制人才培养,实行企业专家、工作任务、工作标准进课堂,外出参观实训、外出参加企业培训、外出跟岗训练,"三进三出"人才培养教学,提升人才培养效能。

五、对接工作过程与职业标准的高职院校物业管理专业核心课程教学实施

(一)校企共同制订课程标准

A职业技术学院现代物业管理专业,与合作企业进行深层次合作,以学校校园物业管理为载体,按照合作企业一般物业管理内设机构及学校对物业管理的要求,设置物业行政管理部(中心)、金钥匙客服部、工程维护部、绿化保洁部、视频监控部、咨询报修部等部门,校企双方共同派出人员组建管理机构,形成一套既合乎经营管理又遵循教育教学规律的服务与教学一体的管理体制和运行机制。这些部门既是企业经营管理的工作职能部门,也是专业建设、专业教学和学生学习实训的场所。同时,学校聘请企业骨干人员、专业技术人员为专业客座教授和骨干教师,成立专业建设指导委员会,将专业建设、教学过程与物业管理服务全过程完全融合在一起,实现专业与现代服务业(物业管理)对接,形成一套集服务与教学一体的物业管理专业人才培养课程标准。

为保障高职课程标准制定有针对性,A职业技术学院现代物业管理专业加强顶层设计和政策指引,建立课程标准实施工作协调机制,形成学校统筹、部门参与、校企合作实施的工作格局,全面统筹课程标准编写工作。组织教师观摩研讨、定期交流课程标准编写问题并使之制度化。加强对课程标准编写的管理和引导,建立联席会议和联络员制度。联络员定期开展调研活动,对现代物业管理专业实施课程编写情况进行监控、交流与指导,着重在教学组织、教师教学、实训基地建设、学生实训实习指导上加强对课程实施的过程管理,确保各项教学工作和实践课程在课程标准的指导下得以全面开展。

现代物业管理专业与企业双方发挥各自教学和实践的优势,取长补短,组建校企合作课程标准开发小组对行业情况进行分析,收集物业行业企业经济发展的基础数据、人才需求数据,共同分析职业岗位、人才规格要求、岗位类型,并对物业行业领域的职业工作和职业教育状况进行观察分析,从宏观上把握物业行业、企业人才需求与职业院校的培养状况等,统计分析结果,形成课程标准制定参考依据。根据高职专业培养计划,以学生综合职业素质培养为核心,以企业岗位技术标准为依据,校企合作制定课程标准,为现代物业管理专业核心课

程教育教学提供明确的指引。

　　A职业技术学院现代物业管理专业校企合作课程标准制定经研究发现,原来的教学内容体系是纯"学院式"的体系结构,内容结构单一,不能与应用型技能人才的培养相衔接。于是在结合物业服务企业物业服务岗位技术标准的基础上改革课程内容标准,压缩理论课时,增加实践课时,结合行业标准和岗位要求,注重以物业服务多元任务为基础,强化学习任务与工作实践紧密关联,应用任务驱动理念,学习任务与工作任务对接、学习标准与工作标准对接,实施"岗课赛证"融通。对标《物业管理师国家职业标准》《物业管理员职业能力评价规范》,对接物业管家岗位需求,依托物业管理行业技能大赛指南,融入"1+X"新居住数字化经纪服务(中级)技能要求,构建对接工作内容与职业标准,实施"岗课赛证"融通的教学内容体系。课程标准中注重"课程思政"教学,对课程内容进行梳理,挖掘知识点中蕴含的思政元素,收集可以融入知识点的思政案例,探讨思政案例的融入形式,课程围绕社会主义核心价值观与提升物业服务能力两条主线,为学生传递正确的服务思想,让学生学会诚信、务实、仁爱。将实践教学内容与行业岗位训练相结合,开发了"贴近岗位"的实训项目和校外实习项目。同时增加了实践教学的学时,课程考核构成从原来的理论(90%)+平时(10%)=总成绩(100%),改革为:过程性评价(60%)+结果性评价(20%)+增值性评价(20%)=总成绩(100%),课程考核以教学目标为依据,突出重点,难度适当,建立试题库,实现教考分离。

　　下面以"物业管家实务"课程为例,"物业管家实务"课程教学团队与合作企业共同制订课程标准,形成了校企合作开发的课程标准,具体内容如下。

"物业管家实务"课程标准

一、课程基本信息

　　课程信息见表1。

表1　课程信息表

课程名称	物业管家实务	基准课时	56	时间安排	第2学期
课程代码	06224	适用专业	现代物业管理		
课程类型	B	课程性质	2	考核形式	闭卷考试
先修课程	物业管理概论	后续课程	物业管理法律法规		
课程建设标准	优质课程				

二、课程性质与任务

　　"物业管家实务"课程是现代物业管理专业的核心课程,课程对标《物业管理师国家职业标准》《物业管理员职业能力评价规范》,对接物业管家岗位需求,依托物业管理行业技能大赛指南,融入"1+X"社区治理中级职业技能要求。

课程教学从物业管家服务理念入手,"以学生为主体、以能力为本位"。注重以物业管家多元任务为基础,强化项目任务与实践紧密关联,应用任务驱动理念,实现工作任务与学习任务对接、工作标准与学习标准对接、工作过程与学习过程对接,学习目标体现需求导向、学习内容体现工作任务导向。

本课程主要内容有物业管家前置、物业承接查验、入住服务、装修管理、物业管家常规工作、投诉处理、社区文化,充分贴近物业管家工作实际,既涵盖物业管家工作内容和工作流程、作业指引,又囊括具有实操性和针对性的物业管家各项工作任务策略与技巧及风险识别与控制,以培养学生的物业服务意识,使学生掌握物业管家服务各项工作的方法和技能,课程深浅有度,基本技能贯穿课程始终,符合职业院校学生的学习特点。课程以工作任务式教学方法为指引,每个项目都有对应的工作任务,学生通过完成工作任务,可系统、全面地掌握该项技能;课程融入行业实操内容,学生在完成工作任务的同时增强对物业管家工作实操服务理论知识和方法技能的领悟与掌握。

三、课程定位

(一)人才培养目标定位分析

本课程面向物业服务企业管理的商业物业、写字楼物业、住宅物业等不同业态的物业管家岗位,主要培养学生面向业主以及客户从事物业管家服务的能力,取得物业管理师、物业管理员或相关职业四级/中级工职业资格证书(技能等级证书)。

本课程以物业管家岗位工作内容作为教学内容,以物业管家的工作情境组织教学过程,采用教、学、练三者结合以练为主的教学方式,重点培养学生物业管家岗位服务能力、创新意识、吃苦精神、管理能力、组织能力和沟通能力,并把精益求精、诚信服务的职业态度培养贯穿知识和技能的学习过程之中。符合高端技能型物业管理专门人才培养目标和专业相关技术领域职业岗位(群)的任职要求。

(二)创新创业与课程融合情况分析

"物业管家实务"课程以创新思维为导向,采用任务驱动教学法,将课程知识贯穿教学全程,让学生在掌握物业管理知识、方法与应用技能的同时,培养学生形成全局统筹意识、辩证思维的能力、探索发现精神、自我突破与创新精神、团队合作精神等,提升学生的创新创业能力。

(三)思政教育主线分析

课程坚持以社会主义核心价值观引领,在教学中融入思想政治教育、物业管家职业素质以及文化素养的学习与熏陶,传承中华优秀传统文化,弘扬精益求精文化和诚信服务精神,培养学生正确的价值观、优良的职业道德、高尚的人格素养,努力实现求知、做事和做人的有机统一。课程围绕社会主义核心价值观与提升物业服务能力两条主线,注重"课程思政"元素与"物业管家实务"课程教学项目对接,构建"3456"融合的育人路径,即为学生讲清楚三个"新"(新发展阶段、新发展理念、新发展格局)、坚定四个自信、弘扬五种精神("敢为人先,攻坚克难"的敬业精神、"马上就办,真抓实干"的务实精神、"专业规范,诚信服务"的奉献精神、"敢于负责,直面矛盾"的担当精神、"解放思想,与时俱进"的创新精神)、培养六种素养(知识素养、技能素养、人格素养、意识素养、心理素养、行为素养),为学生传递正确的服务思想,让学生学会诚信、务实、仁爱。

四、课程目标

(一)总体目标

本课程以工作过程为导向,以工作任务为载体,进行工作过程系统化课程设计。根据物业服务企业对应工作岗位的工作内容、工作流程、工作标准开发课程内容,以物业管家工作为课程内容,涵盖物业管家的工作内容及其技能。在保证课程系统性、完整性的同时,将课程所涉及的内容细分成若干个具体的技能和工作任务对学生进行训练。在采用"工作过程导向"与"任务驱动"的同时,还采用项目教学法等方法与上述方法的综合应用,融"教、学、做"为一体,培养学生从事物业管家工作所需要的核心能力,形成物业管家工作所需要的职业技能,提高物业管家服务能力,具体目标如下:

1.知识目标

(1)了解物业管家内涵,熟悉物业管家工作内容和工作流程;

(2)掌握物业管家前置和物业承接查验的专业技能;

(3)熟悉物业日常管理服务各项工作;

(4)掌握入住方案设计并能组织实施;

(5)掌握物业服务投诉处理步骤、方法;

(6)熟练进行业主回访工作;

(7)熟练进行满意度调查问卷设计;

(8)熟练实施社区服务与社区文化活动。

2.素质目标

(1)具备尊重规范、善待客户,践行诚信服务、务实创新、专业规范、共治和谐、诚信共赢等职业信念和品德;

(2)具有"以客户为本、一切为了客户"的责任意识;

(3)具有良好的语言表达能力、处理纠纷的技巧能力、团队合作能力;

(4)具有健康的心理承受能力,勇于承担责任,有进取意识。

3.能力目标

(1)能综合运用相关技术手段和法律法规解决入住与装饰装修过程中的实际问题;

(2)能够组织实施物业承接查验工作,在承接查验的过程中发现问题并跟踪整改;

(3)能够根据调查结果分析及解决问题,进行客户关系维护及公共事务关系维护;

（4）能够识别物业管理服务风险，执行风险管理制度；

（5）能够运用物业管家岗位职责评估物业管家工作结果；

（6）能够以积极的态度和角度对待物业管理中出现的困难和遗留问题。

（二）具体目标

本课程主要围绕物业管家岗位的技能及能力的培养确定课程具体目标，具体见表2。

表2　目标要素与目标内容

序号	目标要素	目标内容
1	知识目标	1.了解物业管家前置、物业承接查验、入住服务、装修管理、物业管家常规工作、投诉处理、社区文化各任务工作内容、工作流程和作业指引
		2.掌握物业管家前置、物业承接查验、入住服务、装修管理、物业管家常规工作、投诉处理、社区文化各任务服务策略与技巧
		3.学会物业管家前置、物业承接查验、入住服务、装修管理、物业管家常规工作、投诉处理、社区文化各任务的风险识别与控制
2	能力目标	1.能配合、组织、协调，销售案场服务、工地开放日、交付前的管家服务，使各项服务工作井然有序、热烈而不混乱，能对销售案场服务、工地开放日、交付前的管家服务各种可能出现的突发事件进行预控和应急处理，能提供销售案场服务、工地开放日、交付前的管家服务以及咨询服务
		2.能明确业主及开发建设单位、物业服务企业在承接查验中各自的责任，能在法律上界定清楚各自在承接查验中的权利和义务，避免物业管理中因物业质量责任不清而导致的纠纷，确保物业具备正常的使用功能，认真参与承接查验，严把质量关，确保接到一个质量合格的物业，为前期物业管理打下良好的物质基础
		3.能做好入住准备工作、为业主办理入住手续，能根据业主提出的验房整改要求协调建设单位做好业主专有部分的整改，能为业主提供搬迁入住服务
		4.能严格审核装修方案，对未按装修审核内容及修正意见，能对施工或违反施工安全操作规范予以制止和纠正，坚守岗位履行职责，认真作好装修审核记录和装修巡查记录，能够为业主提供物业常规性服务，能够为业主提供物业专项服务，能处理日常业主投诉问题，能够与业主进行有效沟通
3	素质目标	1.对行业发展前景充满信心，对公司有较高的认知度和忠诚度，具有正确的方向价值观，工作态度积极主动、认真热情，有极强的上进心和证明自我价值的期望，具备良好的综合抗压能力，自我要求严格，调整适应能力强，组织纪律性和团队协作性强
		2.具有较强的质量意识，善于学习、勤于思考，能适应新形势下的各项发展要求，具有全面优异的沟通能力，具备良好的职业道德和对客户服务的同理心，树立物业管家良好形象和行为规范，具备良好的管理能力和熟练完成工作的能力

续表

序号	目标要素	目标内容
3	素质目标	3.具有良好的职业道德和精益求精工作的态度,具有良好的团队合作精神,工作积极主动,具备良好的品质意识和服务意识,展现物业服务人良好的精神风貌,了解物业服务行业社会价值,增强行业自信,坚定物业行业用户价值,实现人们对美好生活的期待

五、学习结果

通过本课程学习,学生达到以下学习结果(见表3)。

(1)掌握物业管家服务的工作内容,以积极的态度和角度对待物业管理中出现的困难和遗留问题。

(2)具有健康的心理承受能力,勇于承担责任,有进取意识。

(3)有良好的语言表达能力、处理纠纷的技巧能力。

(4)具备物业管家特质:现代化的多元化观点和专业技能。

(5)尊重规范、善待客户。

表3　"物业管家实务"课程学习结果

序号	学习结果
1	能配合、组织、协调,销售案场服务、工地开放日、交付前的管家服务,使各项服务工作井然有序、热烈而不混乱,为营销推广方案和策略的实施提供有力支持
2	能够组织实施物业承接查验工作,在承接查验的过程中发现问题并跟踪整改
3	能够办理入住手续,陪同业主进行收房验房并对问题进行记录汇总,能够跟踪解决入住过程中的问题
4	能够办理装饰装修手续,对装饰装修过程进行管理,能够执行现场作业指导书
5	能够处理报事报修、欠费催交等事务,建立业主档案。组织满意度调查,进行业主回访及满意度调查问卷的收发
6	能处理日常业主投诉问题,能够与业主进行有效沟通
7	能够实施社区服务与社区文化活动
8	能够建立客户服务体系,进行物业服务过程监督与客户关系维护
9	能够识别物业管理服务风险、执行风险管理制度

六、课程结构与内容

本课程依据本专业人才培养方案围绕物业管理知识、物业管家能力培养,遵循职业能力发展规律,课程教学内容注重以物业管家多元任务为基础,强化学习任务与工作实践紧密关联,应用任务驱动理念,教学内容对接工作内容与职业标准,实施"岗课赛证"融通。对标《物业管理师国家职业标准》国家标准、《物业管理员职业能力评价规范》行业标准,对接物业管家岗位需求,依托物业管理行业技能大赛指南,融入"1+X"新居住数字化经纪服务(中级)技能要求,构建能力本位的工作过程导向内容体系,形成由7大模块、25个任务组成的课程内容(表4)。

表4　《物业管家实务》课程结构与内容

【岗】工作岗位要求	【课】任务模块	【课】教学内容	【课】实践教学内容	工作内容	【赛】物业管理行业技能大赛指南	职业标准		【证】《"1+X"新居住数字化经纪服务(中级)技能标准》"1+X"新居住数字化经纪服务(中级)技能证书
						【证】国家标准《物业管理师国家职业标准》物业管理师(三级)技能等级证书	行业标准《物业管理员职业能力评价规范》	
能提供销售案场服务、工地开放日、交付前的管家服务为地产营销推广提供有力支持	模块一：物业管家前置	1.销售案场大厅服务;2.样板间接待与配合开盘活动;3.工地开放日现场包装与客户接待;4.交付前的物业见面会	1.模拟销售大厅案场服务;2.样板间接待服务;3.工地开放日接待	1.销售案场服务;2.工地开放日;3.交付前的管家服务	物业管理沟通能力、应急处理能力、方案设计、执行能力	1.能进行客户服务的方案设计、组织实施及过程监督;2.能有效与客户进行沟通	能够建立客户服务体系,进行物业服务过程监督与客户关系维护	1.了解服务方案的框架结构,能设计出一般性服务方案;2.了解需求和方案的应对关系,能开展相关服务活动
能组织并认真参与承接查验,严把质量关,对影响业主将来使用和物业管理的问题及时要求整改	模块二：物业承接查验	1.物业资料查验与移交;2.物业共用设施设备查验移交与遗留问题处理;3.物业管理权交接	1.校园物业承接查验;2.物业管理交接	1.新建物业的承接查验;2.物业管理机构更迭时物业移交	1.物业服务企业在承接查验中的权利和义务;2.界定开发商、施工单位、业主、物业服务企业物业质量责任	1.能够根据委托合同拟订物业的接管验收与撤管方案;2.能够组织物业的接管验收与撤管	1.能够根据委托合同拟订物业的接管验收与撤管方案;2.能够组织物业的接管验收与撤管;3.能够进行物业管理区域资料及场地交接工作	1.能制订房屋实堪的方案;2.能编制《房屋状况说明书》;3.能根据房屋实堪方案及要求进行房屋照片拍摄,以及房屋非标图绘制

续表

【岗】工作岗位要求	【课】任务模块	【课】教学内容	【课】实践教学内容	工作内容	【赛】物业管理行业技能大赛指南	职业标准		【证】《"1+X"新居住数字化经纪服务（中级）技能标准》"1+X"新居住数字化经纪服务（中级）技能证书
						【证】国家标准《物业管理师国家职业标准》物业管理师（三级）技能等级证书	行业标准《物业管理员职业能力评价规范》	
1.能够向客户提供入住服务；2.能够办理入住手续，组织收房验房	模块三：入住服务	1.入住手续办理；2.业主专有部分维修与整改	1.入住服务准备工作；2.搬迁入住服务	1.编制入住服务方案；2.入住服务培训及流程演练；3.办理业主入住手续；4.验房整改	1.物业入住服务流程；2.入住服务应急事件处理；3.入住服务设计	1.能进行客户入住的方案设计，组织实施及过程监督；2.能运用网络化手段提供和改进客户服务	1.能够向业主或使用人提供入住服务；2.能够做好客户接待工作	能根据客户的类型，制订并执行不同的客户维护计划
1.能指导业主进行装修申报；2.能严格审核装修方案；3.能进行装修巡查并制止违规装修；4.能组织装修竣工验收	模块四：装修管理	1.装修申报与审批；2.签订装修服务协议；3.装修施工期间的管理；4.装修竣工验收	1.装修审批；2.装修施工期间巡查	1.受理装修申请；2.装修审批及备案；3.装修施工期间管理；4.装修竣工验收	1.物业管理法律法规；2.装修管理规定；3.装修管理案例分析	1.能够拟订房屋装饰、装修管理制度；2.能够组织、检查、验收房屋装饰、装修工程，并按规定处理相关事宜	1.能够组织、管理有关人员对房屋进行日常养护和维修；2.能够管理、监督室内装饰、装修工程	1.能编制《房屋状况说明书》；2.能向客户讲解房屋基本要素、产权性质、户型居住体验等情况

145

续表

【岗】工作岗位要求	【课】任务模块	【课】教学内容	【课】实践教学内容	工作内容	【赛】物业管理行业技能大赛指南	职业标准		【证】《"1+X"新居住数字化经纪服务(中级)技能标准》"1+X"新居住数字化经纪服务(中级)技能证书
						【证】国家标准《物业管理师国家职业标准》物业管理师(三级)技能等级证书	行业标准《物业管理员职业能力评价规范》	
1.能为业主提供物业常规服务；2.为业主提供个性化的服务工作	模块五：物业管家常规工作	1.报修服务；2.欠费催交；3.智慧物业日常巡查内容；4.智慧物业日常巡查标准化实施；5.智慧物业日常巡查风险防范；6.智慧物业满意度调查；7.住宅专项维修资金使用	1.欠费催缴话术；2.物业日常巡查；3.住宅专项维修资金使用流程	报修服务、欠费催交、物业日常巡查、住宅专项维修资金使用、满意度调查、物业档案管理等	1.物业管理法律法规；2.物业管理风险防范；3.物业管理案例分析	1.能与客户进行有效沟通；2.能够拟订物业管理费用收支计划，并控制预算；3.能够对专项维修基金的使用进行管理；4.能够处理物业管理收费纠纷	1.能做好客户接待工作；2.能够按时收取物业管理费用；3.能够代收水、电、气等费用4.能够及时处理突发事件	1.能利用需求分析方法，对客户的需求进行分类，识别客户核心需求；2.能进行满意度调查问卷的设计和实施
1.能处理日常业主投诉问题；2.能够与业主沟通，了解业主需求；3.能够按照规定程序处理业主投诉	模块六：投诉处理	1.投诉接待与核查；2.投诉处理与回访	投诉处理与投诉回访	投诉接待、投诉受理、投诉核实调查,投诉处理,投诉反馈,投诉回访	1.物业管理法律、法规,物业服务流程；2.物业服务情境模拟	1.能与客户进行有效沟通；2.能实施员工服务技能培训；3.能有效处理物业服务投诉	能够做好客户接待工作,并处理一般客户投诉	1.能记录投诉内容；2.能根据客户投诉的处理原则和流程在规定时限内完成投诉处理

续表

【岗】工作岗位要求	【课】任务模块	【课】教学内容	【课】实践教学内容	工作内容	【赛】物业管理行业技能大赛指南	职业标准		【证】《"1+X"新居住数字化经纪服务(中级)技能标准》 "1+X"新居住数字化经纪服务(中级)技能证书
						【证】国家标准《物业管理师国家职业标准》物业管理师(三级)技能等级证书	行业标准《物业管理员职业能力评价规范》	
1.能够撰写社区文化活动方案; 2.能组织和实施社区文化活动	模块七:社区文化	1.社区文化活动策划与组织; 2.社区文化活动实施与新媒体运用	1撰写社区文化活动方案; 2.实施社区文化活动	1.社区文化活动策划; 2.组织与实施社区文化活动	物业服务社区活动的组织与实施	1.能筹备、推广社区生活服务与文化建设活动; 2.能组织、落实及配合相关单位实施社区生活服务与文化建设活动	能够在管区内组织和管理各种有益的文体娱乐活动	1.能设计组织社区公益活动; 2.能评估社区服务活动的目标达成效果,并提出优化建议

七、学生考核与评价

本课程考核以学生发展为中心,突出考核评价的激励与反馈作用,课程考核评价由过程性评价和结果性评价、增值性评价组成。

(一)过程性评价

过程性占总分比例的60%,包括学生平时表现、教学活动参与及完成情况,通过学生自评—教师评—实训软件评—企业专家评—学生互评的五项评价考核,其评分标准见表5。

表5　"物业管家实务"课程过程性评价

评价构成	评价维度	评价指标	评价权重/%	学生自评	校内教师点评	智能软件	企业导师点评	学生互评
过程性评价(60%)	课前平台自学（15%）	自学任务点	5			√		
		章节测试	5			√		
		案例阅读	5			√		

续表

评价构成	评价维度	评价指标	评价主体					
			评价权重/%	学生自评	校内教师点评	智能软件	企业导师点评	学生互评
过程性评价(60%)	课中教学(30%)	按时到课	6			√		
		问题作答	8		√			
		参与讨论	8		√	√		
		参与抢答	8		√			
	课中实操(15%)	实训质量	5	√	√	√	√	√
		方案撰写	5	√	√		√	√
		汇报表现	5	√	√		√	√

(二)结果性评价

结果性评价占20%,通过考核评价学生对教学内容的掌握程度,其评分标准见表6。

表6 "物业管家实务"课程结果性考核评价表

评价构成	评价维度	评价指标	考核要求	评价主体				
				评价权重/%	学生自评	校内教师点评	智能软件	企业导师点评	学生互评
结果性评价(20%)	课程线上、线下考试(20%)	物业管家前置	理解、综合	2		√	√	√	√
		物业承接查验	分析、应用	5		√	√	√	
		入住服务	识记、应用	3		√	√	√	
		装修管理	应用	2		√	√	√	
		物业管家常规工作	理解、分析、应用	6		√	√	√	
		投诉处理	识记、应用	3		√	√	√	
		社区文化	识记、应用	2		√	√	√	

增值评价占20%,以学生学业成就为依据,追踪学生本课程学习时间内学业成就的变化,以学生的全面发展为视角,从能力性增值、社会性增值和经济性增值三个维度对学生进行课程学习评估,其评分标准见表7。

表7　"物业管家实务"课程增值评价表

评价构成	评价维度	评价指标	评价权重/%	评价主体				
				学生自评	校内教师点评	智能软件	企业导师点评	学生互评
增值评价（20%）	能力性增值	学习能力	3	√	√	√		
		开拓创新能力	2	√	√	√		
		专业技能水平	3	√	√	√		
	社会性增值	意志品质、服务意识	2	√	√	√		
		团队协作能力	2	√	√	√		
		组织领导能力	1	√	√	√		
		服务仪表	3	√	√	√		
	经济性增值	职业发展	2	√	√	√		
		岗位胜任力	3	√	√	√		

八、教学实施及保障

（一）课程资源

制作与课程内容相配套的教学课件、教案,搜集相关动画、视频、微课等,在超星学习平台、学银在线建立班级课程。并配有智慧职教、MOOC学院等信息化资源。

（二）教材编写与使用

教材选用:主教材是自编的新形态工作手册式教材《物业管家实务》。

辅助教材:《物业客户服务管理》。

（三）数字化资源开发与利用

本课程强化信息化教学设计和教学实施。采用线上线下混合式教学模式,使用超星学习通、学银在线建立线上资源,包括建立"物业管家实务"课程教案、电子课件、微课视频、试题库、习题库、教学大纲、教学计划等,建设"物业管家实务"课程网络学习资源库,开展辅助教学,并搭建完善的《物业管家实务》课程网络学习资源教学平台,活页式教材配套教学云平台,包含课件、微课、习题库、课程标准、实训指导书等数字资源,服务教学实施。

（四）学习工具

一台能够接入互联网的电脑,一部智能手机接入网络资源辅助学习。

（五）教学方法（表8）

表8　教学方法

序号	教学方法	教学方法使用说明	对应教学任务
1	项目化教学法	在课中、课后实操环节，通过校企合作，以企业真实项目为载体，在任务驱动下，学生将理论知识主动应用到实践中，找出完成项目的路径和方法，最后通过项目的完成实现课程知识点和技能点的掌握，促进学生主动学习，培养学生动手动脑能力	工地开放日、承接查验办理、物业入住手续、编写物业入住方案、装修管理流程、欠费催交、满意度调查、社区文化活动的策划与组织
2	角色扮演法	在假设环境中按某一角色进行活动以达到学习目标的一种教学方法，适用于物业服务场景实施等教学环节内容	接待咨询、报修服务、欠费催交、投诉处理流程、社区文化组织、样板间接待服务、投诉处理
3	案例教学法	针对教学重点难点，在教师指导下，学生对选定的具有代表性的典型案例进行有针对性的分析、审视和讨论，做出自己的判断和评价	案场服务、工地开放日、承接查验、办理物业入住手续、物业日常巡查
4	分组讨论教学法	通过分组讨论让所有学生全部参与明确的集体任务中，达到合作学习的目的。分组讨论过程中小组成员之间相互依赖、相互沟通、相互合作，共同负责，同时培养学生良好的表达沟通能力和团队合作能力	投诉分类、投诉处理流程、作业标准、风险控制、社区文化建设内容、社区文化活动的策划与组织
5	实训教学法	以物业企业真实项目为载体，在任务驱动下，进行教学内容实训学生将理论知识主动应用到实践中，找出完成项目的路径和方法，最后通过项目的完成实现课程知识点和技能点的掌握	物业承接查验、办理物业入住手续、投诉处理、物业管家常规服务

（六）教学条件

1.多媒体智慧教室

2.物业信息化实训室、物业管理实训系统

3.实训场地

实训场地有校企合作实训基地、学院民族建筑博物馆、智能家居实训室、学院智慧城市技术研发中心等(见表9)。

表9 "物业管家实务"课程实训场地与实训内容对应表

项目名称	实训场地	实训内容
物业管家前置	校企合作实训基地、智能家居实训室	销售案场大厅服务、样板间接待服务工地开放日、接待水吧服务
入住服务	智能家居实训室、学院智慧城市技术研发中心、校企合作实训基地	入住手续办理搬迁入住服务
物业管家常规服务	校企合作实训基地物业管家操作平台学院民族建筑博物馆、学院智慧城市技术研发中心	报修服务、欠费催交、投诉处理、物业日常巡查
物业管家岗位实训	校企合作实训基地	物业承接查验、工地开放日、收楼入伙、项目开放日、物业岗位培训

4.为自治区现代学徒制试点专业保驾护航、聚合校企优质资源

现代物业管理专业2019年被评为广西壮族自治区级现代学徒制试点专业,"物业管家实务"课程教学依托本专业现代学徒制实施,与上市公司碧桂园服务、万科物业、央企中铁建物业、龙光物业等头部企业开展学徒制人才培养,实行企业专家、工作任务、工作标准进课堂,外出参观实训、外出参加企业培训、外出跟岗训练,"三进三出"人才培养教学,提升人才培养效能。

5."双师型"教学团队,为教学实施保驾护航

目前教学团队专任教师9人,高级职称5人,中级职称4人,"双师型"教师8人,80%以上教师为行内各级专家库、智库成员、职业技能考评员。教师团队兼职教师10名,均来自物业服务企业,他们中有一线工作的能工巧匠,也有关注行业前瞻性发展的企业高管。校内教师+企业教师联合教学,保证了教学实效性。

九、授课进程与安排

根据教学安排"物业管家实务"总课时56课时,每周4课时,具体安排见表10。

表10 "物业管家实务"课程教学计划进度表

教学周	教学模块	授课任务	育人目标	课时安排	实践教学	作业或考核
第一周	物业管家前置	销售案场服务	1.能提供相应销售案场服务、配合、组织、协调,使各项服务工作井然有序、热烈而不混乱; 2.能对销售案场服务各种可能出现的突发事件进行预控和应急处理,从而为营销推广方案和策略的实施提供有力支持;	4	模拟销售大厅案场服务、样板间接待服务	简述案场服务策略与技巧

续表

教学周	教学模块	授课任务	育人目标	课时安排	实践教学	作业或考核
第一周	物业管家前置	销售案场服务	3.能提供销售案场服务以及咨询服务	4	模拟销售大厅案场服务、样板间接待服务	简述案场服务策略与技巧
第二周	物业管家前置	工地开放日、交付前的管家服务	1.能提供相应工地开放日、交付前的管家服务,配合、组织、协调,使各项服务工作井然有序、热烈而不混乱; 2.能对工地开放日、交付前的管家服务等各种可能出现的突发事件进行预控和应急处理,从而为营销推广方案和策略的实施提供有力支持; 3.能提供工地开放日、交付前的管家服务以及咨询服务	4	工地开放日接待工作	简述工地开放日接待的程序要点
第三周	物业承接查验	新建物业承接查验	具有较强的质量意识,能在物业承接查验工作中维护业主的合法权益	4	承接查验观摩	物业共用部位、公用设施设备查验与移交现场发现问题的处理方法
第四周	物业承接查验	物业管理机构更迭时的承接查验	1.树立正确的价值观,自觉抵制在物业承接查验中的不良风气; 2.具有认真负责的态度,发挥物业管理社会化、专业化、现代化的管理优势	4	物业管理交接	案例分析
第五周	入住服务	入住准备、入住手续办理业	能做好入住准备工作、根据入住手续办理的流程熟练地为业主办理入住手续	4	模拟入住手续办理	入住各方主体的责任界定
第六周	入住服务	业主专有部分的维修整改、搬迁入住服务	1.能根据业主提出的验房整改要求协调建设单位做好业主专有部分的整改; 2.能为业主提供搬迁入住的惊喜服务	4	搬迁入住服务	专有部分维修整改案例分析

续表

教学周	教学模块	授课任务	育人目标	课时安排	实践教学	作业或考核
第七周	装修管理	受理装修申请、装修审批、装修备案、签订住宅室内装饰装修管理服务协议	1.熟悉物业基本概念及装修管理基本概念； 2.熟悉物业管理相关的法律、法规和政策； 3.严格遵守和执行国家相关的法律、法规和政策； 4.严格审核装修方案	4	装修审批	装修申报过程中业主应提交哪些材料？
第八周	装修管理	装修施工期间的管理、装修竣工验收	1.熟悉相关的建筑装饰装修施工技术规范、工艺流程和验收标准； 2.熟悉辖区环境以及配套的设备设施，熟悉辖区环境布局及房屋结构； 3.熟悉燃气安全使用管理规定、消防管理条例及相关安全生产条例	4	装修施工期间巡查	在装修管理过程中，针对装修施工人员有什么要求呢？
第九周	物业管家常规工作	物业管家日常工作 1.报修服务； 2.欠费催交	了解各项物业服务中心日常各项工作的意义所在； 能够为业主提供物业常规性服务	4	欠费催交话术	欠费催交案例分析
第十周	物业管家常规工作	1.智慧物业日常巡查内容； 2.智慧物业巡查标准化实操	了解各项物业服务中心日常各项工作的意义所在； 能够为业主提供物业常规性服务	4	智慧物业巡查系统实操	1.社区调研作业； 2.软件案例练习
第十一周	物业管家常规工作	物业管家日常工作 1.智慧物业巡查风险防范； 2.智慧物业满意度调查	了解各项物业服务中心日常各项工作的意义所在； 能够为业主提供物业常规性服务	4	实训操作智慧物业日常巡查风险表现	制订智慧物业日常巡查风险防范措施

续表

教学周	教学模块	授课任务	育人目标	课时安排	实践教学	作业或考核
第十二周	1.物业管家常规工作 2.投诉处理	1.住宅专项维修资金使用; 2.投诉接待与投诉受理	1.能够满足业主专项服务需求并为业主提供专项服务; 2.能够为业主提供个性化的服务工作; 3.能够为业主提供物业投诉接待服务	4	住宅专项维修资金使用流程	欠费催交话术 挪用住宅专项维修资金的后果?
第十三周	投诉处理	1.投诉核实调查与投诉处理; 2.投诉反馈与投诉回访	1.能够处理日常业主投诉问题; 2.能够与业主进行沟通,了解业主需求; 3.能够按照规定程序处理业主投诉	4	1.投诉受理和核实调查; 2.投诉处理与回访	1.投诉处理案例分析; 2.业主回访的风险点有哪些? 如何预防?
第十四周	社区文化	1.社区文化活动策划; 2.社区文化活动的组织; 3.社区文化活动实施; 4.社区文化活动的类型与案例; 5.新媒体在社区文化工作中的运用	1.掌握社区文化活动方案的撰写; 2.熟悉新媒体在物业服务企业中的常见类型; 3.掌握对舆论进行引导的技能	4	观摩校企合作物业服务企业社区文化活动	社区文化活动应当怎样选择主题?

　　通过校企合作课程标准的制订使学生的理论知识在实践操作的指引下得到了升华,进而形成了具有实践特征的岗位职业技能。在校企合作的教学实践中,学生可以直接进入职业岗位的角色,切身体验企业员工工作程序、工作标准和技术要求,实行严格的企业工作纪律和企业的规章制度等,使学生真正融入企业文化、团队建设、职业技能的实际操作中,实现理论学习与企业实际工作岗位对接,提高学生职业岗位技能水平和实际操作能力。

(二)校企共同开发课程内容

现代物业管理专业以就业为导向,以培养物业行业一线高技术技能人才为目标,校企共同开发课程内容,将对应职业岗位所需的能力作为主线,按工作过程的不同工作任务和工作环节进行能力分解,细化成不同的能力点,同时参照职业标准,将其转化为由专业知识和技能训练所构成的课程内容。

1.校企合作开发课程内容的步骤与顺序

下面以"物业管家实务"课程为例,根据职业岗位进行工作分析和典型工作任务分析、确定学习领域与学习情境、设计教学目标、确定教学内容和教学设计,明确每个学习情境下的学习任务,以下具体阐述校企合作开发课程内容的步骤、顺序以及应注意的问题。

1)根据职业岗位进行工作分析

根据现代物业管理专业人才培养方案和毕业生从事岗位得出"物业管家实务"课程的主要岗位为住宅物业及商业物业的物业管家工作。

物业行业企业技术实践专家、现代物业管理专业教师对物业管理专业的毕业生从事物业管家岗位工作的性质、任务、工作职责、工作知识、技能和素质、工作对象、要求和物业服务流程规范、工作内容进行分析,见表8-14。

表8-14　现代物业管理专业职业岗位工作分析表

工作分析	工作性质	第三产业现代服务业
	工作任务	完成物业管家常规工作与专项工作和年度目标,并能为客户提供惊喜服务和增值服务
	工作职责	负责物业服务区划内的对客服务,具体职责为:管理业户信息、受理业户需求、维护业户关系、协调物业资源、负责费用收缴、协助品牌传播、助推社区文化、提供优质服务
任职要求分析	工作知识	1.了解物业服务内涵,熟悉物业服务工作内容和工作流程; 2.了解物业早期介入和物业承接查验的专业技能; 3.熟悉物业日常管理服务各项工作; 4.掌握入住方案设计并能组织实施; 5.掌握物业服务投诉处理步骤、方法; 6.熟练进行行业主回访工作; 7.熟练进行满意度调查问卷设计; 8.熟练实施社区服务与社区文化活动
	技能要求	1.能综合运用相关技术手段和法律法规解决入住与装饰装修过程中的实际问题; 2.能够组织实施物业承接查验工作,在承接查验的过程中发现问题并跟踪整改; 3.能够根据调查结果分析及解决问题,进行客户关系维护及公共事务关系维护; 4.能够识别物业管理服务风险,执行风险管理制度;

任职要求分析	技能要求	5.能够运用物业管家岗位职责评估物业管家工作结果； 6.能够以积极的态度和角度对待物业管理中出现的困难和遗留问题
	素质要求	1.具备尊重规范、善对客户,践行诚信服务、务实创新、专业规范、共治和谐、诚信共赢等职业信念和品德; 2.具有"以客户为本,一切为了客户"的责任意识; 3.具有良好的语言表达能力、处理纠纷的技巧能力、团队合作能力; 4.具有健康的心理承受能力,勇于承担责任,有进取意识; 5.具有服务和担当的精神,学习和创新的勇气具备良好的职业道德
工作内容分析	工作对象	1.住宅物业业主、住户、物业使用人; 2.商业物业业主、店铺租客、客户
	工作要求	根据客户关键需求开展有效服务
	工作内容	物业早期介入、物业承接查验、入住服务、装修管理、物业管家常规工作、投诉处理、社区文化

2)典型工作任务分析

校企双方召开课程内容专家研讨会,校企双方按照职业发展的逻辑规律,在学生职业能力全面发展的目标指引下,在物业企业服务运营过程中,对物业管家工作进行整体化分析,确定典型工作任务、教学内容、技能要求、实践任务,见表8-15。

表8-15　典型工作任务与教学内容关系表

典型工作任务	教学内容	技能要求	实践任务
1.样板间接待服务; 2.交付前的物业见面会	1.销售案场服务; 2.工地开放日; 3.交付前的管家服务	1.能配合、组织、协调,销售案场服务、工地开放日、交付前的管家服务,使各项服务工作井然有序、热烈而不混乱; 2.能对销售案场服务、工地开放日、交付前的管家服务等各种可能出现的突发事件进行预控和应急处理,从而为营销推广方案和策略的实施提供有力支持; 3.能提供销售案场服务、工地开放日、交付前的管家服务一般咨询服务	1.模拟销售大厅案场服务; 2.样板间接待服务; 3.工地开放日接待工作

续表

典型工作任务	教学内容	技能要求	实践任务
1. 新建物业的承接查验； 2. 物业管理机构更迭时物业移交	1. 新建物业的承接查验； 2. 管理机构更迭时承接查验	1. 能够根据委托合同拟订物业的接管验收与撤管方案； 2. 能够组织物业的接管验收与撤管； 3. 能够进行物业管理区域资料及场地交接工作；	1. 校园教师公寓承接查验； 2. 物业管理交接
1. 入住手续办理； 2. 业主专有部分的维修整改	1. 入住准备； 2. 入住手续办理； 3. 业主专有部分的维修整改； 4. 搬迁入住服务	1. 能够向业主或使用人提供入住服务； 2. 能够做好客户接待工作，并处理一般客户咨询和诉求； 3. 能够办理入住手续，陪同业主进行收房验房并对问题进行记录汇总	1. 入住手续办理； 2. 搬迁入住服务
装修施工管理	1. 受理装修申请； 2. 装修审批； 3. 装修备案； 4. 签订住宅室内装饰装修管理服务协议； 5. 装修施工期间的管理 6. 装修竣工验收	1. 能严格审核装修方案； 2. 对未按装修审核内容及修正意见施工或违反施工安全操作规范予以制止和纠正； 3. 坚守岗位履行职责，认真作好装修审核记录和装修巡查记录	1. 装修审批； 2. 装修施工期间巡查
1. 欠费催缴； 2. 报修服务	1. 物业管家日常工作； 2. 物业管家专项工作	1. 能够为业主提供物业常规性服务； 2. 能够满足业主专项服务需求并为业主提供专项服务； 3. 能够为业主提供个性化的服务工作	1. 欠费催缴话术； 2. 住宅专项维修资金使用流程
投诉处理	投诉接待 投诉受理 投诉核实调查 投诉处理 投诉反馈 投诉回访	1. 能够为业主提供物业投诉接待服务，处理日常业主投诉问题； 2. 能够与业主进行沟通，了解业主需求； 3. 能够按照规定程序处理业主投诉	投诉处理与投诉回访

续表

典型工作任务	教学内容	技能要求	实践任务
社区文化组织实施	1.社区文化活动策划； 2.社区文化活动组织； 3.社区文化活动实施； 4.社区文化活动的类型与案例； 5.新媒体在社区文化工作中的运用	1.具备良好的写作和活动策划能力； 2.能熟练策划、组织和实施社区文化活动	1.观摩合作企业物业项目社区文化活动的组织与实施； 2.组织社区文化活动，撰写社区文化活动方案

3)学习领域与学习情境

　　根据工作过程和学习情境的设计要求，应遵循每个学习情境都是一个完整的工作过程，各学习情境应为同一范畴的事物，学习情境呈平行、递进或包含关系，得出"物业管家实务"课程学习领域与学习情境，见表8-16。

表8-16　物业管家实务学习领域与学习情境

学习领域	学习情境1	学习情境2	学习情境3
物业管家前置	模拟销售大厅案场服务	样板间接待服务	工地开放日接待工作
物业承接查验	新建物业的承接查验	校园教师公寓承接查验	物业管理交接
入住服务	入住手续办理	业主专有部分的维修整改	搬迁入住服务
装修管理	受理装修申请 装修审批	装修备案 签订住宅室内装饰装修管理服务协议	装修审批 装修施工期间巡查 装修竣工验收
物业管家常规工作	物业日常巡查	欠费催缴 报修服务	住宅专项维修资金使用流程
投诉处理	投诉接待 投诉受理	投诉核实调查 投诉处理	投诉反馈 投诉回访
社区文化	社区文化活动策划	社区文化活动组织	社区文化活动实施

4)设计教学目标

　　在确定学习领域和学习情境以后，按照学习领域由易到难、由简单到复杂的顺序来确定课程模块，根据学习情境确定每一章节课程内容。以"物业管家实务"课程入住服务内容为例，首先确定课程模块为入住服务模块，根据物业入住服务内容确定入住服务模块包含入住准备、入住手续办理、业主专有部分的维修整改、搬迁入住服务四大工作任务,以此设计入住服务教学目标,见表8-17。

表8-17　入住服务教学目标

类别	目标内容
知识目标	1.了解入住服务的意义; 2.了解入住准备、入住手续办理、业主专有部分的维修整改、搬迁入住服务工作内容、工作流程和作业指引; 3.掌握入住准备、入住手续办理、业主专有部分的维修整改、搬迁入住服务策略与技巧; 4.学会入住准备、入住手续办理、业主专业部分的维修整改、搬迁入住服务的风险识别与控制
能力目标	1.能做入住准备工作,根据流程熟练地为业主办理入住手续; 2.能根据业主提出的验房整改要求协调建设单位做业主专有部分的整改; 3.能为业主提供搬迁入住的服务
素质目标	1.具有良好的职业道德和精益求精的工作态度,为业主提供细致周到的服务; 2.具有良好的团队合作精神,工作积极、主动、认真、热情; 3.具备良好的品质意识和服务意识,展现物业服务人的良好精神风貌

5)教学内容和教学设计

根据物业入住服务的工作要求,结合物业管家工作知识和能力要求,课程内容设置了知识储备和知识帮助两个内容。

【知识储备】

作为物业管家,在入住服务中,要熟知与本物业有关的各种情况,包括物业建筑结构方面的专业知识、本物业多种不同户型、辖区周边配套及未来规划、物业的绿化方案等。熟悉该楼盘工程状况、房屋及设施的情况、房屋装修标准、保修的内容和期限等。了解基本情况,在交楼过程中能为业主解答有关工程装修、维修的问题。熟知与业主利益有关的各种情况,包括开发商的情况、业主与开发商易产生纠纷的事宜、装修知识、业主与装修施工单位易产生纠纷的事宜等。了解现有业主的概况,包括年龄段、知识水平等。物业管家要擅长沟通、热情大方、耐心细致。能完成入住服务接待工作,就业主提供的情况和所需要的服务进一步交流。

【知识帮助】

1.入住的含义
业主入住指业主或使用人收到书面入住通知书并办理接房手续的过程,即业主领取钥匙入住。从权属关系看,入住是开发商将已建好的物业及物业产权按照法律程序交付给业主的过程,是开发商和业主之间物业及物业产权的交接过程,也是建设单位将已具备交付使用条件的物业交付给业主并办理相关手续,同时物业服务企业为业主办理物业管理事务手续的过程。对于业主而言,入住包括两个内容:一是物业验收及其相关手续办理;二是物业管理有关业务办理。入住过程涉及建设单位、物业服务企业以及业主,入住完成意味着物业由开发建设转入业主使用,物业管理服务活动全面展开。

2.入住各方主体责任界定

根据规定,入住的实质是建设单位向业主交付物业的行为,建设单位主导并承担相关法律责任,如因建设单位原因未将物业交付给业主,物业服务费用由建设单位承担,业主的损失由建设单位赔偿;作为入住后期的服务单位,物业服务企业只协助具体相关手续办理,与业主建立服务与被服务关系,承担物业交付后的相关管理责任。业主依据法规与合同约定验收物业,并与物业服务企业建立服务关系,业主有权拒收不具备交付条件的物业,并要求建设单位赔偿损失,但业主无正当理由拒绝接收物业时,物业服务的费用由业主承担。

根据物业入住服务工作,以入住准备工作任务并对物业管家工作进行任务分析,得出入住服务教学内容及教学设计,首先进行任务导入,然后进行任务分析,具体见表8-18。

表8-18 任务导入表

任务导入
(1)如何做入住准备工作 中山花园项目是××房地产公司开发的一个高端楼盘项目,有高层和洋房,共分4期,首期开发的4栋洋房施工工程及配套已经竣工验收。首期4栋洋房共200套房源交付在即,中山花园项目的物业服务企业A已经在为项目首期入住作准备。物业项目经理让物业管家小黎负责入住工作准备事宜,以便业主能够按时前来收楼并入住。 问:小黎该如何做入住准备工作呢?
(2)任务分析
入住的准备工作包括制订入住的策划方案、组建入住服务小组、资料准备、场地布置等。这是物业服务企业与业主的首次接触,是物业服务企业全面展示企业精神风貌、提供体贴入微的专业服务的首次展示。如果入住服务做得好,企业就能够给业主留下美好的第一印象。因此,物业服务人员应该重视入住服务工作,认真做入住服务的前期筹划工作,注重入住服务过程的每个细节,熟练掌握入住服务手续办理工作的每个环节,接待入住现场的业主,做好收费、验楼以及入住资料归档等工作

根据入住服务工作过程与职业标准的对接,确定物业入住准备工作任务,进而确定入住准备工作内容与工作流程,见表8-19。

表8-19　入住准备工作内容与工作流程

入住准备工作内容
(1)人员准备。物业服务企业应整合资源,组建入住服务工作小组,加强对入住工作的支持力度,各部门都应该投入业主入住的工作中来,并由各部门主管直接负责,安排各项工作。物业服务企业从客服部抽调部分人员组成政策咨询小组,方便业主办理相关手续。可根据办理入住手续涉及的物业服务企业相关部门,由物业服务企业经理和管理人员、财务人员、工程技术人员、物业管家等组成工作小组。针对入住准备工作,分别落实人员和入住各项工作任务,具体包括方案设计、资料准备、环境布置、对外联络、收费准备等,确定责任人和完成时间,通过入住准备会控制进度和过程。
(2)资料准备。物业服务企业根据物业的实际情况及服务要达到的标准制定各种规范、制度、文件等,及时交到业主手中。入住手续类文件包括入住通知书、入住手续书、房屋验收单、房屋质量整改通知书、楼宇交接书、住宅使用规约;入住发放文件包括业主手册、入住须知、入住指南、装修管理办法、委托服务项目表;入住记录包括业主登记表、验房签收记录、入住资料登记记录、领取钥匙签收记录、委托服务登记表、入住收费记录。总体来说,需要准备两大类入住资料和表格。第一类是业主需要阅读并且签字的书面资料,第二类是业主只需要阅读或填写而不需要签字的资料,两类资料应分别整理存档,方便办理手续时使用。合理测算各部门在入住现场所需的必要办公用具和物品,登记成册,提前准备。
(3)场地布置。入住手续办理现场应设置明确、醒目的标识以节省业主寻找办理场所的时间,设置业主登记处、手续办理区域、业主休息区。应在紧邻入住手续办理现场入口处设置平面布局图及业主办理入住手续流程图,以便于业主办理入住手续。在入住手续办理现场,应设置与本次交付工作与入住通知书中所列收费项目的法律依据和政府相关法律法规,以便于业主查证核实。合理设计业主办理入住手续时的车辆进出路线,增加临时停车牌发放量,开放必要的门禁,启动小区内所有监控和红外线报警系统,增加道路和车辆指引人员和现场秩序维护人员。
(4)人员培训。物业服务企业应有计划地组织物业各级服务人员培训,安排落实入住时各岗位工作人员,制订培训计划,按计划对所有参加入住服务的工作人员进行入住培训,入住培训内容包括现场各岗位职责与工作任务分配、入住统一说辞、入住工作规程与礼仪规范。另外,还要培训与本物业有关的各种知识,包括物业建筑结构方面的专业知识、本物业多种不同户型、辖区周边配套及未来规划、物业的绿化方案等;楼盘工程状况、房屋及设施的情况、房屋装修标准、保修的内容和期限等。了解基本情况,在交楼过程中,为业主解答有关的工程装修、维修问题,包括开发商的情况、业主易与开发商产生纠纷的事宜、装修知识、业主易与装修商产生纠纷的事宜等。
(5)入住流程演练。在入住前,组织一次模拟现场入住实战演练,发现问题,及时整改。入住前业主角色的人员主要由入住工作领导小组成员扮演,从迎宾接待开始直至最后的送离环节,全面检验流程设计、岗位设置、服务标准、突发事件处理等。演练完毕后,对每个问题进行汇总,确定并立即落实整改措施,采取必要措施检验整改完成后的入住工作组织情况。通过入住实操演练,检验入住各项工作的准备效果,以便更好地完成入住办理的各项工作,呈现更好的入住服务品质。
入住准备工作流程

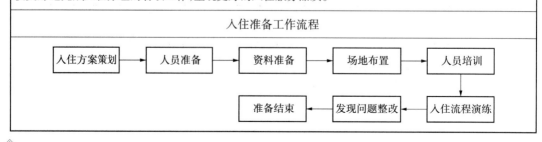

根据物业管家岗位和工作职责,对接企业工作标准,在教学内容中设定了入住准备作业指引,见表8-20。

表8-20　入住准备作业指引

目　　的	规范项目入住筹备工作的流程、内容及标准
适用范围	商品住宅小区新项目入住筹备工作
职责	实行物业总经理负责制,成立由各部门、各专业组成的入住工作小组并积极开展小组工作
程序要点	
（1）编写入住方案。项目负责人组织编制"入住方案",整体安排入住工作,包括工作小组人员构成与职责分工、入住时间与入住模式、办理入住现场与路线安排、现场布置与工作准备安排、现场展板与标识安排、入住流程与人员安排、入住资料准备内容、工作计划与培训计划、工作要求与后勤保障等。 （2）编写业主入住指引文件。内容包括欢迎词、业主入住需准备和携带的资料、入住办理流程、装修办理流程、入住缴纳费用的清单、一些验房和装修小常识和装修规定、业主办理入住手续所需携带资料的名称和份数。 （3）入住资料准备。在入住前两个月,确定入住时需提供或使用的各类资料,提前印刷或复印。将入住指引和入住资料按户分装在资料袋中,并跟踪地产《房屋质量保证书》和《房屋使用说明书》等资料的准备情况,结合本项目实际情况,编写并印刷《业主手册》,便于在业主入住时派送。内容可涵盖本项目物业管理的内容,如常用电话、周边配套、小区配套、服务项目介绍、装修常识介绍等。结合本项目实际,编制《装修手册》,介绍装修管理要求、装修常识等。重申防盗门、窗花、阳台推拉门、遮阳棚等的样式,包括款式、规格、用材。如小区允许在阳台安装防盗网,还须确定防盗网的样式。如果房内有配送的复杂设施,如智能化设施等,须准备设施的操作说明书、保修卡等。在入住当时,为便于业主办理装修手续,须准备一定数量各户型房屋设计平面图、水电走向图等,入住时须准备一份已填的资料样本,并将其展示在入住服务办理现场。 （4）入住现场展板准备和物资准备。入住展板的内容通常包括公司简介、入住指引、入住办理流程、装修办理流程、收费指引、家居装修温馨提示、资料样本等。根据入住展板的内容,设计制作美观的入住展板。入住展板的背景可选择项目的实景。展板内容应尽量避免冗长的文字,以流程图为主,文字简洁明快,体现人性化关怀。物资准备包括准备入住所需其他物资,如入住现场布置的桌椅、住户钥匙挂坠、展板架、点钞验钞机、POS机、公章（业务章）、圆珠笔、订书机、回形针、印油等。为方便临时复印,在入住现场配备复印机。准备饮水机、饮料、糖果,还需要准备一些午餐供给中午仍在入住现场的业主。所需物资准备充分,能保证入住现场的使用需要。能体现对业主的贴心关怀和周到服务。 （5）与地产对接入住安排。提前两个月与地产对接,确定业主入住的准确时间并提前为入住服务做准备。地产入住工作小组负责协调各部门及各专业的具体责任分工。提前确定时间,确保准备时间充分有序。合理部署,及时沟通协调,确保入住工作顺利开展。 （6）清洁开荒。在入住前,地产可委托物业服务企业清洁房屋,一般须提前7天。物业服务企业制订清洁开荒工作计划,并组织实施。地产和物业服务企业对清洁进行全面检查验收,不合格返工,直至达标。室内和花园内无垃圾。清洁后,玻璃明亮,厨厕干净,坐便器等应贴上封条。

续表

(7)确定集中办理入住手续场地。与地产对接,确定集中办理入住的场地以及现场布置方案。明确双方的工作内容、衔接问题。确定入住的路线,包括车行路线和人行路线,分期开发的小区要不影响已入住业主的正常生活。尽量选择明亮、宽敞、通风、舒适的场所,避免选择室外、寒冷和炎热的地方。如可能,尽量在会所办理入住手续,以便同时向业主展示和推介会所的服务项目。
(8)现场与路线布置。地产可委托物业服务企业布置入住现场,明确现场布置规格和要求。包括物业内外部环境与氛围、接待场所、休息场所、现场办公场所、车行/人行路线、出入口位置,指示牌设置及路线指引。明确地产要求,体现物业特色。应考虑人行出入口的位置,人流较多时,可采取流水线的方式布置入住各流程。
(9)入住现场布置。按既定方案实施现场布置,包括标语、彩旗、展板、公告栏的布置;办公室、接待处、休息室的布置;现场绿化、美化布置;现场服务标识设置,满足入住现场要求,气氛喜庆和谐、工作准备充分,物品、用具、资料齐全,环境整洁美观,标识正确、清楚。地产与物业入住工作小组负责人联合检查,确认入住工作准备情况,发现、解决问题。

根据物业管家工作实践,结合企业工作案例。在课程内容中设定入住准备策略与技巧教学内容。教给学生完成入住准备工作的策略与技巧(表8-21),以便更好地完成业主入住服务工作。

表8-21　入住准备策略与技巧

(1)与公共事业相关部门联系沟通事务办理程序。提前联系相关公共事业部门,如水电、燃气、有线电视、宽带网络、电话等部门,确定开户需要的手续,具体如下。 联系供电局:在入住前期,派专人前往所在地供电局,了解用电政策、办理程序及所需资料清单。提前准备资料,尽可能缩短入住至抄表到户的时间,以减少物业服务企业的经济损失,同时为业主开通房屋用电提供便利。 联系自来水公司:在入住前期,派专人前往所在地供水部门,了解用水比例调整的相关规定、政策及所需资料,提前收集和准备相关资料,以便随入住户数增加及时申请调整居民用水和商业用水比例。同时为业主开通房屋用水提供便利。 联系燃气公司:在入住之前,派专人前往燃气公司营业厅,向燃气公司咨询办理程序与所需资料,并提前搜集和准备相关资料,以便确定入住时是业主自行办理还是物业服务中心集中帮助业主办理。 联系宽带网络公司:在入住之前了解哪些网络可以进小区,然后向能进入小区的网络公司索要开通申请表以及联系电话,提供给业主,业主可以自行联系,物业服务中心也可以代为办理。 以上便民服务,使业主在办理入住手续当天能同时办理其他各项事宜,节省时间,解决业主后顾之忧。
(2)与城市交通部门联系,沟通业主停车事宜。办理入住手续当天,很多业主来到现场,停车是需要特别关注和解决的问题。在入住准备之前,需要规划业主停车和行车路线,合理划分停车位,如果车位不够,业主的车停在道路两侧,需要提前跟城市交通部门沟通,以免道路交警以违章处理,影响业主办理入住手续。
(3)充分预计突发事件并制订处理预案。提前设想到各种突发事件,并制订应急预案,才能做好业主入住服务工作,方便管理人员查询、处理相关问题。如处理天气恶劣、刮风下雨等突发客观事件。物业服务企

续表

业应事先准备部分充气遮雨棚和雨伞,并且提前准备高层大堂、业主会所等地方供业主避雨,组织物业管理人员,组成应急小分队,疏散人群,避免场面混乱造成人员伤亡和财产损失。处理突然停电、相关设备故障等主观突发事件。在办理入住手续时,维修部人员随时待命,及时检修、排除突发设施设备故障。对于突发停电事故,应能及时启动小区配电房的发电机,及时供电。	

　　根据物业管家工作实践,以及岗位情境实操,确定入住准备风险识别与控制教学内容,帮助学生在入住准备实际操作中规避风险,见表8-22。

表8-22　入住准备风险识别与控制

风险点	风险影响及后果	预防措施
入住培训没有针对性,走过场	1.不能较好完成入住工作; 2.业主不满	入住服务培训要有针对性,入住服务的流程、突发事件处理、应急预案准备要熟烂于心,加强关于入住服务相关法律法规、部门规章和地方政策内容的法律意识和法律应用能力培养,从源头规避风险
入住服务人员准备不足	1.影响入住工作; 2.引起业主不满	1.公司层面协调企业内部人力资源,统筹抽调、安排不同岗位人员,解决人手不足问题; 2.物业服务企业建立人力资源统筹协调制度,建立人才库,根据业务专长实施人员业务档案分类管理,以满足人员应急需要
入住服务物资准备不充分,存在质量隐患	1.给业主、工作人员带来身体不适、精神不悦或者行动不便,重则引起现场恐慌; 2.工作效率低下; 3.物业服务企业形象受损	认真测算入住服务工作量,准备种类全、数量充裕的服务办公用具,购置服务办公用具,既要关注款式、外观,又要重视质量
入住环境布置准备不足,存在安全隐患	1.效率低下; 2.安全风险	1.提前落实方案,安排人员分工,并及时检查工作进程; 2.与建设单位、施工单位积极沟通,解决设施设备、线路配置等技术配合问题,保证方案切实落实; 3.规划人流、车流动线、静线,并设置醒目的引导标识,保持物业管理区域内外道路畅通、车辆停放有序

　　2.教学内容对接工作过程与职业标准,实施"岗课赛证"融通

　　"物业管家实务"课程教学内容注重以物业管家多元任务为基础,强化学习任务与工作实践紧密关联,应用任务驱动理念,教学内容对接工作内容与职业标准。实施"岗课赛证"融通。对标《物业管理师国家职业标准》国家标准、《物业管理员职业能力评价规范》行业标准,

对接物业管家岗位需求,依托物业管理行业技能大赛指南,融入"1+X"新居住数字化经纪服务(中级)技能要求,能力本位的工作过程导向内容体系,形成了由7大模块,25个任务组成的课程内容,表8-23。

表8-23 教学内容与"岗课赛证"融通表

【岗】工作岗位要求	【课】任务模块	【课】教学内容	【课】实践教学内容	工作内容	【赛】物业管理行业技能大赛指南	职业标准		【证】《"1+X"新居住数字化经纪服务(中级)技能标准》"1+X"新居住数字化经纪服务(中级)技能证书
						【证】国家标准《物业管理师国家职业标准》物业管理师(三级)技能等级证书	行业标准《物业管理员职业能力评价规范》	
能提供销售案场服务、工地开放日、交付前的管家服务为地产营销推广提供有力支持	模块一:物业管家前置	1.销售案场大厅服务;2.样板间接待与配合开盘活动;3.工地开放日现场包装与客户接待;4.交付前的物业见面会	1.模拟销售大厅案场服务;2.样板间接待服务;3.工地开放日接待	1.销售案场服务;2.工地开放日;3.交付前的管家服务	物业管理沟通能力、应急处理能力、方案设计、执行能力	1.能进行客户服务的方案设计、组织实施及过程监督;2.能有效与客户进行沟通	能够建立客户服务体系,进行物业服务过程监督与客户关系维护	1.了解服务方案的框架结构,能设计出一般性服务方案;2.了解需求和方案的应对关系,能开展相关服务活动
能组织并认真参与承接查验,严把质量关,对影响业主将来使用和物业管理的问题及时要求整改	模块二:物业承接查验	1.物业资料查验与移交;2物业共用设施设备查验移交与遗留问题处理;3.物业管理权交接	1.校园物业承接查验;2.物业管理交接	1.新建物业的承接查验;2.物业管理机构更迭时物业移交	1.物业服务企业在承接查验中的权利和义务;2.界定开发商、施工单位、业主、物业服务企业物业质量责任	1.能够根据委托合同拟订物业的接管验收与撤管方案;2.能够组织物业的接管验收与撤管	1.能够根据委托合同拟订物业的接管验收与撤管方案;2.能够组织物业的接管验收与撤管;3.能够进行物业管理区域资料及场地交接工作	1.能制订房屋实堪的方案;2.能编制《房屋状况说明书》;3.能根据房屋实堪方案及要求进行房屋照片拍摄,以及房屋非标图绘制

续表

【岗】 工作岗位 要求	【课】任务模块	【课】教学内容	【课】实践教学内容	工作内容	【赛】物业管理行业技能大赛指南	职业标准		【证】《"1+X"新居住数字化经纪服务（中级）技能标准》"1+X"新居住数字化经纪服务（中级）技能证书
						【证】国家标准《物业管理师国家职业标准》物业管理师（三级）技能等级证书	行业标准《物业管理员职业能力评价规范》	
1.能够向客户提供入住服务； 2.能够办理入住手续，组织收房验房	模块三：入住服务	1入住手续办理； 2.业主专有部分维修与整改	1.入住服务准备工作； 2.搬迁入住服务	1.编制入住服务方案； 2.入住服务培训及流程演练； 3.办理业主入住手续； 4.验房整改	1物业入住服务流程； 2.入住服务应急事件处理； 3.入住服务设计	1.能进行客户入住的方案设计、组织实施及过程监督； 2.能运用网络化手段提供和改进客户服务	1.能够向业主或使用人提供入住服务； 2.能够做好客户接待工作	能根据客户的类型，制订并执行不同的客户维护计划
1.能指导业主进行装修申报； 2.能严格审核装修方案； 3.能进行装修巡查并制止违规装修； 4.能组织装修竣工验收	模块四：装修管理	1.装修申报与审批； 2.签订装修服务协议； 3.装修施工期间的管理； 4.装修竣工验收	1.装修审批； 2.装修施工期间巡查	1.受理装修申请； 2.装修审批及备案； 3.装修施工期间管理； 4.装修竣工验收	1.物业管理法律法规； 2.装修管理规定； 3.装修管理案例分析	1.能够拟订房屋装饰、装修管理制度； 2.能够组织、检查、验收房屋装饰、装修工程，并按规定处理相关事宜	1.能够组织、管理有关人员对房屋进行日常养护和维修； 2.能够管理、监督室内装饰、装修工程	1.能编制《房屋状况说明书》； 2.能向客户讲解房屋基本要素、产权性质、户型居住体验等情况

续表

【岗】工作岗位要求	【课】任务模块	【课】教学内容	【课】实践教学内容	工作内容	【赛】物业管理行业技能大赛指南	职业标准		【证】《"1+X"新居住数字化经纪服务（中级）技能标准》"1+X"新居住数字化经纪服务（中级）技能证书
						【证】国家标准《物业管理师国家职业标准》物业管理师（三级）技能等级证书	行业标准《物业管理员职业能力评价规范》	
1. 能为业主提供物业常规服务； 2. 为业主提供个性化的服务工作	模块五：物业管家常规工作	1. 报修服务； 2. 欠费催交； 3. 智慧物业日常巡查内容； 4. 智慧物业日常巡查标准化实施； 5. 智慧物业日常巡查风险防范； 6. 智慧物业满意度调查； 7. 住宅专项维修资金使用	1. 欠费催缴话术； 2. 物业日常巡查； 3. 住宅专项维修资金使用流程	报修服务、欠费催交、物业日常巡查、住宅专项维修资金使用、满意度调查、物业档案管理等	1. 物业管理法律法规； 2. 物业管理风险防范； 3. 物业管理案例分析	1. 能与客户进行有效沟通； 2. 能够拟订物业管理费用收支计划，并控制预算； 3. 能够对专项维修基金的使用进行管理； 4. 能够处理物业管理收费纠纷	1. 能做好客户接待工作； 2. 能够按时收取物业管理费用； 3. 能够代收水、电、气等费用； 4. 能够及时处理突发事件	1. 能利用需求分析方法，对客户的需求进行分类； 2. 识别客户核心需求； 3. 能进行满意度调查问卷的设计和实施
1. 能处理日常业主投诉问题； 2. 能够与业主沟通，了解业主需求； 3. 能够按照规定程序处理业主投诉	模块六：投诉处理	1. 投诉接待与核查； 2. 投诉处理与回访	投诉处理与投诉回访	投诉接待、投诉受理、投诉核实调查、投诉处理、投诉反馈、投诉回访	1. 物业管理法律法规； 2. 物业服务流程； 3. 物业服务情境模拟	1. 能与客户进行有效沟通； 2. 能实施员工服务技能培训； 3. 能有效处理物业服务投诉	能够做好客户接待工作，并处理一般客户投诉	1. 能记录投诉内容； 2. 能根据客户投诉的处理原则和流程在规定时限内完成投诉处理

续表

【岗】工作岗位要求	【课】任务模块	【课】教学内容	【课】实践教学内容	工作内容	【赛】物业管理行业技能大赛指南	职业标准		【证】《"1+X"新居住数字化经纪服务(中级)技能标准》"1+X"新居住数字化经纪服务(中级)技能证书
						【证】国家标准《物业管理师国家职业标准》物业管理师(三级)技能等级证书	行业标准《物业管理员职业能力评价规范》	
1.能够撰写社区文化活动方案;2.能组织和实施社区文化活动	模块七:社区文化	1.社区文化活动策划与组织;2.社区文化活动实施与新媒体运用	1撰写社区文化活动方案;2.实施社区文化活动	1.社区文化活动策划2.组织与实施社区文化活动	物业服务社区活动的组织与实施	1.能筹备、推广社区生活服务与文化建设活动;2.能组织、落实及配合相关单位实施社区生活服务与文化建设活动	能够在管区内组织和管理各种有益的文体娱乐活动	1.能设计组织社区公益活动;2.能评估社区服务活动的目标达成效果,并提出优化建议

(三)创新教学方式与学习方法

对接工作过程与职业标准的高职院校现代物业管理专业核心课程教学,在教学过程中要以工作过程、职业标准为导向,以物业服务项目为载体,由工作实际来确定典型的工作任务,并为实现任务目标,按完整的工作程序进行的教学活动。强调学生行动的主体地位,引导学生积极思考、乐于实践,使学生具备胜任工作岗位的能力并顺利就业,以"物业管家实务"课程为例在教学过程中采用"项目导入,任务驱动"的方式进行教学,教学方法见表8-24。

表8-24　"物业管家实务"课程教学方法

序号	教学方法	教学方法使用说明	对应教学任务
1	项目化教学法	在课中、课后实操环节,通过校企合作,以企业真实项目为载体,在任务驱动下,学生将理论知识主动应用到实践中,找出完成项目的路径和方法,最后通过项目的完成实现课程知识点和技能点的掌握,促进学生主动学习,培养学生动手动脑能力	工地开放日、物业承接查验、物业入住手续、编写物业入住方案、装修管理流程、欠费催交、满意度调查、社区文化活动的策划与组织

续表

序号	教学方法	教学方法使用说明	对应教学任务
2	角色扮演法	在假设环境中按某一角色身份进行活动以达到学习目标的一种教学方法,适用于物业服务场景实施等教学环节内容	接待咨询、报修服务、欠费催交、投诉处理流程、社区文化组织、样板间接待服务、投诉处理
3	案例教学法	针对教学重点难点,在教师指导下,学生对选定的具有代表性的典型案例进行有针对性的分析、审视和讨论,作出自己的判断和评价	案场服务、工地开放日、承接查验、办理物业入住手续、物业日常巡查
4	分组讨论教学法	通过分组讨论让所有学生全部参与明确的集体任务中,达到合作学习的目的。分组讨论过程中小组成员之间相互依赖、相互沟通、相互合作,共同负责,同时培养学生良好的表达沟通能力和团队合作能力	投诉分类、投诉处理流程、作业标准、风险控制、社区文化建设内容、社区文化活动的策划与组织
5	实训教学法	以物业企业真实项目为载体,在任务驱动下,进行教学内容实训,学生将理论知识主动应用到实践中,找出完成项目的路径和方法,最后通过项目的完成实现课程知识点和技能点的掌握	办理物业入住手续、投诉处理、物业管家常规服务

在此基础上,构建基于工作过程、职业标准的高职院校现代物业管理专业核心课程教学方法,以项目教学法、实训教学法实施为例,具体如下。

1.项目化教学法

项目教学法是一种以教师为主导、学生为主体、项目为载体、职业能力为目标,社会需求为背景的教学方法。运用此教学方法教学,是学生在教师的指导下亲自完成一个项目的学习过程。在这一过程中学生掌握教学计划内的教学内容。学生全部或部分独立组织、安排学习行为,解决在处理项目中遇到的困难,提高了学生的兴趣,自然能调动学习的积极性。

以"物业承接查验"项目为例,探讨项目教学法在"物业管家实务"课程教学中的实施过程。该项目可以分为"新建物业承接查验"和"物业管理机构更迭时的承接查验"两部分,在教学实践中,该项目采用任务驱动的教学模式,对项目内容进行处理,让学生在完成工作任务的过程中提升实践能力和综合素质。

1)明确教学目标

分析物业承接查验项目具体任务,根据职业岗位要求,明确以下三维教学目标,见表8-25。

表8-25　物业承接查验项目教学目标

知识目标	1.了解物业承接查验工作的意义； 2.了解新建物业的承接查验、管理机构更迭时承接查验的工作内容、工作流程和作业指引； 3.掌握新建物业的承接查验、管理机构更迭时承接查验的策略与技巧； 4.学会新建物业的承接查验、管理机构更迭时承接查验的风险识别与控制
能力目标	1.业主及开发建设单位、物业服务企业在承接查验中,能明确各自的责任,实现权利和义务转移； 2.能在法律上界定各自在承接查验中的权利和义务,避免物业管理中因物业质量责任不清而导致的纠纷,确保物业具备正常的使用功能； 3.认真参与承接查验,严把质量关,对影响业主将来使用和物业管理的问题及时要求整改,确保承接到一个质量合格的物业,为前期物业管理打下良好的基础
素质目标	1.具有较强的质量意识,能在物业承接查验工作中维护业主的合法权益； 2.树立正确的价值观,在物业承接查验中自觉抵制不良风气； 3.具有认真负责的态度,发挥物业管理社会化、专业化、现代化管理优势

2)分析项目目标

了解物业承接查验的基本含义,明确物业承接查验的依据、物业承接查验应当具备的条件、新建物业承接查验的准备、物业资料查验与移交、物业共用设施设备查验移交与遗留问题处理,认真参与承接查验,严把质量关,对影响业主将来使用和物业管理的问题及时要求整改,做好物业管理权交接。

3)组成学习小组与分解项目任务

为更好地模拟物业承接查验的工作情境,根据物业承接查验项目涵盖的工作范围、工作岗位、具体任务来确定人数,学习小组人数以4~5人为宜。

本项目可以分为"新建物业承接查验与移交"和"物业管理权交接"两大任务:"新建物业承接查验与移交"任务包括新建物业承接准备;新建物业资料查验与移交、新建物业共用部位、共用设施设备查验与移交、办理物业交接手续、新建物业遗留问题解决与物业保修责任。"物业管理权交接"任务包括物业管理机构更迭时承接查验准备、物业管理机构更迭时查验和移交物业管理资料、物业管理机构更迭时物业共用部位、共用设施设备查验和移交、物业管理机构更迭时物业交接。

分解项目任务后,学习小组成员分工合作、分配任务确保任务落实到每个人,学生按照任务指引进行实践操作,相互帮助理解项目任务,相互协作提出项目的实践思路,在项目进行过程中积极开展问题探讨,自主学习必要的拓展性知识,共同完成项目任务。在这一过程中,教师只是引导者、促进者、服务者,通过增加有效输入途径,提供尽量完备的资料信息,帮助学生顺利完成项目任务。

4)项目成果展示

完成项目任务后,进行项目成果集中展示。该项目活动的成果展示是对学生掌握《物业承接查验办法》实践运用的水平综合检验,包括"物业资料查验与移交""物业共用部位、共用设施设备查验与移交""新建物业遗留问题解决与物业保修责任""物业管理权交接"等现场演示;采用PPT汇报对整个项目实施进行总结呈现。项目成果展示有助于小组间的交流,师生共同解析成果的优点和不足,提出改进的方法和思路,从而帮助学生学会判断输出任务的优劣,明确自己的实践思路。

2.实训教学法

现代物业管理专业依托合作企业,通过实训教学法开展企业实训课程,目的是培养学生实践能力和实际动手能力以及职业道德,学生到企业参与物业项目管理的实训,能更好地实现理论知识与实践能力相融合,从而培养学生提高分析问题和解决问题的能力,培养高素质的专业人才,为走向社会奠定扎实基础。具体教学实施方案如下。

1)实训对象和实训地点

××级物业管理专业学生××人,在××物业××项目按照行政班分三个批次分别跟岗实训10天,吃住在企业。

2)实训内容和成果要求(表8-26)

表8-26　实训内容和成果要求

实训工作内容	实训成果要求
物业客服实训 1.客服(楼管)主要工作内容、工作方法、工作技巧; 2.早期介入销售案场服务; 3.收楼、入住流程; 4.装修管理; 5.日常巡楼管理; 6.客服前台	1.了解客服(楼管)主要工作内容和重点工作程序; 2.熟悉2~6项内容,掌握1~2项实训内容的整个流程和工作要点; 3.通过实训分析自己知识结构和能力结构的不足之处,做好针对性的补充学习计划
物业设施设备管理实训 1.物业工程部日常工作了解与实践; 2.工程设施设备认知(楼宇智能、给排水系统、供电系统、电梯系统、房屋结构与维修); 3.工程设施设备维护保养工作认知; 4.了解工程设施设备典型突发事件处理	1.熟悉物业行业常见的设施设备; 2.了解工程设施设备养护工作计划和工作方法; 3.熟悉物业日常运维中典型突发事件的处理程序及方法

3)实训管理和纪律要求

实训指导教师在实训前一周制订好实训工作实施方案,选好实训项目,与企业做好对接。实训前,做好学生分组工作,同时做好实训动员和安全教育工作。实训期间,与企业对接人和各小组组长保持联系。根据实训分组情况,跟进重点小组的实训指导。做好早签到,晚点名工作。

实训学生每天按时参加集中培训和跟岗见习,无故缺席2天以上者,取消本次实训成绩。学生分成小组,选举产生组长与副组长,组长1名,副组长1名。组长、副组长负责组员在实训过程中的各项协调与汇报工作,每天主动向企业对接人和实训指导老师汇报工作,汇报内容涵盖但不限于以下三点:当天的早签到和晚点名情况、实训过程中是否遇到困难、前一天组员的整体表现。

学校与学生签订外出实训安全责任承诺书。为了保障学生实训安全、顺利完成实训任务,依据学校外出实训管理要求及企业相关规定,要求实训学生签订外出实训安全责任承诺书。具体内容如下。

<h3 style="text-align:center">外出实训安全责任承诺书</h3>

(1)按照实训计划、实训任务和项目特点,安排好自己的学习、工作和生活,发扬艰苦朴素的工作作风和谦虚好学的精神,培养独立工作能力,刻苦锻炼和提高自己的业务技能;在实训期间,强化职业道德意识,爱岗敬业,遵纪守法,做一名诚实守信的学生。

(2)积极参加学校和企业相关的安全培训和法律教育,包括安全、治安、消防、职业卫生、交通安全等方面的教育和培训,自觉遵守国家法律法规,遵守企业和学校的规章制度,不做有损企业形象和学校声誉的事情,不参与一切违法犯罪活动。如果在实训期间,无正当理由擅自离开实训企业者;违反企业的管理规定或因品德表现等原因被企业退回者,则视为实训成绩不合格,并按学校学生管理规定给予相应的处分。

(3)牢记安全第一的原则,必须遵守安全管理规定,避免安全事故发生,对不遵守安全制度造成的事故,由学生本人负全责。对工作不负责任造成损失的,追究相关责任。

(4)实训学生,要服从企业和学校的安排和管理,尊重企业的领导、指导教师和其他员工,服从企业和指导教师的管理,不出现打架斗殴、酗酒等不文明行为和现象。

(5)实训期间自觉维护企业的利益、形象、声誉,不得以任何方式做出有损企业利益、形象、声誉的行为或事件,保守公司商业秘密。

(6)实训期间,严格执行操作规程,严禁偷盗、破坏、损坏企业财物,负责人应承担全部责任。

(7)严格遵守考勤管理制度,外出时保证出行安全;保管好个人财物,避免发生失窃案件。

(8)实训中如果出现身体不适或意外情况,及时与企业相关负责人和指导教师联系,不得隐瞒事实。

4)实训计划

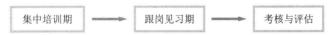

第一阶段:集中培训期

培训日期	培训时间	培训内容	企业指导教师	负责教师	备注
××××年×月×日	15:30—16:30	实训动员、安全教育	××(总监)	××	
	20:00—22:00	物业项目管理及日常客服工作讲座			

第二阶段:跟岗见习

实训批次	实训时间
第一批	××××年12月1—10日
第二批	××××年12月11—20日
第三批	××××年12月21—30日

第三阶段:考核与评估

(1)纪律考核共30分,由实训指导教师负责打分。评分标准:违反实训纪律的情况(迟到、早退)每出现一次扣5分;缺席实训每半天扣10分。

(2)个人实训总结共30分,由实训指导教师打分。评分标准:字数不少于1 000字,手写,字迹整齐,页面规范占10分;内容不空洞,实实在在地反映实训的感受、实训所学到的知识及对实训的相关建议占20分。

(3)实训评估鉴定共40分,由企业指导教师打分,具体见表8-27。

表8-27 ××级现代物业管理专业学生企业课程实训考核鉴定表

学生姓名		班 级		实训所在项目		
辅导"师傅"		实训起始日期		实训结束日期		
本人实训总结	要求:1.另附纸张(横隔信笺纸或A4打印纸),字数不少于1 000字;2.手写,字迹整齐,页面规范;3.内容真实反映实训的感受、实训所学到的知识及对实训的相关建议等。					
辅导"师傅"鉴定意见	鉴定项目	参考标准			权重	评分
	工作态度	1.无迟到、早退、缺勤情况			10分	
		2.尊重辅导"师傅",虚心接受辅导"师傅"的辅导			10分	
		3.严格遵守公司规章制度,组织纪律观念强			15分	
	工作能力	4.迅速适应工作环境,善于建立良好的人际关系			10分	
		5.明确实训岗位职责、要求和目标			10分	
		6.熟悉实训岗位工作流程与规范			10分	
		7.能在规定时间内完成实训任务			10分	
	服务意识	8.理解实训岗位与客户、其他部门/岗位的服务关系			5分	
		9.具备良好的社交礼仪知识与行为风范			5分	
	协作意识	10.做事理智,心态开放,乐于沟通			5分	
		11.与同事的沟通、配合和谐顺畅			5分	
		12.有全局意识,懂得与其他岗位、部门进行协作			5分	
	合 计				100分	
	实训鉴定评语: 签字/时间:					

通过实训教学法将学习和工作实践交替进行,彻底实现工学结合、校企融合。在真实的工作情境中,展现真实的物业服务工作过程,并且将物业服务管理相关的基本理论和基本知识有机地融合,突出了对学生实际工作能力的培养,实现"教、学、做"合一的教学模式,使学生在教、学、做一体化的过程中,逐步进入工作角色,对物业服务管理工作有一个完整的认识和体验。

（四）建设双师型教师队伍

对接工作过程与职业标准的高职院校专业核心课程教学实施对教师提出较高的要求,要求教师具有一线企业实践经验,同时又具备扎实的高职教学理论知识。目前,现代物业管理专业教学团队专任教师9人,高级职称5人,中级职称4人,"双师型"教师8人,80%以上教师为行内各级专家库、智库成员、职业技能考评员。教学团队合理利用学校的教师培训、企业挂职、兼职老师聘用和校企合作协议等政策和协议约定,充分保障了师资"走出去,引进来"。近三年,教师赴企业挂职半年时间以上有5人次,每年两个月的假期到企业实践18人次,企业管理人员或技术人员受聘为一门课的授课教师27人次。校企师资高效流通不仅有效保证了课堂教学和企业培训质量,还提高了专业教学团队"双师"水平。专业教学团队9位教师通过挂职、企业培训、参与物业行业协会活动等方式提升了职业技能水平,保持了与行业、企业的密切互动,6位教师入选了各类物业管理行业相关专家库,8位教师获得广西区教育厅认定的双师资格。同时还建立起一支稳定的高水平兼职教师队伍,保证了每学期每个班级都有企业高管或高级技术人员兼职授课、指导实践,极大提升了学生培养质量。校内教师+企业教师联合教学,保证了教学实效性。确保对接工作过程与职业标准的高职院校专业核心课程教学实施到位。

六、对接工作过程与职业标准的高职院校物业管理专业核心课程评价

对接工作过程与职业标准的高职院校物业管理专业核心课程教学评价,分为学生考核与评价、课程建设考核评价、课程诊改评价。

（一）学生考核评价

课程考核以学生发展为中心,突出考核评价的激励与反馈作用,课程考核评价由过程性评价和结果性评价、增值性评价组成,见表8-28。

表8-28 评价量表

评价构成	评价维度	评价指标	评价主体					
			评价权重/%	学生自评	校内教师	智能软件	企业导师	学生互评
过程性评价（60%）	课前平台自学（15%）	自学任务点	5			√		
		章节测试	5			√		
		案例阅读	5			√		

续表

评价构成	评价维度	评价指标	评价主体					
			评价权重/%	学生自评	校内教师	智能软件	企业导师	学生互评
过程性评价（60%）	课中教学（30%）	按时到课	6			√		
		问题作答	8		√			
		参与讨论	8		√	√		
		参与抢答	8		√			
	课中实操（15%）	实训质量	5	√	√	√	√	√
		方案撰写	5	√	√		√	√
		汇报表现	5	√	√		√	√
结果性评价（20%）	课程线上、线下考试（20%）	课程知识点的理解、分析、应用	20		√	√	√	√
增值性评价（20%）	能力性、社会性、经济性增值（20%）	学习能力、创新能力	3	√	√	√		
		专业技能水平	3	√	√	√		
		意志品质、服务意识	3	√	√	√		
		团队协作能力、组织领导能力	3	√	√	√		
		服务仪表	3	√	√	√		
		职业发展能力、岗位胜任力	5	√	√	√		

（二）课程教学考核评价

构建用人单位、在校学生、专家、教师及毕业生五方主体评价体系，形成五方共同参与的开放性多元主体教学评价机制。评审与分析教学效果，通过教学评价不断修正对接工作过程与职业标准的高职院校专业核心课程建设问题，使课程建设达到预定目标。确保毕业生具备良好的职业素养和较强的专业技术能力、创新能力，使家长和用人单位等相关受益者满意。在构建体系时，通过专家访谈的方式，对体系的各级指标进行讨论和优化。构建出高职院校物业管理专业核心课程评价体系，见表8-29。

表8-29 高职院校现代物业管理专业核心课程评价体系

评价主体	一级指标	二级指标	观测点	指标说明	评价等级及选项
用人单位	物业管理专业知识	物业管理知识、物业管理法律法规	物业管理专业知识运用程度	在物业服务工作中学生专业知识是否扎实,专业技能是否娴熟,业务水平是否优秀,是否熟悉工作流程和方法	评价等级: 优秀(90~99) 良好(80~89) 中等(70~79) 及格(60~69) 不及格(60分以下)
用人单位	实践能力	物业管理日常工作、物业管理专项工作	物业管理及服务能力	学生是否能够快速掌握物业服务工作要点和技巧,把知识合理运用到工作中,很好地分析问题,妥善解决问题	评价等级: 优秀(90~99) 良好(80~89) 中等(70~79) 及格(60~69) 不及格(60分以下)
用人单位	综合素质	敬业精神	积极向上内驱力	学生是否有强烈的事业心,热爱本职工作,有旺盛的进取意识,以单位利益及整体和谐为行为标准,及时调整自己的行为,使工作成果最大化	评价等级: 优秀(90~99) 良好(80~89) 中等(70~79) 及格(60~69) 不及格(60分以下)
用人单位	道德素质	工作成就感	工作获得感	能在这份工作中找到值得为之完全付出的事情,也愿意去付出,并且能够从中体会到生存的意义	评价等级: 优秀(90~99) 良好(80~89) 中等(70~79) 及格(60~69) 不及格(60分以下)
用人单位	道德素质	职业道德	企业忠诚度	学生是否热爱企业,关心集体,工作高标准,严要求,不怕苦、不怕累,有较强的奉献精神,忠诚于企业	评价等级: 优秀(90~99) 良好(80~89) 中等(70~79) 及格(60~69) 不及格(60分以下)
用人单位	道德素质	进取精神	学习力	学生做事是否有必胜的信心。能够主动从多种渠道学习物业管理新知识、新技能,追求自身各种素质的提高并迅速提高业务素质,成为骨干	评价等级: 优秀(90~99) 良好(80~89) 中等(70~79) 及格(60~69) 不及格(60分以下)

续表

评价主体	一级指标	二级指标	观测点	指标说明	评价等级及选项
用人单位	综合能力	合作能力	团队合作能力	学生是否能够维护团队荣誉,尊重团队成员,将个人努力与实现团队目标结合起来,完成自己在团队中的任务,以实际工作支持团队的决定	评价等级: 优秀(90～99) 良好(80～89) 中等(70～79) 及格(60～69) 不及格(60分以下)
用人单位	综合能力	沟通协调能力	语言表达和文字表达能力	学生是否能够有效地聆听,快速抓住关键点,找到协调各方的最优解决方案,遇到事情能解决	评价等级: 优秀(90～99) 良好(80～89) 中等(70～79) 及格(60～69) 不及格(60分以下)
用人单位	综合能力	创新能力	创新意识和能力	学生对物业服务投诉的处理是否循规蹈矩,敢于质疑,对问题有独到的见解,有独特的思路、方法、方案	评价等级: 优秀(90～99) 良好(80～89) 中等(70～79) 及格(60～69) 不及格(60分以下)
用人单位	工作业绩	工作效率	完成工作实效	工作中的收获与付出之间是否成正比,做事是否能达到事半功倍的效果	评价等级: 优秀(90～99) 良好(80～89) 中等(70～79) 及格(60～69) 不及格(60分以下)
用人单位	工作业绩	工作质量	完成工作质量	是否能提前完成物业服务任务,工作质量突出,技术水平出众,无差错	评价等级: 优秀(90～99) 良好(80～89) 中等(70～79) 及格(60～69) 不及格(60分以下)
在校学生	师生关系	师生互动	课上主动回答问题频率	学生在现代物业管理专业核心课程课堂上,是否能够经常积极主动地思考并回答教师提出的问题	A.每节课都主动回答 B.经常主动回答 C.较少主动回答 D.几乎不主动回答 E.从未主动回答

续表

评价主体	一级指标	二级指标	观测点	指标说明	评价等级及选项
在校学生	教学实施	职业表现	教学内容与教学目标的重合度	授课教师在授课过程中的教学内容满足该课程目标要求的程度	A.100% B.80%~99% C.60%~79% D.40%~59% E.40%以下
在校学生	教学实施	职业态度	教师是否有歧视学生、偏向学生的行为	现代物业管理专业核心课程授课教师在教学过程中出现不公平对待学生的频率	A.从未有过 B.极少发生 C.较少发生 D.经常发生 E.每天发生
在校学生	教学实施	职业态度	实践课的上课频率	现代物业管理专业核心课程授课教师在设置课时安排时,理论课时和实践课时的比重设计是否合理,实践课时安排能否满足课程培养需求	A.每月4次及以上 B.每月3次 C.每月2次 D.每月1次 E.从未有过
在校学生	教学实施	职业道德	教师是否为人师表	现代物业管理专业核心课程授课教师在课堂上出现为人师表偏差的频率	A.从未有过 B.极少发生 C.较少发生 D.经常发生 E.每天发生
在校学生	教学实施		教师调课率	现代物业管理专业核心课程授课教师在整个学期出现无正当原因调课行为的频率	A.从未有过 B.极少发生 C.较少发生 D.经常发生 E.每天发生
在校学生	学生表现	学生主动学习	课下主动向老师询问问题的频率	在课下,学生是否会经常积极主动地向现代物业管理专业核心课程授课教师询问问题	A.每节课下都会询问 B.经常主动询问 C.较少主动询问 D.几乎不主动询问 E.从未主动询问

续表

评价主体	一级指标	二级指标	观测点	指标说明	评价等级及选项
专家	教师能力	专业背景	教师专业对口率	现代物业管理专业核心课程授课教师是否是管理类相关专业毕业	评价等级： 优秀(90～99) 良好(80～89) 中等(70～79) 及格(60～69) 不及格(60分以下)
专家	教师能力	专业背景	"双师型"教师比	现代物业管理专业核心课程授课教师获得"双师型"教师证书比例	评价等级： A.100% B.80%～99% C.60%～79% D.40%～59% E.40%以下
专家	教师能力	科研能力	以第一作者发表论文的教师比	现代物业管理专业核心课程授课教师在近五年内以第一作者发表过论文的人数占物业管理专业核心课程教师总人数的比重	评价等级： A.100% B.80%～99% C.60%～79% D.40%～59% E.40%以下
专家	教师能力	科研能力	参与或主持校级以上的物业管理相关课题的教师比	现代物业管理专业核心课程授课教师在近五年内参与或主持过校级以上相关课题的人数占授课教师总人数的比重	评价等级： A.100% B.80%～99% C.60%～79% D.40%～59% E.40%以下
专家	教师能力	科研能力	参与编写过物业管理等相关教材的教师比	现代物业管理专业核心课程授课教师在近五年内参与编写过物业管理类教材的人数占授课教师总人数的比重	评价等级： A.100% B.80%～99% C.60%～79% D.40%～59% E.40%以下
专家	教师教学组织能力	教学组织形式	教学方法的种类	现代物业管理专业核心课程授课教师在授课过程中是否综合运用多种教学方法，是否注重对教学方法的组合设计与搭配使用，是否能够根据授课内容选择适当的教学方法	评价等级： 优秀(90～99) 良好(80～89) 中等(70～79) 及格(60～69) 不及格(60分以下)

续表

评价主体	一级指标	二级指标	观测点	指标说明	评价等级及选项
专家	教师教学组织能力	教学组织形式	课程拓展知识占总教学内容的比重	现代物业管理专业核心课程授课教师在授课过程中是否会根据课程培养目标及人才培养需求适当地拓展相关知识	评价等级： 优秀(90～99) 良好(80～89) 中等(70～79) 及格(60～69) 不及格(60分以下)
专家	教师教学组织能力	教学组织形式	教学设计选取的组织形式是否满足教学内容要求	现代物业管理专业核心课程教学设计选取的教学组织形式能否满足物业管理专业核心课程培养学生管理思维、锻炼学生实践能力的需求	评价等级： 优秀(90～99) 良好(80～89) 中等(70～79) 及格(60～69) 不及格(60分以下)
专家	教师教学组织能力	教学组织形式	教学设计选取的组织形式是否有利于学习者的学习	现代物业管理专业核心课程教学设计选取的教学组织形式是否适合高职学生特征,是否有利于学习者的学习	评价等级： 优秀(90～99) 良好(80～89) 中等(70～79) 及格(60～69) 不及格(60分以下)
专家	教师教学组织能力	教学组织形式	教学设计方案是否满足情境教学的需求	现代物业管理专业核心课程教学设计实施中的情境是否真实、丰富,能否激发学生进行案例分析的探究欲望,是否为学生提供了足够的思考空间	评价等级： 优秀(90～99) 良好(80～89) 中等(70～79) 及格(60～69) 不及格(60分以下)
专家	教师教学组织能力	考核手段	考核方法的种类	现代物业管理专业核心课程教师在授课过程中是否注重对学生的考核与评价,是否能够综合运用多种评价方式对学生进行过程性评价和总结性评价	评价等级： 优秀(90～99) 良好(80～89) 中等(70～79) 及格(60～69) 不及格(60分以下)

续表

评价主体	一级指标	二级指标	观测点	指标说明	评价等级及选项
专家	教师教学组织能力	考核手段	考核结果的应用率	现代物业管理专业核心课程教师能否通过考核发现课程目前存在的问题,是否将考核结果应用到课程改革中去,是否能够根据考核结果调整自己的教学活动	评价等级: 优秀(90~99) 良好(80~89) 中等(70~79) 及格(60~69) 不及格(60分以下)
专家	教师软能力	综合素质	教学事故	在现代物业管理专业核心课程教师队伍中,教师是否有过教学事故	评价等级: 优秀(90~99) 良好(80~89) 中等(70~79) 及格(60~69) 不及格(60分以下)
专家	教师软能力	职业素养	违反过教师行为准则的教师人数	在现代物业管理专业核心课程教师队伍中,是否有教师违反过教师行为准则	评价等级: 优秀(90~99) 良好(80~89) 中等(70~79) 及格(60~69) 不及格(60分以下)
教师	课程建设	精品课程	课程是否被评为精品课程	现代物业管理专业核心课程是否被评为精品课程(包括国家级精品课程、省级精品课程、校级精品课程)	评价等级: 优秀(90~99) 良好(80~89) 中等(70~79) 及格(60~69) 不及格(60分以下)
教师	课程建设	教材建设	近三年新版教材使用率	现代物业管理专业核心课程使用的教材是否是最新版教材	评价等级: 优秀(90~99) 良好(80~89) 中等(70~79) 及格(60~69) 不及格(60分以下)
教师	课程建设	教材建设	近三年国家规划教材及优秀教材使用率	现代物业管理专业核心课程在近三年里使用的教材是否入选国家规划教材或优秀教材	评价等级: 优秀(90~99) 良好(80~89) 中等(70~79) 及格(60~69) 不及格(60分以下)

续表

评价主体	一级指标	二级指标	观测点	指标说明	评价等级及选项
教师	课程建设	教材建设	物业管理专业核心课程是否按规定选用教材	现代物业管理专业核心课程是否按照规定选用课程配套教材	评价等级： 优秀（90～99） 良好（80～89） 中等（70～79） 及格（60～69） 不及格（60分以下）
教师	课程建设	教材建设	教学辅助材料	现代物业管理专业核心课程是否有实训指导书、物业服务案例分析等辅助教材	评价等级： 优秀（90～99） 良好（80～89） 中等（70～79） 及格（60～69） 不及格（60分以下）
教师	课程建设	教法改革	在班级开展过行动研究或实证研究的教师比	现代物业管理专业核心课程教师在授课过程中主动就一些教学过程中发现的问题开展行动研究或实证研究	评价等级： 优秀（90～99） 良好（80～89） 中等（70～79） 及格（60～69） 不及格（60分以下）
教师	课程建设	教法改革	现代物业管理专业教学团队组织教法研讨会的频率	现代物业管理专业教学团队是否组织召开过物业管理专业核心课程教法研讨会、是否重视课程的建设与发展	评价等级： 优秀（90～99） 良好（80～89） 中等（70～79） 及格（60～69） 不及格（60分以下）
教师	课程建设	教法改革	教师主动进行教法经验讨论的频率	现代物业管理专业核心课程教师是否会在课下自行展开教法经验的讨论和交流，是否经常聚在一起就物业管理专业核心课程授课过程中出现的问题进行讨论	评价等级： 优秀（90～99） 良好（80～89） 中等（70～79） 及格（60～69） 不及格（60分以下）
教师	教学效果	学生课堂表现	出勤情况	现代物业管理专业核心课程学生每学期的到课率	评价等级： 优秀（90～99） 良好（80～89） 中等（70～79） 及格（60～69） 不及格（60分以下）

续表

评价主体	一级指标	二级指标	观测点	指标说明	评价等级及选项
教师	教学效果	学生课堂表现	课堂纪律	现代物业管理专业核心课程课堂上,学生是否遵守课堂纪律,是否认真听讲	评价等级: 优秀(90~99) 良好(80~89) 中等(70~79) 及格(60~69) 不及格(60分以下)
教师	教学效果	学习过程	学生的自学积极性	学生是否能按照教师授课进度,自主学习、观摩案例,并能提出自己的意见和想法;能否主动进行预习和复习	评价等级: 优秀(90~99) 良好(80~89) 中等(70~79) 及格(60~69) 不及格(60分以下)
教师	教学效果	学习过程	学生的课堂参与程度	认真听课,积极与伙伴交流意见,并就实际问题发表自己的看法	评价等级: 优秀(90~99) 良好(80~89) 中等(70~79) 及格(60~69) 不及格(60分以下)
教师	教学效果	学习过程	作业完成情况	学生是否会按时按量地完成老师布置的作业	评价等级: 优秀(90~99) 良好(80~89) 中等(70~79) 及格(60~69) 不及格(60分以下)
教师	教学效果	学习效果	学生期末考试及格率	学生在该课程期末考试中能否达到及格要求	评价等级: 优秀(90~99) 良好(80~89) 中等(70~79) 及格(60~69) 不及格(60分以下)
教师	教学效果	学习效果	知识技能水平	学生能否掌握该课程大纲中的知识点,能否掌握物业服务案例分析、案例解决的方法	评价等级: 优秀(90~99) 良好(80~89) 中等(70~79) 及格(60~69) 不及格(60分以下)

续表

评价主体	一级指标	二级指标	观测点	指标说明	评价等级及选项
教师	教学效果	学习效果	能力提高	学生运用现代物业管理专业核心课程所学知识去发现物业管理问题、解决问题的能力是否得到提高	评价等级： 优秀(90～99) 良好(80～89) 中等(70～79) 及格(60～69) 不及格(60分以下)
教师	教师发展	教师自我成长	教学反思	现代物业管理专业核心课程授课教师在教学中是否会经常进行自我反思,寻找自身教学存在的不足并思考解决方法	评价等级： 优秀(90～99) 良好(80～89) 中等(70～79) 及格(60～69) 不及格(60分以下)
教师	教师发展	教师自我成长	教学日记或教学总结的撰写频率	现代物业管理专业核心课程教师是否有撰写教学日记或者教学总结的习惯,是否能够及时总结经验	评价等级： 优秀(90～99) 良好(80～89) 中等(70～79) 及格(60～69) 不及格(60分以下)
教师	教师发展	教师自我成长	参加培训	现代物业管理专业核心课程教师是否参加教学培训	评价等级： 优秀(90～99) 良好(80～89) 中等(70～79) 及格(60～69) 不及格(60分以下)
毕业生	学生反馈	学生满意度	毕业生对现代物业管理专业核心课程的学生评价情况	现代物业管理专业核心课程是否对毕业生就业有帮助	评价等级： 优秀(90～99) 良好(80～89) 中等(70～79) 及格(60～69) 不及格(60分以下)
毕业生	学生反馈	实用性价值	毕业生对现代物业管理专业核心课程的实用性价值评价情况	现代物业管理专业核心课程是否与毕业生就业岗位能力需求相关	评价等级： 优秀(90～99) 良好(80～89) 中等(70～79) 及格(60～69) 不及格(60分以下)

（三）课程诊改评价

以学习任务引领课程教学改革，从教学内容入手，通过重构教学内容，以实际工作为主线，对现代物业管理专业核心课程教学方式进行改革，以任务驱动促进课程的自我诊改，不断提升。按照"8"字形螺旋改进质量，以工作过程为导向，以工作任务为载体，进行工作过程系统化课程设计。将课程涉及的内容细分成若干个具体的技能和任务对学生进行训练。在物业服务的整个过程中，真正实现融"教、学、做"为一体。通过每学期开展的专业教学反馈会议，听取学生代表对专业课程的反馈意见和建议，及时督促教师进行教学方式方法的改进，提升教学质量。通过大数据平台的监测数据，根据课程诊改标准进行常态化的纠偏，形成课程诊改指标（表8-30），不断推进课程建设取得成效。

表8-30　课程诊改评价指标

序号	一级指标	二级指标	诊改标准
1	课程开发	课程规划	与学校、专业课程建设规划对应
		课程标准	有课程标准
		教学方案	有完整的课程教学方案和教学设计
2	课程资源	教材	自选教材
		数字化资源	建设网络课程
		教学资源库	有PPT课件
			教学视频数量（20个）
			数字化资源量（100个）
			校级立项教学资源库数量（1个）
3	课程团队	课程负责人	中级职称以上
		课程团队	团队中副高职称教师数量（15%）
			团队教师研究生学历占比（60%）
4	课堂监控	课前交互频度	课前登录课程平台次数（10次/人）
		课堂活跃度	师生互动次数（10次）
		课后交互频度	学生与教师课下交流次数（10次）
5	课程评价	教学纪律	学生出勤率（95%）
		教学准备	教学资料完整
		课程效果	课堂教学评价满意度（90%）
6	教学条件	教学条件	满足基本教学条件
7	课程成果	课程成果	市厅级荣誉（1项）
8	课程实训	实训开出率	实训开出率（95%）
		实训质量	学生对实训综合满意度（90%）
9	成果转化	资金到款额	资金到款额（20万元）

第四节 对接工作过程与职业标准的高职院校
现代物业管理专业核心课程建设成效

一、搭建了校企双主体育人平台，共建现代师徒训练中心

现代物业管理专业依托自治区级现代学徒制试点项目，与物业行业龙头企业，搭建了由学校主导，多家企业共同参与的"现代师徒训练中心"，采用学校和企业双主体育人，引入企业岗位知识、技能培训。搭建校企双主体共建的现代师徒训练中心，完善了"双主体"育人的教学模式，充分利用学校和企业两种资源开展教学，学生除了在校学习，还深入校企合作上市公司或大型央企实际项目跟岗学习，掌握物业管理岗位关键技能。学校和企业共同制订和修改物业管理人才培养方案、共同制定课程标准、共同组织和实施人才培养，共同管理人才培养的全过程。引入企业培训课程、职工培养体系进学校，把课堂教学、实训教学推向实际项目。学生既能享受学校的文化素质教育，又能得到企业职业素养、岗位技能的培训，使学校教育和企业培训真正贯穿人才培养的全过程，做到学生入学与就业的"无缝对接"。

二、建立了融理论实践于一体的岗位主导型的课程体系

课程建设和岗位要求结合是重要的切入点，教学内容和岗位工作结合的紧密程度是检验课程建设的重要标志。通过对接工作过程与职业标准的高职院校现代物业管理专业核心课程建设，分别对准物业服务企业的客服岗、工程设备运维岗位、环境和秩序管理岗位及人事行政岗和经营管理岗位，以工作任务为核心分解工作项目，以完成工作为目标派生工作职责，以胜任工作职责为目标重构教学内容，通过教学内容的重构，形成融理论实践于一体的岗位主导型的课程体系。促进教学与岗位要求紧密结合，将校企"双主体育人"人才培养模式落到实处，促进人才培养质量提升。

三、确立了现代物业管理专业"三级实践教学体系"

通过对接工作过程与职业标准的高职院校现代物业管理专业核心课程建设，根据物业管理专业对双主体育人模式的提炼以及课程体系的梳理，结合现代物业管理专业培养方案修订，进一步明确了本专业的实践教学体系："职业教育与企业培训"相结合、以"入学与就业"的无缝对接为目标。依靠本专业深度校企合作关系，初步构建由课程实训、专项能力训练、综合轮岗实训组成的"三级实践教学体系"，见表8-31。

表8-31 现代物业管理专业"三级实践教学体系"

三级实践教学体系	内 容
课程实训	岗位认知实训：单一课程实训以认知实训为主
专项能力实训	跟岗训练：每学期一次进行企业课程实训
综合轮岗实训	顶岗实习：校企合作企业为实习生提供轮岗机会，为就业和职位晋升打好基础

四、建立了完善的课程督查机制

通过对接工作过程与职业标准的高职院校现代物业管理专业核心课程建设,实施全过程的课程建设质量检查;通过开学初、学期中、学期末的三段式教学检查和研究型公开课的计划执行,促进授课教师的教学水平提高;通过教学资料的检查保证教学流程的规范,形成全覆盖的常态诊改机制。每个学期开学前提交所有课程的课件、教案、教学标准等基本教学文件进行审查,教务处组织各二级学院负责人对课程教学文件进行抽查,形成两级检查制度,从源头确保课程建设质量。

五、教师教学能力、科研水平不断提高

通过对接工作过程与职业标准的高职院校现代物业管理专业核心课程建设,教师教学能力、科研水平不断提高。现代物业管理专业教学团队近年主持或参与完成了各类纵向、横向课题30余项,主编或参编教材、专著等12部,发表学术论文、申请专利年均20篇(项)以上。教师个人参加教学技能竞赛获得省级以上奖项16人次,指导学生参加市级以上职业技能竞赛获奖40余项。

六、专业获得就业竞争力领先专业,学生就业质量稳步提升

通过对接工作过程与职业标准的高职院校现代物业管理专业核心课程建设,现代物业管理专业获得广西就业竞争力领先专业,在就业率、就业质量和就业起薪等方面远高于大中专毕业生的平均水平。学生对专业与行业有较强认同感。学生普遍能在职业发展、职业规划等方面作出理性选择。95%的毕业生选择在本行业工作,就业对口率93%以上。毕业即就业,实现无缝对接。学生的职业技能证书考取率高:在校期间90%以上学生考取"1+X"新居住数字经济职业资格等技能证书;获得行业职业技能大赛、互联网+创新创业大赛、挑战杯等多种奖项,增强了参与职业活动和个人职业生涯发展所需的综合能力,近年来现代物业管理专业毕业生初次就业率达94%以上,学生职业能力综合素质受到企业好评。

第五节　对接工作过程与职业标准的高职院校现代物业管理专业核心课程建设存在问题及对策建议

一、对接工作过程与职业标准的高职院校现代物业管理专业核心课程建设存在的问题及原因

(一)课程评价体系不够完善

从目前对接工作过程与职业标准的高职院校现代物业管理专业核心课程评价形式来看,课程评价体系不完善、较为单一,评价指标缺少对学生完成实际工作项目所体现的能力

评价,忽视对学生实践技能的培养和按照职业标准要求的实际工作中的技能考核,不能全面科学整体地评价学生学习成效,也不能很好地评价教师的教学效果。其原因是课程评价没有对接社会经济结构,产业结构不断优化升级。

(二)校企合作缺乏动力

对接工作过程与职业标准的高职院校现代物业管理专业核心课程建设,就目前校企发展情况来看,校企合作只停留在表面,没有深入,学校和企业只是浅显的合作关系。虽然国家高度重视校企合作的发展,但关于校企合作的法规政策落后,法治建设薄弱,运行机制不健全,政府没有明确参与校企合作的企业资质,企业合作的效果不确定。校企合作的管理关于资金投入、制度保障和监督机制建设不完善。这种只是表面的合作,没有深入发展、缺乏连贯性、没有实质性的合作使高职院校发展陷入僵局,也使对接工作过程与职业标准的高职院校现代物业管理专业核心课程建设难以进行。其原因在于,企业作为营利组织,其根本目的是获取经济利益。校企合作没有促进企业的经济发展,企业认为参不参与校企合作都没有什么影响,这种情况下参与职业院校的合作没有必要。企业并没有把培养技术技能人才作为重点,企业注重的是用人,而不是育人,育人是职业院校的事情。企业认为内部已有的技术技能人员已经能给企业带来经济利益,校企合作只是为企业提供技术人才,这致使企业的合作兴趣不高,意识淡薄。

(三)网络课程资源建设不足

对接工作过程与职业标准的高职院校现代物业管理专业核心课程建设虽然每门核心课程都建立有网络课程,但网络课程资源存在不足,有些核心课程没有微课视频资源、实训微课资源、企业案例视频、"课程思政"案例视频,缺乏音频和美化的PPT课件等,究其原因是课程建设经费支持有限,无法满足课程资源建设开支。

(四)信息化、智能化技术在课程中的运用不足

目前,物业管理正在向智慧城市运营转型,行业发展速度快、变化大。学生对物业管理的传统流程和具体工作标准较为熟悉,但是对信息化、智能化技能在物业管理行业的应用程度与发展趋势的认识略显不足。如何进一步加深学生对物联网、人工智能等数字化科技在物业管理行业的价值理解和应用能力,需要在教学改革中进一步探索和持续努力。

二、对接工作过程与职业标准的高职院校现代物业管理专业核心课程建设对策建议

(一)完善顶层设计,强化对实施过程的监督

密切关注国家最新出台的相关政策,掌握行业发展趋势,进一步推动课程的数字化转型,将物联网、人工智能等数字化科技与课程内容深入有机融合,全面提升课程育人数智化

的广度、深度与温度。对接工作过程与职业标准的高职院校现代物业管理专业核心课程建设中要完善课程建设的顶层设计,只有学院的最高决策者参与课程建设,才能从学院全局的战略高度谋划课程建设的开展。完善课程建设的顶层设计首先要形成一个清晰统一的建设思路,在统一的管理思路的指导下开展工作,而工作合力的重要前提也是思路统一,因此建立一个清晰的管理思路至关重要,汇集众人的智慧与力量,尽最大效能助力课程建设。其次要积极主动做好协调。在对接工作过程与职业标准的高职院校现代物业管理专业核心课程建设中,还要在综合考虑各种影响课程建设推进因素的前提下,统筹做好课程建设各项工作。再次要明确分工。把工作真正落到实处,就要对课程建设团队成员进行明确的分工,明确工作职责,落实工作任务,让各岗位更主动思考如何推进工作。最后要注重发挥学院鲁班精神的文化导向功能。在对接工作过程与职业标准的高职院校现代物业管理专业核心课程建设中,要把精益求精、尊重科学的鲁班精神传播到每位师生心中,让他们认同这一种文化精神,内化为自身行动的力量,潜移默化体现在实际工作中。

另外,在明确目标要求和工作任务的前提下,建立一套完善对接工作过程与职业标准的高职院校现代物业管理专业核心课程建设监督机制,强化考核监督,以制度管理人、约束人。在实际操作过程中,要在对接工作过程与职业标准的高职院校现代物业管理专业核心课程建设启动之前对整体工作进行分工,构建完善的考核体系。只有制度完善,才能规范课程建设的推进。同时,要组建监督机构,负责对课程建设日常工作开展进行监督,动态搜集相关信息、数据,为完善课程建设工作提供参考。

(二)加大课程建设经费投入,加强目标考核

高职院校课程建设离不开充足的资金资源。为了更加有效地筹集和使用资金,高职院校应该加强资金资源建设,加大课程建设经费投入,以确保包括课程改革在内的各项课程建设活动的顺利施行。首先,高职院校应该多方筹措资金。高职院校既可以通过特色专业、精品课程、国家级和省部级科研立项等多种渠道获得国家及省市政府资金资源支持,也可以加强与企业的合作,争取企业向高职院校投资。同时,高职院校还可以通过建立"学校工厂"等实训基地,在加强学生实践能力培养的基础上,获得相应的收入。其次,高职院校应该建立完善的资金管理机制。合理的资金管理有助于高职院校提高资金的有效利用率,避免铺张浪费;要加强高职院校资金管理的透明度和公开性,确保每笔款项都落到实处。

同时,要加强对接工作过程与职业标准的高职院校现代物业管理专业核心课程建设目标考核。在课程建设开始之初,对课程建设目标进行严格把关,明确课程建设推进各个阶段的目标。对课程建设全过程实施计划和目标进行判断,对目标不明确、计划不可行的,要进行及时修改与调整,确保计划可行、目标清晰。公布课程建设目标考核的标准和考核方法。在对接工作过程与职业标准的高职院校现代物业管理专业核心课程建设过程中,定期对建设目标完成情况进行考核,确保课程建设高质量完成。

(三)推进人才培养目标与企业人才需求目标对接

人才培养目标与企业人才需求目标对接,能引领和推动对接工作过程与职业标准的高职院校现代物业管理专业核心课程建设。脱离了企业人才需求标准,就失去了与企业的共同语言,同时也失去了校企合作的基础和意义。因此,对接工作过程与职业标准的高职院校物业管理专业核心课程建设要时刻关注和了解行业发展、企业需求,要从行业和企业发展的人才需求出发,谋划课程建设和教学改革。

首先,现代物业管理专业教学团队要与行业协会、合作企业探讨分析专业人才培养目标和企业在岗职工胜任能力需求,根据企业实际人才需求和行业未来发展、学生职业发展规划需要,明确高职现代物业管理专业毕业生初次就业岗位,根据就业岗位培养学生适岗能力。

其次,教学团队与行业协会和合作企业,三方共同梳理工作岗位主要工作内容,以及胜任岗位的职业能力与素质要求、岗位相应的职业资格证书。并根据毕业生职业发展规律和企业员工晋升规律需求,学校、行业、企共同制订专业培养方案和企业培训计划,把校内理论教学和企业职业培训进行融合,企业部分技能培训前移至学校理论课堂。关键理论和前沿知识、知识更新教学融入在岗职工培训。

最后,明确现代物业管理专业毕业生初次就业岗位和岗位胜任要求,促使教师和企业师傅在教学、指导实践过程中,潜移默化地融入就业方向和职业规划,增强学生对岗位的认知、了解和对行业的认同感、归属感,有效提高学生就业专业对口率和就业质量,降低了毕业生后期发展的流失率,提高了毕业生职业发展质量。人才培养目标与企业人才需求目标的对接,真正帮助企业培养其需要的人才,以及协助企业完成职业培训,提高企业人力资源培养效率。

(四)课程体系和物业企业岗位技能培养相融通

对接工作过程与职业标准的高职院校现代物业管理专业核心课程体系和物业企业岗位工作技能培养结合紧密程度,是检验课程建设成功与否的重要标志。

1.构建融理论实践于一体的岗位主导型的双主体育人课程体系

为了使对接工作过程与职业标准的高职院校现代物业管理专业核心课程和岗位工作技能培养需求结合得更加紧密,现代物业管理专业团队教师彻底打破了按照学科构建课程体系的传统模式,依照岗位任职要求、工作内容及工作过程开发课程、整合课程。按照学科构建的物业管理课程体系很难实现与企业岗位技能培养的系统对接,同时各门课程之间知识衔接不够顺畅或者存在较多的知识点重复。例如,按照学科构建的课程体系中有一门"物业管理实务"课程,这门课程不仅包含物业项目运营中的客服实务、物业财务管理、物业空间维护实务等知识,还包含招投标、企业人力资源管理等物业企业经营知识。因为这门课程很难系统讲授清楚相关岗位技能培养需要的知识,所以教学团队根据岗位技能培养实际需求进行了课程拆分,取消"物业管理实务"课程,把客服实务知识并入"管家实务课程",把招投标知识并入"物业经营管理",单独开设"物业企业人力资源管理"课程等。又如,物业管理从业人员尤其是设施设备运维类岗位从业人员,需要掌握一定的建筑结构和维修预算知识,如果按照学科构建课程体系,需要设置建筑结构与识图、工程造价两门专业课,这两门课程的知识范围和难度远远超过了建筑物巡检和运维工作技能培养需求,经过与学校、行业协会、合作企业多次研究讨论后,把这两门课程中针对岗位技能形成的知识点独立出来,合并成"建筑物巡查与维修预算"课程,保证了物业管理专业学生在理论学习中建筑结构认知与小型维修预算知识的连贯性,并与岗位技能培养对接。通过把原来按照学科构建的课程体系进行梳理、拆分、融合,分别对准物业服务企业的客服(管家)、设施设备运维、物业空间维护与营造和拓展经营四个核心岗位,以工作任务为核心分解工作内容,以完成工作内容为目标派生岗位胜任能力,以岗位胜任能力为目标重构教学内容和知识学习顺序,形成了融理论实践于一体的岗位主导型的双主体育人课程体系,做到了课程内容和工作内容、课程组合模块和岗位技能培养需求的结合。

2.完善"课程认知—模块跟岗—综合轮岗"三级实训教学体系

根据融理论实践于一体的岗位主导型的双主体育人课程体系建设需求,现代物业专业还搭建了"课程认知—模块跟岗—综合轮岗"三级实训体系,即每门课程根据课程教学实际情况通过参观学习、模拟训练等方式进行课程认知实训。一个学期的课程组成一个课程模块,课程模块学习完成后赴企业进行跟岗实践15天,检验课程模块的理论知识和训练与课程模块相关的岗位技能。最后学习完所有课程后在顶岗实习前期先轮岗实习,根据学生轮岗和企业实际情况最终定岗。因此,每门课程、每个课程模块都是学历教育和岗位培训相结合的载体,同时也是"双主体"人才培养模式实施的载体。所有课程的有序实施,保证整个教学过程中职业培训不断线,并使其有机地衔接和渗透,最终形成专业核心课程和职业培训、理论知识和技能训练上的融通,实现在校学习和职业培训"无缝对接"。

3.推动课程分数及学分与职业培训、职业资格衔接

职业资格证书、职业技能等级证书与专业核心课程衔接,其实质就是高职专业核心课程与职业培训之间的融合、沟通和互认。现代物业管理专业根据学生特点,积极探索课证融通、赛教一体,以及课程学习和企业培训置换等方式。根据学校和二级学院的教学管理制度、竞赛管理制度等相关文件,教学团队在制订专业培养方案时,专门制定了取得职业资格证书和"1+X"证书后能获得的学分以及免修课程的标准,根据竞赛成绩认定相关课程成绩的标准,根据职业培训内容、时长和成绩置换相应课程成绩的标准(表8-32)。在培养方案中明确这些标准,不仅解决了日常教学管理中的风险点和矛盾点,还激发了各类学生根据自己实际情况,参加职业培训、考取职业证书、参加职业技能竞赛的积极性,提高了学生主动学习、主动思考职业规划的内在驱动力。为学生高质量就业和规划职业发展奠定了良好的基础。课程分数及学分与职业培训、职业资格的衔接是现代物业管理专业对接工作过程与职业标准的核心课程建设重要成果标志。

表8-32　现代物业管理专业学分与职业资格认定、积累和转换标准

成果形式	最高可认定学分	可免修课程
物业管理师(员)(三级)	4.5	物业管家实务
建(构)筑物消防操作员(三级)	4.5	建筑消防
企业人力资源管理师(四级)	4.5	物业企业人力资源管理
"1+X"建筑工程识图	4.5	建筑制图与CAD
"1+X"新居住数字化经纪服务(中级)	3	房地产经纪
"1+X"社区治理	4	社区文化与建设
其他课程平台课程	6	公共基础课程或专业选修课
跨校互认课程	8	公共基础课程或专业选修课
校企互认课程	6	专业选修课

（五）加强"双证书"制度建设

对接工作过程与职业标准的高职院校物业管理专业核心课程建设以国家职业标准为指引,加强国家职业标准的职业资格证书与学历证书"双证书"制度建设。

1.转变观念,提高认识,为"双证书"制度的实施奠定思想基础

专业组织全体教师学习有关"双证书"制度的文件精神,考查用人单位和相关企业,让全体教师充分认识实施"双证书"制度的重要意义,通过入学教育、就业指导课、专题讲座、宣传栏、考证动员会等方式向学生宣传职业资格证书的重要性,提高学生考证的积极性。并及时出台相应的刚性要求及实施措施,引导现代物业管理专业学生以"双证书"制度为切入点,从根本上突破以学历教育为主、以理论学习为主、以学科知识为本位的观念、模式、体系,主动适应企业需要,适应经济活动需要,构建起以职业能力为本位的教学体系及人才培养模式。转变观念,提高认识,为"双证书"制度的实施奠定思想基础。

2.将专业核心课程内容与国家职业资格考核内容相衔接

对接工作过程与职业标准的高职院校物业管理专业核心课程建设导向下的"双证书"制度建设,强调课程内容与国家职业资格考核内容的相互衔接。高职课程内容要能够帮助学生顺利通过国家职业资格考核,获得相应的证书;国家职业资格考核内容反过来要促进高职课程内容的不断革新,为课程内容提供职业和岗位的新变化,帮助学生及时掌握最新的工作知识和职业技能。

3.将"双证书"制度纳入教学计划和大纲,真正实现"将职业标准融入教学体系"

对接工作过程与职业标准的高职院校现代物业管理专业核心课程建设,将"双证书"制

度纳入教学计划和大纲,根据现代物业管理专业毕业生的主要就业岗位开设课程。以对标《物业管理师国家职业标准》《物业管理员职业能力评价规范》行业标准,对接物业管家岗位需求,依托物业管理行业技能大赛指南,融入"1+X"新居住数字化经纪服务(中级)技能要求,修订教学大纲,改革教学课程,整合教学内容,把职业资格(技能)的培养贯穿教学全过程,实现教学内容与职业标准接轨。

第九章
对接工作过程与职业标准的高职院校专业核心课程建设保障措施 ▶▶▶▶

第一节　对接工作过程与职业标准的高职院校专业核心课程建设组织保障

　　对接工作过程与职业标准的高职院校专业核心课程建设离不开各级政府与教育、行政主管部门的领导,要充分认识到专业核心课程改革的多样性与复杂性,加强高职院校专业核心课程建设组织领导是课程建设措施高效有序落实的前提和保证。地方各级相关部门必须加强对高职院校专业核心课程建设的思想认识,把高职院校专业核心课程建设工作纳入领导干部培训计划,提高领导对此项工作的政治站位,把高职院校专业核心课程建设工作纳入重要议事日程。高校层面要做好专业核心课程建设的顶层设计,成立以校长为组长的"专业核心课程建设工作领导小组"。它是学校课程决策机构,主要职责是明确本校的专业核心课程目标和人才培养目标,从实际出发,执行国家课程建设的要求,指导制订校内专业核心课程建设各项制度,同时指导课程计划实施工作。教务处是学校实施课程建设计划落实与建设工作管理机构,主要职责是计划、执行、检查、指导、评估全校各门课程的教学工作,并联手各学科教师,以促进实施课程计划落实与建设合力的形成。成立课程建设领导小组办公室,制订专业核心课程建设指导意见、总体方案、推进举措、分步实施等制度性文件,做到课程建设顶层设计思路明确、聚焦热点、突出重点、注重实效,制定具体的课程建设落实措施,保证专业核心课程充分安排,学校职能部门齐抓共管,整体部署课程建设目标、内容、过程将本校专业核心课程建设发展纳入学校的总体谋划。成立专业建设组织机构,服务专业发展和课程建设,专业建设组织机构构成人员包括高职院校的企业行业的专家和专业骨干人员,企业行业专家为高职课程建设提供行业发展动态、职业结构变化和岗位真实要求,而专业骨干人员将上述内容融入专业课程结构和课程内容中。专业建设组织机构可以利用自身优势对行业、企业及毕业生进行跟踪调查,了解专业对应的企业对人才的素质要求。同时,还可以通过行业人才需求预期和企业人才培养规格,分析高职学生应该具备的职业能力,并将这些职业能力反馈到课程当中。

第二节　对接工作过程与职业标准的高职院校 专业核心课程建设经费保障

高职院校专业核心课程建设有效实施,需要相关经费的支持。学校应该加大资金投入,用于加强教学资源建设、"双师型"教师队伍建设等方面工作。

一、加强教学资源建设

对接工作过程与职业标准的高职院校专业核心课程建设需要一定的教学资源作为支撑,通过资源挖掘与开发,提高资源的利用率,以确保高职课程改革的顺利进行。

(一)加强教学设施建设

应加强对学校教学场所、教学设施、实习基地及配套设备建设,一方面,要加强现有教学资源的管理与利用。高职院校应该充分利用自身已有的条件,合理利用有限的物质资源,调控和优化物质资源的使用,确保最大限度地服务于教学活动、课程建设等各项活动的开展。另一方面,要适时引进新的教学资源。实训设备必须跟得上企业工艺设备淘汰与更新的速度,保证高职学生实训所用到的设备及习得的技能能够直接与实际生产活动中所用到的设备相差不大。这就需要适时引进新的教学资源,包括实训设备、计算机软件、实训室以及实训场所等。教学资源建设为高职院校对接工作过程与职业标准的专业核心课程建设、课程改革活动提供物质基础,是课程建设顺利开展的物质保障。

(二)加强教学信息资源建设

教学信息资源建设是教学资源建设的重要组成部分,也是对接工作过程与职业标准的高职院校专业核心课程建设顺利开展的信息保障。信息资源建设作为高职院校工作的重要内容之一。首先,加强信息获取与整合的渠道建设。信息收集与整合的渠道决定着高职课程建设者能否全面获取与之相关的海量信息,并从中择取重要的、有价值的信息。比如,国家职业标准的变更、行业企业技术标准的变化等信息,都是有利于高职课程建设生产一线的信息,及时获取最新信息,可有针对性地调整课程建设方向、课程内容、课程目标,以适应不断发展的人才需求。其次,加强高职院校校园信息化建设。校园信息平台建设是许多高职院校非常重视的工作。良好的校园信息平台有利于高职院校通过信息平台加强校校、师生、生生之间信息的共享。对接工作过程与职业标准的高职院校专业核心课程建设可以通过此平台推广现代国家职业标准,使更多的教师和学生认识并熟悉国家职业标准。同时,高职院校可以通过信息平台进行校园文化建设,将企业文化与产业文化融入校园文化,并逐步渗透到教育教学活动中。最后,规范信息资源建设。信息资源建设要规范化和标准化,信息资源能否有效、便捷地提取与应用的重要环节就是确立有价值信息资源的标准。同时,建立科学、有序的信息资源存储、调取手段和平台,方便信息的查找与调取。

(三)加强课程网络平台建设

互动性是课程网络资源的最大优势,教学需要通过网络平台为实现与学生的沟通和交流创造条件。教师可通过网络随时回答学生的问题,打破因课堂教学的时空限制造成的教学互动障碍,并通过在线测试了解和评价学生对课程内容的掌握程度,实现课程教学的跨时空性和资源共享性,发挥优质课程资源的最大效益。实现不仅在课上能为学生授课使用,还能在课下通过网络分享课程信息,在线为学生提供辅导的功能、预习和自学,学生不仅局限于课堂上的学习,还可在课下进一步通过静态或动态的视频随时随地学习,有些知识可反复查看微课视频,进行自主学习。课程内容可由教师在后台动态加载或更新,设置任务点。教师可根据学生的情况改动课程内容、布置作业、批改作业,学生可随时上传作业。

二、加强"双师型"教师队伍建设

教师是对接工作过程与职业标准的高职院校专业核心课程建设的重要主体,故要以专业课程建设为龙头、以优化教师队伍结构为主线、以专业教学团队为基础,努力形成一支相对稳定的具有高尚的职业道德、扎实的理论知识、精湛的教学艺术、熟练的专业技能、丰富的实践经验的师资团队。要遵循"事业留人、待遇留人、制度留人"的原则,根据教师管理制度、激励机制、分配制度来重点抓教师队伍的建设,对教师社会实践的加强、专业学历的提升、学术职称的晋升、骨干和"双师型"的培养建立体系,对教师专业实践的能力、专业教学的能力、科研创新的能力、社会服务的能力进行综合考评,培养一支服务企业,对具备知识、技能和素质能力的学生培养起到领军作用的教师队伍。

(一)建立专业教师校企共同培养机制

教师队伍建设采取"内培"和"外引外聘"相结合的方式,建立专业教师下企业学习和锻炼的管理和考核机制,让教师在校企之间频繁和顺畅地交叉互动。学校对教师企业兼职要有长期规划和年度计划,明确兼职时间、工作岗位、工作任务和职责。兼职结束后,教师提交个人实践报告,企业和学校双方共同对教师进行鉴定和考核,结果作为该教师今后再兼职的参考依据。

对各层次教师分层进行针对性培养。专业带头人,通过参与高端学术研讨和企业技术研发等方式,提高其专业建设的引领能力,带领团队开展课程建设工作。专业骨干教师,通过下企业参与具体岗位实践、项目合作、技术开发等措施,加强对企业生产技术和职业规范的了解,提高其对接工作过程与职业标准的高职院校专业核心课程开发设计能力。另外,校外兼职教师也是教师队伍建设不可缺少的部分,他们擅长实践生产,并具有丰富的一线经验,可通过校企互聘、企业导师等方式,聘请企业能工巧匠到校担任兼职教师。

（二）加强教师培训学习，提高高职院校教师的专业理论水平

高职院校可以支持一定的经费组织教师参加多种形式的研讨会或者培训，引导教师自主学习职业标准，掌握行业与产业发展的新动态，促使教师更加准确地预判行业产业发展动态，掌握前沿信息分析，弥补教师专业理论知识的不足与欠缺，提高教师专业理论水平。将职业信息与岗位职能融入日常教学中对毕业生进行就业指导，有利于高职学生提前做好就业准备，习得相应职业所需要的专业技能与职业素养，实现学生更好地就业。高职院校可以鼓励教师开展与专业核心课程建设相关的科研和课程改革活动，既加深教师提高对接工作过程与职业标准的高职院校专业核心课程建设的认识，也进一步提高教师的科研能力，同时将课程建设成效进行理论推广。加强掌握"双师型"师资队伍建设是对接工作过程与职业标准的高职院校专业核心课程建设顺利开展的师资保障。

（三）拓宽"双师型"教师引进途径，完善"双师型"教师培养体系

拓宽"双师型"教师队伍引进途径，可以通过人事代理、事业单位公开考试、高层次人才专项招聘等途径招聘"双师型"教师。聘请具有丰富实践经验和技术操作能力的企业技术技能型人才到校工作。充分利用产业集群内校企合作的条件优势，采用人才派遣、企业实践导师、组建专业建设委员会等方式，聘请企业兼职教师到校授课，通过多种形式扩充高职院校"双师型"人才队伍，打造专兼结合的"双师型"人才队伍。根据不同层次类型的教师开展针对性培训，以"双师型"教师建设目标为指引，围绕"双师型"教师实现高水平理论教学，具备高级技术技能和实践操作能力这一具体目标。一是整体提升"双师型"教师队伍的质量。学校可选派优秀教师继续深造，提高专业理论水平，鼓励教师攻读博士学位，提升学历层次。二是针对理论、教学水平较高但实践技能欠缺的教师，加强技能培训。可采用进企业锻炼、挂职顶岗与企业开展合作项目等方式，有针对性地提升其实操技能。例如，部分青年教师从学校毕业后直接上岗教学，实践能力不足，对行业的发展、企业的具体岗位要求等不够了解，高职院校可搭建校企合作平台，建立校企合作长效机制。对于应届毕业生或一直在高校工作的教师，采取先进企业实践、后回学校教学的模式，让教师先到校企合作的实践基地一线岗位锻炼一段时间，认真了解企业的生产设备、生产流程、生产技术等，或通过与企业合作，进行新技术开发与服务，引导教师积极参与企业生产经营活动，提升实践能力，丰富教学内容，掌握一定的实践经验后再上讲台授课。三是针对企业技术人员出身、拥有丰富的实践经验或高级技能，但教学水平不突出的教师，除进行教师岗前培训外，还要开设教育理论知识和教学能力提升等课程，对他们进行教育理论、教学方法与教学手段等内容的培训，让其了解高职院校学生的学习特征；组织他们参与学校听课活动，观摩教学比赛活动，提升其对课堂教学过程的掌控力，也可以选择教学比赛获奖的教师作为教学导师，彼此取长补短。通过以上方式，不断完善"双师型"教师培养体系，建设对接工作过程与职业标准的高职院校专业核心课程高水平"双师型"教师队伍。

第三节　对接工作过程与职业标准的高职院校专业核心课程建设制度保障

一、完善现代国家职业标准建设

对接工作过程与职业标准的高职院校专业核心课程建设的根本目标是提高学生的职业能力,因此要完善国家职业标准,形成以职业岗位和职业能力为本位的专业课程体系。对接工作过程与职业标准的高职院校专业核心课程建设要坚持以工作过程为导向、以职业能力培养为课程目标、以职业标准为课程内容、以实践项目为课程教学载体,坚持教学做合一的原则,积极推进基于工作过程的行动领域课程体系改革。只有形成这种课程体系,人才培养与实训开展才会有所依托,才能提高人才培养质量。校企合作开发适应新兴产业、新职业和新岗位的校本教材。引入行业企业典型工作任务或工作项目,有效融合职业资格标准或行业标准,使隐含于项目任务行动领域中的知识、技能和态度目标要求,按照职业能力在实际工作中出现的频率、难度和掌握的程度,转化为学习领域中的重点、难点,进一步物化为项目课程,开发配套的项目教材。

二、加强课程质量管理的组织机制建设

对接工作过程与职业标准的高职院校专业核心课程建设需要关注课程质量,加强课程质量管理的组织机制建设,并对课程与教学进行动态的质量评价与管理,对教学质量和学生的学习情况进行评估,并不断地进行信息反馈。组织教师到企业基层单位了解其对人员能力、素质的要求,为课程教学改革提供依据。对毕业生跟踪调查。搜集用人单位对毕业生的评价及毕业生对课程设置与教学安排的评价,为教学修订提供详尽的资料。

(一)建立教学评估反馈制度

主要通过听课、教学检查、学生评教和教师职业道德测评、调查研究等实现反馈预警,提高教学质量。

1.建立听课制度

全体总动员,每位教师都要参与听课和评课,把听课评价作为提高教师教学水平的重要途径。专业核心课程教学团队教师对每个班听课时数不得少于4个学时,每年组织一次示范性观摩教学,对新聘任的、第一次上讲台的教师及外聘教师,专门组织有教学经验的教师指导性地听课并进行教学帮扶。通过听课和评课,掌握教师教学基本状况,及时做好指导和交流,提出针对性意见和建议,提高整体教学水平。

2.建立教学检查制度

对理论教学和实践教学两个方面进行检查,主要检查教师是否按照教学计划、教学大

纲、授课计划进度、实验计划、实训计划、实习计划等上课、备课、布置作业、组织考试命题与阅卷、分析成绩等情况。

3.建立学生评教和教师职业道德测评制度

每年结合教学质量检查进行一次学生评教工作,同时将教师职业道德测评工作一并进行,将教师评价分数纳入教师业务年度考评。

4.加强调查研究

编制实用、科学的教学计划、课程体系、教学大纲,编写实现学生培养目标的实施方案。重视课程改革的智力支持,定期邀请智库专家开展沟通交流会,广纳良言,倾听基层的声音,为课程建设建言献策。

(二)加强专业核心课程建设各阶段质量控制

为了保证对接工作过程与职业标准的高职院校专业核心课程建设能够顺利实施,达到质量要求,需要加强课程建设各个阶段的质量控制。

1.专业核心课程建设计划阶段的质量控制

1)专业核心课程建设质量目标的制订

在广泛调研的基础上,拟定专业核心课程建设质量目标,通过论证会的形式确定对接工作过程与职业标准的高职院校专业核心课程建设最终的质量目标。

2)课程建设团队的组建

对接工作过程与职业标准的高职院校专业核心课程建设,应按照课程建设工作内容组建项目团队,明确各责任人的工作任务,对课程建设实施的各阶段进行质量控制。采取课程建设负责人制度,根据课程建设的需要,组建一支能力搭配合理、精明能干的课程建设团队,从物色、选拔、录用团队成员三个阶段进行质量控制。

2.加强课程建设实施阶段的质量控制

为了能够保证课程建设实施过程顺利完成,对高职院校对接工作过程与职业标准的专业核心课程建设内容的实施进行质量控制。

1)校企共同制定课程标准的质量控制

校企双方共同派出人员组建管理机构,把控好两个方面的质量控制:一是校企共同制定课程标准管理体制、建立运行机制;二是聘请企业骨干人员、专业技术人员作为专业客座教授和骨干教师,成立专业建设指导委员会,建立将课程标准与专业建设全过程完全融合的质量控制体系。

2)校企共同开发课程内容质量控制

以职业岗位所需的能力为主线,按工作过程的不同工作任务和工作环节进行能力分解,开发专业知识和技能训练所构成的课程内容。监控课程内容的实用性以及教学结合"岗课赛证"融通完成质量以及课程内容评价体系的制定。

3）创新教学方式与学习方法质量控制

对接工作过程与职业标准的高职院校专业核心课程教学实施必须改变传统"填鸭式"模式,创新教学方式与学习方法。从教学方法的使用效果、教学方法与教学内容的对应性、学生学习效果等方面进行质量控制。

4）建设"双师型"教师队伍质量控制

"双师型"教师队伍使教师的理论教学能力与实践教学能力得到有机统一。在对接工作过程与职业标准的高职院校专业核心课程建设质量控制上,对学校教师人员组织、工作分配、工作任务完成进行严格的质量控制。而对于企业兼职教师来说,校企一体的教学团队建设质量控制是重点对企业兼职教师选聘、授课质量、授课效果、实训指导等进行监督,把控质量,以形成一支校企一体、专兼结合、"双师型"教师队伍。

3.课程建设考核阶段的质量控制

对接工作过程与职业标准的高职院校专业核心课程建设结果测评中,学生、教师、企业导师以不记名投票的方式进行考核反馈。企业和学校高职院校对接工作过程与职业标准的专业核心课程建设领导小组通过观看成果展示、听取汇报、实地考察、座谈会等多种方式进行考评打分。这个阶段重点控制考核标准的制定,避免存在随意性和主观性。在考核结果的汇总阶段对考核情况进行质量控制,避免人为因素导致失实结果的产生。考核的最终结果将作为课程建设是否能够通过评审验收的依据。

4.课程建设反馈阶段的质量控制

在对接工作过程与职业标准的高职院校专业核心课程建设开展的全过程中对课程建设成效和不足进行反馈,并制订相应的提升改进计划,重点控制改进计划的制订情况。改进计划既要符合实际,又要易于操作。根据对接工作过程与职业标准的高职院校专业核心课程建设改进计划制订流程,监控各个阶段的实施,保证计划制订的质量。对接工作过程与职业标准的高职院校专业核心课程建设改进计划流程,如图9-1所示。

图9-1 对接工作过程与职业标准的高职院校专业核心课程建设改进计划流程

在改进计划落地实施中进行质量控制,及时调整在课程建设实施中一些不负责任的人员、修改课程建设方案中不符合实际的内容等,保证计划落地达到预期效果,促进对接工作过程与职业标准的高职院校专业核心课程建设更好地提升。

三、建立一套完善的课程评价体系和激励机制

对接工作过程与职业标准的高职院校专业核心课程建设中,要建立一套完善的评价体

系以便更好地评价专业核心课程建设成果。根据评价结果，及时加强工作薄弱环节，制定《对接工作过程与职业标准的高职院校专业核心课程建设考核办法》。在确定课程建设总体框架的情况下，确立考核评价工作体系，科学细化各项考核内容后制定《对接工作过程与职业标准的高职院校专业核心课程任课教师工作量化考核办法》。建立配套的激励机制，制定《对接工作过程与职业标准的高职院校专业核心课程建设先进个人评选方案》《对接工作过程与职业标准的高职院校专业核心课程建设奖励方案》。设立对接工作过程与职业标准的高职院校专业核心课程建设"特别贡献奖"，授予在课程建设开展过程中表现突出的个人和团体等，及时激励相关个体，保证课程建设成效。加大对专业核心课程建设成果的认可度，合理调整教师的绩效考核与职称晋升机制，通过科学合理的奖励机制激发教师的创造活力与参与热情，实现对接工作过程与职业标准的高职院校专业核心课程建设高质量发展。

参考文献 ▶▶▶▶

[1] 梁裔斌,白景永.以行业标准为导向的高职英语类专业课程体系建设[J].职业技术教育,2010,31(32):30-33.

[2] 戴有华,于泓.高职机制专业课程教学内容与国家职业标准对接研究[J].职业教育研究,2013(9):11-13.

[3] 佟颖.关于课程内容与行业标准对接的探索与研究[J].辽宁高职学报,2014,16(4):57-59.

[4] 王冬吾.高职国际贸易实务课程与职业标准对接探索[J].河南商业高等专科学校学报,2013,26(1):115-117.

[5] 陈琼,王尔茂.高职专业课程内容与职业标准对接的研究与实践[J].广东职业技术教育与研究,2012(3):31-32.

[6] 李娟.专业课程改革与职业标准对接的理念与路径:以新闻实务类课程为例[J].新闻世界,2014(8):324-325.

[7] 廖素清.高职院校实现专业课程内容与职业标准对接的研究[J].中国成人教育,2014(10):66-68.

[8] 梁洁.通过教学改革实现专业课程内容与职业标准对接的研究[J].中小企业管理与科技(中旬刊),2014(7):239.

[9] 王瑞亮.仓储与配送理论和实务课程内容与职业标准对接的研究[J].青岛远洋船员职业学院学报,2014,35(1):6-8,22.

[10] 祝士明,吴文婕.五个对接:现代职业教育内涵发展的路径选择[J].职教论坛,2014(27):10-13.

[11] 祝士明,申婷.基于职业标准的模块化职教课程开发[J].中国职业技术教育,2015,32(17):1-6.

[12] 谢莉花,余小娟.职业教育专业教学标准与国家职业标准的协调与融合[J].职教论坛,2017(31):52-53.

[13] 徐国庆.职业技术教育学科的国际发展状况分析[J].职教论坛,2018,1(46):6-28.

[14] 陈爽,张义斌.物业管家实务[M].重庆:重庆大学出版社,2022.

[15] 陈爽.高职院校活页式教材建设研究[J].南宁职业技术学院学报,2022(7):54-58.

[16] 陈爽.基于课程思政理念的双高建设高职院校"三教"改革路径研究[J].当代教育实践与教学研究,2022(8):178-180.

［17］陈爽,张义斌.高职院校物业管理专业现代学徒制绩效评价[J].广西教育,2020(12)：105-106,129.

［18］陈爽.高职院校物业管理专业校企一体化育人全过程管理研究：以南宁职业技术学院为例[J].教育现代化,2021(1):49-52.

［19］张义斌.推进高职院校学历教育与职业培训并举并重的实践探索：以南宁职业技术学院现代物业管理专业为例[J].广西教育,2022(21):80-83.